La Trêve

Primo
Levi

La Trêve

Traduit de l'italien
par
EMMANUELLE GENEVOIS-JOLY

Bernard Grasset
PARIS

L'édition originale de cet ouvrage a été publiée en 1963
par l'éditeur Einaudi à Turin, sous le titre :

La Tregua

Primo Levi/LaTrêve

De part et d'autre d'une grande fracture – la guerre et la déportation –, Primo Levi a mené une vie rangée à Turin, où il naît en 1919. En dépit des lois antijuives, il parvient à passer son doctorat, mais son diplôme porte l'inscription « docteur en chimie, de race juive ». Après avoir été employé quelque temps comme chimiste à Milan, il rejoint, au début de la guerre, un groupe de partisans dans le Piémont. Arrêté à la fin de 1943 par les nazis en tant que juif et résistant, il est déporté au camp d'Auschwitz pendant un an. Libéré par les Soviétiques, il met près d'un an à rejoindre l'Italie, errant à travers l'Europe d'est en ouest. De retour enfin à Turin, il reprend sa vie de scientifique paisible dans une usine de peintures et vernis « comme, plaisantera-t-il plus tard, Italo Svevo qui travaillait dans l'usine de peinture de son beau-père ». Une existence qui n'est paisible qu'en apparence : cet homme de petite taille, vif, agile et attentif se met à écrire.

L'expérience d'Auschwitz a en effet marqué sa vie de façon irrémédiable. Elle constituera la matière de son premier livre, J'étais un homme, *paru en 1947. Levi y rapporte, à nu, sans effets, son expérience de l'univers concentrationnaire. Précis, sobre, concis, l'ouvrage est exceptionnel et dépasse tous les récits qu'a suscités l'« anus mundi », le monde des camps. Pour Primo Levi, il faut raconter, raconter, raconter sans relâche ; car témoigner est, selon l'expression de Danièle Sallenave, « l'ultime rapport qu'on peut nouer avec les morts ; témoigner est se faire leur passeur, leur messager, leur interprète. Le témoin ne se décharge pas de la faute et de l'angoisse d'avoir survécu : il se charge d'une mission, celle de transmettre. La dette envers les morts se transforme en devoir envers ceux qui ne sont pas encore nés ». Primo Levi se fait l'annaliste précis de l'horreur, n'oublie rien : un nom, un événement, une trace... Il démonte les rouages de l'enfer et de la logique meurtrière pour tout connaître, tout comprendre. Même au sein des ténèbres, un peu de lumière persiste obstinément ; face à une violence sans limites, la pensée têtue tient tête. Pour Ferdinando Camon, « Primo Levi est le plus grand "écrivain des camps d'extermination" que l'humanité a eu, plus puissant, plus mémorable que Soljenitsyne... Levi médite longtemps, en silence, et puis il dit des choses terribles à mi-voix, avec calme, d'un air doux et résigné. Il n'insulte jamais. Il ne proteste pas... Il ne veut pas crier, il veut FAIRE crier ».*

Après une malheureuse traduction (désapprouvée par l'auteur) il y a vingt ans, J'étais un homme *n'avait pas été réimprimé ; il vient de reparaître fin 1987, dans une nouvelle traduction sous le titre :* Si c'est un homme.

Après Auschwitz, Levi relate sa délivrance de l'enfer et son retour vers la société des hommes dans la Trêve, *paru en 1963 et traduit chez Grasset en 1966. Le livre reçoit l'un des plus grands prix littéraires italiens, le Campiello.*

Sans souci de carrière, Levi continue d'écrire, tout en se rendant quotidiennement à son usine. Il publie ainsi divers récits d'invention. Le Système périodique *(1975), considéré comme son chef-d'œuvre, fut salué par des écrivains tels que Philip Roth et Umberto Eco, qui se déclara « fier d'avoir été dans le jury qui l'a couronné » lorsque le prix Viareggio fut attribué à Levi. Saul Bellow, le prix Nobel américain, voit dans* le Système périodique *« une œuvre d'une pureté admirable », et Italo Calvino le considérait comme « un livre extraordi-*

naire et fascinant ». Le public, lui, fut sensible à une écriture qui ressemblait à la vie de son auteur : nette, détachée, ironique, parfaite d'exactitude et de réserve.

La Clef à molette *obtient le prix Strega en 1979 ; deux ans plus tard paraît le recueil de nouvelles* Lilith *puis, l'année suivante,* Maintenant ou jamais. *Un titre en forme de devise que Primo Levi songe peut-être à mettre en pratique lorsqu'il publie, en 1986,* I Sommersi e I Salvati (Les Naufragés et les Rescapés) : *cent feuillets d'angoisse, le bilan de quarante ans de témoignage sur les camps. C'est maintenant ou jamais qu'il faut enfin mettre un terme à* l'innommable, *au sens le plus strict du terme, et par là même s'en délivrer. Mais, aux yeux de Levi, cette histoire paraît intransmissible, indéchiffrable pour tout autre que lui-même ; cette blessure de sa vie, cette irrémédiable blessure du siècle l'anéantit au plus profond de lui-même ; le 11 avril 1987, Primo Levi, toujours hanté par l'Holocauste, ouvre sa porte et se jette du troisième étage dans la cage d'escalier de son immeuble.*

⁂

A mi-chemin entre le récit picaresque et l'évocation poétique, la Trêve *relate les quelques mois qui séparèrent la libération des juifs italiens d'Auschwitz de leur rapatriement en terre natale. Une fois délivrés par l'Armée rouge, ils ne prirent en effet pas tout de suite le chemin de l'Italie : ils errèrent en Europe centrale, de la Pologne à la Russie, aux prises avec les mille difficultés matérielles et morales de tribulations sans cesse improvisées par l'incurie de l'administration soviétique. Ce que l'armée russe ramène vers l'arrière, dans une réjouissante pagaille, ce sont, pêle-mêle, des héros et des traîtres, des « droit commun » et des politiques : autant d'hommes qui redécouvrent, émerveillés, la vie, le monde, la forêt, les filles, sans oublier l'art du trafic et de la fraude pour subsister...* La Trêve *est le récit authentique de leurs aventures échevelées, souvent d'une drôlerie irrésistible, qui font presque oublier la maladie, la faim que rien ne peut assouvir, la nostalgie de l'exil. Ces Italiens finissent par devenir aussi russes que leurs libérateurs ; des alliances saugrenues se concluent entre individus que tout oppose, paysans ou voleurs, savants ou nomades, vainqueurs ou vaincus, prenant les mêmes trains, s'éternisant ensemble dans un camp de regroupement puis dans un autre, vivant la même attente, ayant les mêmes espoirs, faisant les mêmes rêves absurdes. Depuis Tchekhov, nous savons que plusieurs traits du caractère italien se retrouvent dans le caractère russe : une confiance irraisonnée dans la vie, un dédain souverain des lois et de la morale, allié à l'insouciance et à la générosité. Sous la retenue, presque la nonchalance de Primo Levi, nous redécouvrons un atavisme d'humour et de résignation, doublé d'un désenchantement extrêmement civilisé. La savoureuse confrontation de deux peuples, leur odyssée commune sont pour Levi l'occasion de brosser avec humour et tendresse une inoubliable galerie de personnages ; il ne se contente pas de livrer un témoignage de première grandeur sur une période de l'Histoire, mais révèle les merveilleuses ressources d'hommes qui, placés dans des circonstances extravagantes, se montrèrent à la hauteur de leur destin.*

LA TRÊVE

Nous rêvions dans les nuits sauvages
des rêves denses et violents
que nous rêvions corps et âme :
rentrer, manger, raconter
jusqu'à ce que résonnât, bref et bas,
l'ordre qui accompagnait l'aube :
« Wstawać » ;
et notre cœur en nous se brisait.

Maintenant nous avons retrouvé notre foyer,
notre ventre est rassasié,
nous avons fini notre récit.
C'est l'heure. Bientôt nous entendrons de nouveau,
l'ordre étranger :
« Wstawać ».

11 janvier 1946.

LE DÉGEL

Les premiers jours de janvier 1945, sous la poussée de l'Armée Rouge désormais proche, les Allemands avaient évacué en toute hâte le bassin minier de Silésie. Alors qu'ailleurs, dans des conditions analogues, ils n'avaient pas hésité à détruire par le feu et par les armes les camps et leurs occupants, dans le district d'Auschwitz ils n'agirent pas de même : des ordres supérieurs (émanant d'Hitler en personne, à ce qu'il paraît), imposaient de « récupérer », coûte que coûte, tout homme apte à travailler. Aussi tous les prisonniers valides furent-ils évacués, dans des conditions effroyables, sur Buchenwald et Mauthausen et les malades abandonnés à leur sort. L'intention première des Allemands était, semble-t-il, de ne laisser personne en vie dans les camps de concentration mais une violente attaque aérienne de nuit et la rapidité de l'avancée russe les firent changer d'avis et prendre la fuite, en laissant là leur devoir et leur tâche.

A l'infirmerie du camp de Buna-Monowitz nous étions restés huit cents. Cinq cents environ moururent de maladie, de froid et de faim avant l'arrivée des Russes et deux cents autres, malgré les secours, les jours qui suivirent immédiatement.

La première patrouille russe arriva en vue du camp vers midi, le 27 janvier 1945. Charles et moi la découvrîmes avant les autres ; nous transportions à la fosse commune le corps de Somogyi, le premier mort de notre chambrée. Nous renversâmes la civière sur la neige souillée car la fosse commune était pleine et l'on ne donnait pas d'autre sépulture : Charles enleva son bonnet pour saluer les vivants et les morts.

C'étaient quatre jeunes soldats à cheval qui avançaient avec précaution, la mitraillette au côté, le long de la route qui bornait le camp. Lorsqu'ils arrivèrent près des barbelés, ils s'arrêtèrent pour regarder, en échangeant quelques mots brefs et timides et en jetant des regards lourds d'un étrange embarras sur les cadavres en désordre, les baraquements disloqués et sur nous, rares survivants.

Ils nous semblaient étonnamment charnels et concrets, suspendus (la route était plus haute que le camp) sur leurs énormes chevaux, entre le gris de la neige et le gris du ciel, immobiles sous les rafales d'un vent humide, annonciateur de dégel.

Il nous paraissait, à juste titre, que le néant plein de mort dans lequel nous tournoyions depuis dix jours comme des astres éteints avait trouvé un point fixe, un noyau de condensation : quatre hommes armés, mais pas contre nous, quatre messagers de paix, aux visages rudes et puérils sous leurs pesants casques de fourrure.

Ils ne nous saluaient pas, ne nous souriaient pas ; à leur pitié semblait s'ajouter un sentiment confus de gêne qui les oppressait, les rendait muets et enchaînait leurs regards à ce spectacle funèbre. C'était la même honte que nous connaissions bien, celle qui nous accablait après les sélections et chaque fois que nous devions assister ou nous soumettre à un outrage : la honte que les Allemands ignorèrent, celle que le juste éprouve devant la faute commise par autrui, tenaillé par l'idée qu'elle existe, qu'elle ait été introduite irrévocablement dans l'univers des choses existantes et que sa bonne volonté se soit montrée nulle ou insuffisante et totalement inefficace.

C'est pourquoi, pour nous aussi, l'heure de la liberté eut une résonance sérieuse et grave et emplit nos âmes à la fois de joie et d'un douloureux sentiment de pudeur grâce auquel nous aurions voulu laver nos consciences de la laideur qui y régnait ; et de peine, car nous sentions que rien ne pouvait arriver d'assez bon et d'assez pur pour effacer notre passé, que les marques de l'offense resteraient en nous pour toujours, dans le souvenir de ceux qui y avaient assisté, dans les lieux où cela s'était produit et dans les récits que nous en ferions. Car, et c'est là le terrible privilège de notre génération et de mon peuple, personne n'a jamais pu, mieux que nous, saisir le caractère indélébile de l'offense qui s'étend comme une épidémie. Il est absurde de penser que la justice humaine l'efface. C'est une source de mal inépuisable : elle brise l'âme et le corps de ses victimes, les anéantit et les rend abjects ; elle rejaillit avec infamie sur les oppresseurs, entretient la haine chez les survivants et prolifère de mille façons, contre la volonté de chacun, sous forme de lâcheté morale, de négation, de lassitude, de renoncement.

Ces choses que nous débrouillions mal alors et que la plupart ressentaient seulement comme un accès de fatigue mortelle accompagnèrent pour nous la joie de la libération. C'est pourquoi peu d'entre nous coururent au-devant de nos sauveurs, peu tombèrent à genoux. Charles et moi restâmes un moment debout près de la fosse débordante de membres livides tandis que d'autres abattaient les barbelés ; puis nous rentrâmes avec la civière vide, porter la nouvelle à nos camarades.

Pendant tout le reste de la journée, il n'arriva rien, ce qui ne nous surprit pas car nous y étions habitués depuis très longtemps. Dans notre chambre, la paillasse de Somogyi fut immédiatement occupée par le vieux Thylle, devant le dégoût visible de mes deux camarades français.

Thylle, d'après ce que j'en savais, était un « triangle rouge », un prisonnier politique allemand, un des anciens du camp ; en tant que tel, il avait appartenu de droit à l'aristocratie du camp, il n'avait pas travaillé de ses mains (au moins pendant les dernières années) et avait reçu de chez lui nourriture et vêtements. Pour ces mêmes raisons, les « politiques » allemands étaient assez rarement hébergés à l'infirmerie, où ils jouissaient d'ailleurs de divers privilèges : et surtout de celui d'échapper aux sélections. Au moment de la libération, comme il était le seul de son espèce, il avait été nommé, par les SS en fuite, chef de baraquement du Block 20, dont faisaient partie, outre notre chambrée de malades particulièrement contagieux, la section tuberculose et la section dysenterie.

Comme il était allemand, il avait pris très au sérieux cette nomination précaire. Pendant les dix jours qui s'écoulèrent entre le départ des SS et l'arrivée des Russes, tandis que chacun livrait son ultime bataille contre la faim, le froid et la maladie, Thylle avait fait de diligentes tournées d'inspection dans son récent fief, examinant l'état des sols et des gamelles ainsi que le nombre des couvertures (une par personne morte ou vive). Pendant une de ses visites dans notre chambrée, il était allé jusqu'à louer Arthur pour l'ordre et la propreté qu'il avait su y faire régner ; Arthur, qui ne comprenait pas l'allemand et encore moins le dialecte saxon de Thylle, lui avait répondu *vieux dégoûtant* et *putain de boche* [1] ; ce nonobstant, Thylle, à partir de ce jour-là, par un abus d'autorité flagrant, avait pris l'habitude de venir chaque soir se servir du confortable seau qui y était installé : l'unique, dans tout le camp, dont l'entretien était assuré régulièrement et le seul à être situé à proximité d'un poêle.

Jusqu'à ce jour, le vieux Thylle avait été pour moi un étranger, donc un ennemi, et un puissant, donc un ennemi dangereux. Chez des gens comme moi, c'est-à-dire la majorité du camp, il n'y avait pas place pour

1. En français dans le texte. N.D.T.

d'autres nuances : pendant l'interminable année que j'y avais passée, je n'avais jamais eu ni l'occasion, ni la curiosité de débrouiller les structures complexes de la hiérarchie du camp. Le ténébreux édifice de puissances mauvaises régnait au-dessus de nos têtes tandis que notre regard était rivé au sol. Et pourtant ce fut ce Thylle, vieux militant aguerri par de nombreuses luttes pour son parti et au sein même de ce parti, endurci par dix années d'une vie de camp féroce, qui fut le compagnon et le confident de ma première nuit de liberté.

Pendant toute la journée, nous avions eu bien trop à faire pour avoir le temps de commenter l'événement et pourtant nous sentions qu'il constituait le point crucial de toute notre existence ; peut-être, inconsciemment, les avions-nous cherchées, ces occupations, justement pour ne pas avoir de temps, car devant la liberté nous nous sentions perdus, vidés, atrophiés, inaptes à tenir notre rôle.

Mais la nuit vint, les malades s'endormirent, Charles et Arthur s'endormirent aussi du sommeil de l'innocence, car ils n'étaient au camp que depuis un mois et n'en avaient pas encore absorbé le venin ; moi seul, bien qu'épuisé, je ne trouvais pas le sommeil, à cause de ma fatigue et de la maladie. J'avais tous les membres douloureux, le sang battait précipitamment dans mes artères et je sentais la fièvre monter. Mais ce n'était pas tout : comme si une digue s'était ouverte, juste au moment où toute menace semblait s'évanouir, où l'espoir d'un retour à la vie cessait d'être insensé, j'étais en proie à une douleur nouvelle, plus grande, enfouie d'abord aux frontières de la conscience sous d'autres douleurs plus urgentes : celle de l'exil, de la maison lointaine, de la solitude, des amis perdus, de la jeunesse enfuie et de la multitude de cadavres autour de moi.

Pendant mon année à Buna, j'avais vu disparaître les quatre cinquièmes de mes camarades mais je n'avais jamais éprouvé la présence concrète, le siège de la mort, son haleine fétide à un pas, derrière la fenêtre, sur la paillasse d'à côté, dans mes propres veines. C'est pourquoi, j'étais étendu dans un demi-sommeil malade, rempli de pensées funestes.

Mais je m'aperçus bien vite que quelqu'un d'autre veillait. A la respiration lourde des dormeurs s'ajoutait par instants un halètement rauque et irrégulier, coupé de quintes de toux et de gémissements étouffés. Thylle pleurait avec les larmes douloureuses et impudiques d'un vieillard, insupportables comme une nudité sénile. Il s'aperçut peut-être, dans l'obscurité, d'un mouvement que je fis : et la solitude que nous avions recherchée tous deux pour des motifs différents devait lui peser autant qu'à moi, car, au milieu de la nuit, il me demanda : « Tu dors ? », et, sans attendre de réponse, il se hissa à grand-peine sur mon lit et d'autorité s'assit à côté de moi.

Il n'était pas facile de s'entendre avec lui et pas seulement pour des raisons linguistiques mais parce que les pensées qui nous assaillaient pendant cette longue nuit étaient infinies, merveilleuses et terribles mais surtout confuses. Je lui dis que je souffrais de nostalgie ; et lui qui avait cessé de pleurer : « Dix ans, me dit-il, dix ans » ; et après dix ans de silence, d'un filet de voix aigu, grotesque et solennel à la fois, il se mit à chanter l'*Internationale,* me laissant troublé, méfiant et ému.

Le lendemain nous apporta les premiers signes de liberté. Une vingtaine de civils polonais, hommes et femmes (visiblement convoqués par les Russes), arrivèrent et s'affairèrent sans grand enthousiasme pour nettoyer et mettre en ordre les baraquements et déblayer les cadavres. Vers midi arriva un enfant effrayé qui traînait une vache par le licou ; il nous fit comprendre qu'elle était pour nous, que c'était les Russes qui nous l'envoyaient, puis il abandonna la bête et disparut comme un éclair. Dieu seul sait comment la pauvre bête fut abattue en quelques minutes, éventrée, dépecée et comment ses dépouilles furent dispersées dans tous les recoins du camp où se cachaient les survivants.

A partir du lendemain nous vîmes circuler dans le camp d'autres jeunes Polonaises, pâles de pitié et de dégoût : elles lavaient les malades et soignaient tant bien que mal leurs plaies. Elles allumèrent au milieu du camp un feu énorme qu'elles alimentaient avec les débris des baraquements et firent chauffer dessus la soupe dans des récipients de fortune. Enfin, le troisième jour, un chariot à quatre roues fit son entrée dans le camp, joyeusement conduit par Yankel, un détenu, c'était un jeune juif russe, peut-être le seul Russe survivant et comme tel, il avait tout naturellement revêtu les fonctions d'interprète et d'officier de liaison avec les commandos soviétiques. Au milieu des claquements sonores de son fouet, il annonça qu'il était chargé de conduire au camp central d'Auschwitz, désormais transformé en un gigantesque lazaret, tous les vivants, par petits groupes de trente ou quarante par jour, à commencer par les plus malades.

Pendant ce temps le dégel était arrivé, le dégel que nous craignions depuis si longtemps, et au fur et à mesure que la neige fondait, le camp devenait un affreux marécage. Les cadavres et les immondices rendaient irrespirable l'air brumeux et mou. Et la mort n'avait pas cessé pour autant de faucher : les malades mouraient par dizaines sur leurs paillasses froides ; par endroits, dans les chemins boueux, tombaient comme foudroyés les survivants les plus voraces qui, obéissant aveuglément à notre longue faim, s'étaient bourrés des rations de viande que les Russes, encore occupés sur le front tout proche, faisaient irrégulièrement parvenir au camp : tantôt en faibles, tantôt en folles quantités.

Mais de tout ce qui arrivait autour de moi, je ne me rendais compte que par intermittence et de façon confuse. La fatigue et la maladie, comme des bêtes féroces et lâches, semblaient avoir épié le moment où je quittais toute défense pour m'assaillir. Je gisais dans une torpeur fiévreuse, à demi conscient, assisté fraternellement par Charles, torturé par la soif et par des douleurs aiguës aux articulations. Il n'y avait ni médecin, ni médicaments. J'avais également mal à la gorge et la moitié de la figure enflée : ma peau était devenue rouge et rugueuse et me cuisait comme sous l'effet d'une brûlure ; peut-être avais-je plusieurs maladies à la fois. Quand ce fut mon tour de monter sur le chariot de Yankel, je n'étais plus capable de me tenir debout.

Je fus hissé sur le chariot par Charles et Arthur avec un chargement de moribonds dont je ne me sentais guère éloigné. Il pleuvinait et le ciel était bas et sombre. Tandis que le pas lent des chevaux de Yankel m'emmenait vers la lointaine liberté, pour la dernière fois défilèrent sous mes yeux les baraquements où j'avais souffert et où j'avais mûri, la place de l'appel où se dressaient encore l'un à côté de l'autre la potence et un gigantesque arbre de Noël ainsi que la porte de l'esclavage sur laquelle restaient inscrits ces mots d'une cruelle ironie, vaine désormais : *Arbeit Macht Frei,* « Le travail c'est la liberté ».

LE CAMP PRINCIPAL

A Buna, on ne savait pas grand-chose du « camp principal », d'Auschwitz proprement dit : les détenus transférés d'un camp à l'autre étaient rares, peu loquaces (aucun détenu ne l'était) et on ne leur ajoutait guère foi.

Quand le chariot de Yankel franchit le fameux seuil, nous restâmes stupéfaits. Buna-Monowitz, avec ses douze mille habitants, était un village en comparaison : nous entrions dans une immense métropole. Pas de « blocks » en bois d'un étage mais d'innombrables et mornes édifices en pierre grise, à trois étages, tous identiques ; au milieu, des rues pavées, rectilignes et perpendiculaires, à perte de vue. Tout était désert, silencieux, écrasé sous un ciel bas, plein de fange, de pluie et d'abandon.

Là aussi, comme à chaque étape de notre interminable voyage, nous eûmes la surprise d'être accueillis par un bain alors que tant d'autres choses nous faisaient défaut. Mais ce ne fut pas un bain d'humiliation, un bain grotesque, démoniaque et rituel, un bain de messe noire comme celui qui avait marqué notre descente dans l'univers concentrationnaire, et pas même un bain fonctionnel, antiseptique et hautement technicisé comme lors de notre passage, des mois plus tard, entre des mains américaines : mais un bain russe, à l'échelle humaine, improvisé et approximatif.

Je ne veux certes pas mettre en doute l'opportunité d'un bain dans les conditions où nous nous trouvions : il était même nécessaire et pas désagréable. Mais en lui, comme dans chacune de ces trois mémorables ablutions, il était aisé de découvrir sous l'aspect concret et littéral de l'opération, une grande ombre symbolique, le désir inconscient, de la part de la nouvelle autorité qui nous absorbait dans sa sphère, de nous laver des restes de notre vie antérieure, de faire de nous des hommes nouveaux, conformes à ses normes, de nous imposer sa marque.

Les bras robustes de deux infirmières soviétiques nous déposèrent hors du chariot : « *Po malu, po malu !* » (« doucement, doucement ! »), furent les premiers mots russes que j'entendis. C'étaient deux filles énergiques et expérimentées. Elles nous menèrent dans une des installations du camp remise sommairement en état, nous déshabillèrent, nous firent signe de nous étendre sur les claies de bois qui couvraient le sol, et avec des mains charitables mais sans plus de façons, elles nous savonnèrent, nous frottèrent, nous massèrent et nous essuyèrent de la tête aux pieds.

L'opération se déroula sans encombre pour nous tous, hormis quelques protestations moralistes jacobines d'Arthur qui se proclamait *libre citoyen*[1] : le contact de ces mains féminines sur sa peau nue entrait en conflit dans son subconscient avec des tabous ancestraux. Mais un grave obstacle surgit lorsqu'arriva le tour du dernier du groupe.

Aucun de nous ne savait qui c'était car il n'était pas en mesure de parler : une larve, un petit homme chauve, noueux comme un cep, squelettique, enroulé sur lui-même par une horrible contraction de tous les muscles : on l'avait retiré du chariot à bras-le-corps,

1. En français dans le texte. N.D.T.

comme un bloc inanimé et maintenant il gisait par terre sur le côté, recroquevillé et rigide, désespérément sur la défensive, les genoux contre le front, les coudes serrés contre le corps, les mains en arc de cercle avec les doigts agrippés aux épaules. Les sœurs russes, perplexes, essayèrent en vain de le coucher sur le dos, ce qui lui tira des cris aigus de souris : du reste c'était du temps perdu car ses membres cédaient docilement sous l'effort pour reprendre comme un ressort leur position initiale, à peine les avait-on relâchés. Alors elles se décidèrent et le portèrent sous la douche tel quel ; et comme elles avaient des ordres précis, elles le lavèrent quand même de leur mieux, introduisant de vive force le savon et l'éponge dans l'enchevêtrement ligneux de son corps ; à la fin, elles le rincèrent consciencieusement, en lui versant dessus deux brocs d'eau tiède.

Charles et moi, nus et fumants, assistions à la scène avec pitié et horreur. Au moment où l'un des bras était allongé, on vit un instant le numéro tatoué : c'était un 200.000, un des Vosges. *Bon Dieu, c'est un Français* [1] ! fit Charles, et il se tourna silencieusement vers le mur.

On nous distribua chemises et caleçons et on nous conduisit chez le coiffeur russe afin que, pour la dernière fois de notre vie, on nous rasât les cheveux à zéro. Le coiffeur, un géant brun aux yeux sauvages et hagards, exerçait son art avec une violence inconsidérée et pour des raisons que j'ignorais il portait une mitraillette en bandoulière. « Italien Mussolini », me dit-il, torve, et aux deux Français : « Fransé Laval » ; d'où l'on voit le faible secours qu'apportent les idées générales à la compréhension des cas particuliers.

Là, nous nous séparâmes : Charles et Arthur, guéris et relativement bien portants, rejoignirent le groupe des

1. En français dans le texte. N.D.T.

Français et disparurent de mon horizon. On me dirigea vers l'infirmerie d'où, après une visite sommaire, on m'expédia d'urgence dans un autre « Service des contagieux ».

Cette infirmerie, qui n'en avait que le nom, regorgeait bien de malades (les Allemands en fuite n'avaient abandonné à Monowitz, Auschwitz et Birkenau que les hommes les plus gravement atteints et les Russes les avaient tous rassemblés dans le camp principal) : mais elle n'était pas et ne pouvait pas être un lieu d'assistance car il n'y avait que quelques dizaines de médecins, malades pour la plupart, les médicaments et le matériel sanitaire étaient inexistants alors que les trois quarts des cinq mille prisonniers avaient besoin de soins.

J'étais dans un énorme dortoir, sombre, rempli jusqu'au plafond de souffrances et de gémissements. Pour huit cents malades environ, il n'y avait qu'un médecin de garde et pas un seul infirmier : c'étaient les malades eux-mêmes qui devaient pourvoir à leurs besoins les plus urgents et à ceux de leurs camarades plus gravement atteints. J'y passai une seule nuit qui restera dans mon souvenir comme un cauchemar ; le matin, on comptait par douzaines les cadavres sur les paillasses ou en désordre sur le sol.

Le lendemain on me transféra dans une pièce plus petite avec vingt lits seulement : je restai couché pendant trois ou quatre jours, en proie à une fièvre très élevée, conscient par intermittence, incapable de manger, et tourmenté par une soif atroce.

Le cinquième jour, la fièvre tombée, je me sentais léger comme une plume, affamé et glacé mais la tête dégagée, les yeux et les oreilles comme affinés par cette vacance forcée, et j'étais en mesure de reprendre contact avec le monde.

Pendant ces quelques jours, un changement considérable avait eu lieu autour de moi. Le dernier grand coup de faux donné, on pouvait faire les comptes : les moribonds étaient morts, chez tous les autres la vie recommençait à couler, tumultueuse. Dehors, derrière les vitres, bien qu'il neigeât en abondance, les sinistres rues du camp n'étaient plus désertes mais fourmillaient d'un va-et-vient allègre, désordonné et bruyant qui semblait une fin en soi-même. Tard le soir, le camp retentissait de cris joyeux ou irrités, d'appels, de chansons. Cependant mon attention et celle de mes voisins de lit arrivait rarement à se distraire de la présence obsédante, impérieuse et fatale du plus petit et du plus désarmé d'entre nous : le plus innocent, un enfant, Hurbinek.

Hurbinek n'était rien, c'était un enfant de la mort, un enfant d'Auschwitz. Il ne paraissait pas plus de trois ans, personne ne savait rien de lui, il ne savait pas parler et n'avait pas de nom : ce nom curieux de Hurbinek lui venait de nous, peut-être d'une des femmes qui avait rendu de la sorte un des sons inarticulés que l'enfant émettait parfois. Il était paralysé à partir des reins et avait les jambes atrophiées, maigres comme des flûtes ; mais ses yeux, perdus dans un visage triangulaire et émacié, étincelaient, terriblement vifs, suppliants, affirmatifs, pleins de la volonté de briser ses chaînes, de rompre les barrières mortelles de son mutisme. La parole qui lui manquait, que personne ne s'était soucié de lui apprendre, le besoin de la parole jaillissait dans son regard avec une force explosive : un regard à la fois sauvage et humain, un regard adulte qui jugeait, que personne d'entre nous n'arrivait à soutenir, tant il était chargé de force et de douleur.

Personne, sauf Henek, mon voisin de lit, un jeune Hongrois de quinze ans, robuste et florissant. Henek passait ses journées à côté du lit de Hurbinek. Il était plus maternel que paternel : et sans doute, si notre cohabitation précaire s'était prolongée au-delà d'un mois, Hurbinek, grâce à Henek, aurait appris à parler ; sûrement mieux qu'avec les jeunes Polonaises trop tendres et futiles qui l'étourdissaient de caresses et de baisers mais n'entraient pas dans son intimité.

Au contraire, Henek avec une obstination tranquille s'asseyait à côté du petit sphinx, protégé contre la puissance triste qui en émanait ; il lui portait à manger, arrangeait ses couvertures, le lavait avec des mains habiles, sans répugnance ; et il lui parlait, en hongrois naturellement, d'une voix lente et patiente. Au bout d'une semaine, Henek annonça sérieusement mais sans l'ombre de présomption que Hurbinek « disait un mot ». Quel mot ? Il l'ignorait, un mot difficile, pas hongrois : quelque chose comme « mass-klo », « matisklo ». La nuit, nous tendîmes l'oreille : c'était vrai, du coin de Hurbinek venait de temps en temps un son, un mot. Pas toujours le même, à vrai dire, mais certainement un mot articulé ; mieux, plusieurs mots articulés de façon très peu différente, des variations expérimentales autour d'un thème, d'une racine, peut-être d'un nom.

Tant qu'il resta en vie, Hurbinek poursuivit avec obstination ses expériences. Les jours suivants, nous l'écoutions tous, en silence, anxieux de comprendre et il y avait parmi nous des représentants de toutes les langues d'Europe : mais le mot de Hurbinek resta secret. Ce n'était certes pas un message, une révélation : mais peut-être son nom, si tant est qu'il en ait eu un ; peut-être (selon une de nos hypothèses) voulait-il dire « manger », ou peut-être « viande » en bohémien, comme le soutenait avec de bons arguments un de nous qui connaissait cette langue.

Hurbinek, qui avait trois ans, qui était peut-être né à Auschwitz et n'avait jamais vu un arbre ; Hurbinek, qui avait combattu comme un homme, jusqu'au dernier souffle, pour entrer dans le monde des hommes dont une puissance bestiale l'avait exclu ; Hurbinek, le sans-nom, dont le minuscule avant-bras portait le tatouage d'Auschwitz ; Hurbinek mourut les premiers jours de mars 1945, libre mais non racheté. Il ne reste rien de lui : il témoigne à travers mes paroles.

Henek était un bon camarade et une perpétuelle source d'étonnement. Son nom aussi, comme celui de Hurbinek, était un nom de convention : son vrai nom, König, avait été altéré en Henek, diminutif polonais de Henri, par les deux jeunes Polonaises, plus âgées que lui d'une dizaine d'années mais qui éprouvaient cependant pour lui une sympathie ambiguë qui se mua bientôt en désir avoué.

Henek-König, le seul de notre microcosme de douleur, à n'être ni malade ni convalescent, jouissait même d'une splendide santé physique et mentale. Il était de petite taille, d'aspect doux mais possédait une musculature d'athlète ; affectueux et serviable envers Hurbinek et envers nous, il nourrissait toutefois des instincts paisiblement sanguinaires. Le camp, piège mortel, « machine à broyer » pour les autres, avait été pour lui une bonne école : en quelques mois il en avait fait un jeune carnivore, vif, sagace, féroce et prudent.

Durant les longues heures que nous passions ensemble, il me raconta l'essentiel de sa brève existence. Il était né et habitait dans une ferme de Transylvanie, en pleine forêt, près de la frontière roumaine. Il allait souvent avec son père, le dimanche dans les bois, tous les deux avec un fusil. Pourquoi avec un fusil : pour chasser ? Oui, pour chasser ; mais aussi pour tirer sur les Roumains. Et pourquoi sur les Roumains ? Parce que ce sont des Roumains, m'expliqua Henek avec une simplicité désarmante. Eux aussi de temps en temps ils tiraient sur nous.

Il avait été fait prisonnier et déporté à Auschwitz avec toute sa famille. Les autres avaient été tués tout de suite : lui, avait déclaré aux SS qu'il avait dix-huit ans et qu'il était maçon, alors qu'il en avait quatorze et qu'il faisait ses études. C'est ainsi qu'il était entré à Birkenau : mais à Birkenau il avait au contraire fait valoir son âge véritable, on l'avait affecté au block des enfants et comme il était le plus vieux et le plus robuste, on l'avait nommé leur *Kapo*. A Birkenau, les enfants étaient comme des oiseaux de passage : au bout de quelques jours, on les transférait au block des expériences ou directement dans les chambres à gaz. Henek avait immédiatement saisi la situation et, en bon kapo, il s'était « organisé », il avait noué de solides relations avec un détenu hongrois important et il était resté là jusqu'à la libération. Quand il y avait des sélections au block des enfants, c'était lui qui choisissait. En éprouvait-il du remords ? Non : pourquoi en aurait-il éprouvé ? Existait-il peut-être un autre moyen de survivre ?

Pendant l'évacuation du camp, sagement il s'était caché : de sa cachette, à travers le soupirail d'une cave, il avait vu les Allemands déménager en toute hâte les fabuleuses réserves d'Auschwitz et il avait remarqué que, dans l'affolement du départ, ils avaient répandu sur la route une grande quantité de conserves. Ils ne s'étaient pas attardés à les récupérer mais avaient essayé de les détruire en passant dessus avec les chenilles de leurs engins blindés. Beaucoup de boîtes s'étaient enfoncées dans la boue et dans la neige sans s'ouvrir : la nuit, Henek était sorti avec un sac et avait récupéré un trésor fantastique de boîtes déformées, aplaties mais encore pleines : viande, lard, poisson, fruits, vitamines. Il ne l'avait dit à personne, naturellement : il me le disait à moi parce que j'étais son voisin de lit et que je pouvais lui être utile comme surveillant. De fait, comme Henek passait de longues heures à déambuler dans le camp, occupé à de mystérieuses besognes, alors que je me trouvais dans l'impossibilité de bouger, mon œuvre de vigilance se révéla assez utile. En moi, il avait confiance : il cacha le sac sous mon lit et les jours suivants, il me dédommagea par une juste récompense en nature, m'autorisant à prélever les rations qu'il jugeait conformes, en quantité, à ma condition de malade et à la mesure de mes services.

Hurbinek n'était pas le seul enfant. Il y en avait d'autres en assez bonne santé : ils avaient formé entre eux un petit « club », très fermé et secret, où l'intrusion des adultes était visiblement désagréable. C'étaient de petits animaux sauvages et judicieux, qui parlaient entre eux des langages que je ne comprenais pas. Le membre le plus éminent du clan n'avait pas plus de cinq ans et s'appelait Peter Pavel.

Peter Pavel ne parlait à personne et n'avait besoin de personne. C'était un bel enfant blond et robuste au visage intelligent et impassible. Le matin il descendait de son lit, qui se trouvait au troisième étage, avec des mouvements lents mais sûrs, allait à la douche remplir d'eau sa gamelle et se lavait méticuleusement. Il disparaissait ensuite toute la journée, faisant seulement une brève apparition à midi pour recevoir sa soupe dans cette même gamelle. Il revenait enfin pour le dîner, mangeait, sortait de nouveau, rentrait peu après avec un vase de nuit, le déposait dans un coin derrière le poêle, s'y asseyait quelques minutes, repartait avec le vase, retournait sans lui, se hissait lentement jusqu'à sa place, arrangeait avec soin les couvertures et le coussin et dormait jusqu'au matin sans changer de position.

Quelques jours après mon arrivée, je vis avec malaise apparaître un visage connu ; la silhouette pathétique et déplaisante du *Kleine Kiepura*, la mascotte de Buna-Monowitz. Tout le monde le connaissait à Buna : c'était le plus jeune des prisonniers, il n'avait que douze ans. Tout était irrégulier chez lui, à commencer par sa présence dans le camp, où normalement les enfants n'entraient pas vivants : personne ne savait comment ni pourquoi il y avait été admis, tout en ne le sachant que trop. Sa condition était irrégulière puisqu'on ne l'envoyait pas travailler mais qu'il restait à demi cloîtré dans le block des fonctionnaires ; enfin, il n'y avait pas jusqu'à son aspect physique dont l'irrégularité ne fût frappante.

Il avait grandi trop vite et mal : de son corps petit et trapu sortaient des bras et des jambes démesurés d'araignée ; et sous son visage pâle, aux traits non dénués d'une grâce enfantine, saillait une énorme mâchoire, plus proéminente que le nez. Le Kleine Kiepura était l'ordonnance et le protégé du *Lager-Kapo*, le Kapo de tous les Kapos.

Personne ne l'aimait, excepté son protecteur. A l'ombre de l'autorité, bien nourri et bien vêtu, exempté du travail, il avait mené jusqu'au dernier jour une existence ambiguë et frivole de favori, remplie de racontars, de délations et de sentiments dévoyés : son nom, à tort, j'espère, se chuchotait toujours dans les cas les plus célèbres de dénonciations anonymes à la Section politique et aux SS. Tout le monde le craignait et le fuyait.

Mais maintenant le Lager-Kapo, destitué de tous pouvoirs, était en route pour l'Occident et le Kleine Kiepura, convalescent d'une légère maladie, avait partagé notre destin. Il eut un lit et une gamelle et fit ainsi partie de notre limbe. Henek et moi-même ne lui adressâmes que quelques paroles prudentes car nous éprouvions envers lui de la méfiance et une pitié hostile : mais il ne nous répondit pour ainsi dire pas. Pendant deux jours il se tut : il restait tout recroquevillé sur son lit, les yeux dans le vague et les poings serrés sur la poitrine. Puis il se mit à parler et nous regrettâmes son silence. Le Kleine Kiepura parlait tout seul comme en rêve : son rêve était d'avoir fait carrière et d'être devenu Kapo. Impossible de savoir si c'était de la folie ou bien un jeu puéril et sinistre : sans cesse, du haut de sa couchette près du plafond, il chantait et sifflait les marches de Buna, les rythmes brutaux qui scandaient matin et soir nos pas fatigués ; et il vociférait en allemand des ordres impérieux à un troupeau d'esclaves larvaires :

« Debout, cochons, vous avez compris ? Faites les lits, en vitesse : nettoyez les chaussures. Rassemblement, contrôle des poux, contrôle des pieds. Montrez vos pieds, salauds ! Encore toi, dégoûtant, sac à m... : fais attention, je ne plaisante pas. Si je t'y reprends encore une fois, tu t'en iras au crématoire. » Puis, hurlant, à la manière des soldats allemands : « En rangs, couvrez, alignez-vous. Baissez le col. Au pas, suivez la musique. Les doigts sur la couture des pantalons. » Et puis encore, après une pause, d'une voix autoritaire et stridente : « Ici, ce n'est pas un hôpital. C'est un camp allemand, il s'appelle Auschwitz et on n'en sort que par la cheminée. C'est comme ça ; si ça ne te plaît pas, tu n'as qu'à aller toucher le fil électrique. »

Le Kleine Kiepura disparut quelques jours après, au soulagement de nous tous. Au milieu de nous, faibles et malades mais pleins de la joie timide et inquiète de la liberté retrouvée, sa présence blessait comme celle d'un cadavre et, à la compassion qu'il suscitait en nous, se mêlait l'horreur. Nous essayâmes en vain de l'arracher à son délire : l'infection du camp avait fait trop de chemin en lui.

Les deux jeunes Polonaises, qui remplissaient (très mal en vérité) les fonctions d'infirmières, s'appelaient Hanka et Jadzia. Hanka était une ex-Kapo, comme on pouvait le déduire de sa chevelure non rasée et plus sûrement encore de ses manières arrogantes. Agée à peu près de vingt-quatre ans, elle avait une taille moyenne, un teint olivâtre et des traits durs et vulgaires. Dans cette atmosphère de purgatoire, pleine de souffrances présentes et passées, d'espoir et de pitié, elle passait ses journées devant la glace ou bien à se limer les ongles des mains et des pieds ou à se pavaner devant Henek, ironique et indifférent.

Elle était, ou se considérait d'un grade plus élevé que Jadzia ; mais à la vérité il fallait peu de chose pour l'emporter en autorité sur une créature aussi modeste. Jadzia était une jeune fille petite et timide, au teint rosé et maladif ; mais son enveloppe de chair anémique était tourmentée, déchirée de l'intérieur, bouleversée par une tempête secrète et continue. Elle avait une envie, un besoin, une nécessité impérieuse de l'homme, d'un homme quelconque, tout de suite, de tous les hommes. Le premier mâle qui passait sous son regard l'attirait : l'attirait matériellement, pesamment, comme l'aimant attire le fer. Jadzia le fixait de ses yeux hagards et hébétés, se levait de son coin, avançait vers lui d'un pas incertain de somnambule, en cherchait le contact ; si l'homme s'éloignait, elle le suivait à distance, en silence, pendant quelques mètres, puis, les yeux baissés, elle retombait dans son inertie ; si l'homme l'attendait, Jadzia l'entourait, l'absorbait, en prenait possession avec les mouvements aveugles, muets, tremblants, lents mais sûrs qu'ont les amibes sous le microscope.

Son premier et principal objectif était naturellement Henek : mais Henek n'en voulait pas, il se moquait d'elle, l'insultait. Toutefois, en garçon pratique qu'il était, il ne s'était pas désintéressé de la chose et en avait touché un mot à Noah, son grand ami.

Noah n'habitait pas chez nous, il n'habitait nulle part et partout. C'était un nomade, un vagabond, joyeux de l'air qu'il respirait et de la terre qu'il foulait. C'était le *Scheissminister* d'Auschwitz libérée, le ministre des latrines et des fosses noires : mais malgré ce métier de croque-mort (que du reste, il avait choisi volontairement) il n'y avait rien de bas en lui, ou en tout cas, il dominait ce penchant par la violence de son instinct vital. Noah était un tout jeune pantagruel, fort comme un turc, vorace et salace. De même que Jadzia voulait tous les hommes, Noah voulait toutes les femmes : mais tandis que la frêle Jadzia se limitait à tendre autour d'elle ses filets inconsistants, comme un mollusque sur son rocher, Noah, oiseau de haut vol, croisait dans toutes les rues du camp, juché sur sa répugnante charrette, faisant claquer son fouet et chantant à tue-tête : il s'arrêtait devant l'entrée de chaque block et tandis que ses valets sales et malodorants liquidaient en jurant leur immonde besogne, Noah se promenait dans les dortoirs des femmes comme un prince oriental, revêtu d'une veste brodée et chamarrée, remplie de pièces et de brandebourgs. Ses rendez-vous d'amour étaient des ouragans. Il était l'ami de tous les hommes et l'amant de toutes les femmes. Fini le déluge : dans le ciel noir d'Auschwitz Noah voyait resplendir l'arc-en-ciel, le monde était à lui et il fallait le repeupler.

Frau Vitta, ou mieux Frau Vita [1], comme tous l'appelaient, aimait au contraire tous les êtres humains d'un amour simple et fraternel. Frau Vita, au corps délabré et au doux visage clair, était une jeune veuve de Trieste, à demi juive, rescapée de Birkenau. Elle passait de longues heures à côté de mon lit, m'entretenant de mille choses à la fois avec une volubilité triestine, tantôt riant, tantôt pleurant : elle était en bonne santé mais profondément blessée, ulcérée par tout ce qu'elle avait vu et subi en une année de camp et pendant l'horreur de ces derniers jours. On l'avait « préposée » au transport des cadavres, de restes de cadavres, de misérables dépouilles anonymes, et ces dernières images l'écrasaient : elle essayait de les exorciser, de s'en laver, en se jetant tête la première dans une activité tumultueuse. C'était la seule à s'occuper des malades et des enfants ; elle le faisait avec une compassion frénétique et quand il lui restait du temps, elle frottait le sol et les carreaux avec une fureur sauvage, rinçait bruyamment verres et

1. C'est-à-dire « Vie ». N.D.T.

gamelles, courait à travers les dortoirs pour porter des messages réels ou imaginaires ; elle revenait tout essoufflée et s'asseyait sur mon lit, les yeux humides, affamée de paroles, de dialogue, de chaleur humaine. Le soir, quand tous les travaux de la journée étaient terminés, incapable de résister plus longtemps à la solitude, elle bondissait soudain de son lit et dansait toute seule entre les lits, au son de ses propres chansons, pressant affectueusement sur son cœur un homme imaginaire.

Ce fut Frau Vita qui ferma les yeux d'André et d'Antoine, deux jeunes paysans des Vosges, tous deux mes compagnons de ces dix jours d'interrègne et tous deux atteints de diphtérie. J'avais l'impression de les connaître depuis des siècles. Par un étrange parallélisme, ils furent atteints en même temps d'une forme de dysenterie qui se révéla bientôt très grave, d'origine tuberculeuse ; et en quelques jours la balance de leur destin pencha. Ils étaient dans deux lits voisins, ne se plaignaient pas, supportaient leurs coliques atroces, les dents serrées, sans en comprendre le caractère mortel ; ils parlaient seulement entre eux, timidement et ne demandaient de l'aide à personne. André fut le premier à s'en aller, pendant qu'il parlait, au milieu d'une phrase, comme s'éteint une chandelle. Pendant deux jours, personne ne vint l'enlever : les enfants venaient le regarder avec une curiosité effarée, puis ils continuaient à jouer dans leur coin.

Antoine resta seul et silencieux, tout entier tendu dans une attente qui le transfigurait. Il arrivait à peu près à se nourrir mais, en deux jours, il subit une métamorphose qui le mina, comme si son voisin l'avait aspiré. Avec Frau Vita, nous réussîmes, après nombre de tentatives vaines, à faire venir un médecin : je lui demandai, en allemand, s'il y avait quelque chose à faire, s'il y avait de l'espoir et je lui recommandai de ne pas me répondre en français. Il me répondit en yiddisch, par une phrase brève que je ne compris pas : alors il la traduisit en allemand : « *Sein Kamerad ruft ihn* », son camarade l'appelle. Antoine obéit le soir même. Ils n'avaient pas encore vingt ans et n'étaient au camp que depuis un mois.

Et enfin Olga vint, une nuit pleine de silence, m'apporter les funestes nouvelles du camp de Birkenau et du destin des femmes de mon transport. Je l'attendais depuis longtemps : je ne la connaissais pas en personne, mais Frau Vita qui, malgré les interdictions sanitaires, fréquentait également les malades des autres services, nous avait informés de nos présences respectives. Elle organisa, à la nuit noire, pendant que tous dormaient, cette rencontre illicite.

Olga était une partisane croate qui, en 1942, était venue se réfugier avec sa famille dans la région d'Asti où on l'avait internée : elle appartenait donc à cette vague de milliers de juifs étrangers qui avaient trouvé l'hospitalité et un bref répit dans l'Italie paradoxale de ces anneés-là, officiellement antisémite. C'était une femme d'une grande intelligence et d'une grande culture, forte, belle et lucide ; déportée à Birkenau, elle avait été la seule à survivre.

Elle parlait parfaitement italien ; par gratitude et par affinité, elle s'était vite liée d'amitié avec les Italiennes du camp et plus précisément avec celles de son convoi. Elle me raconta leur histoire, les yeux rivés au sol, à la lueur d'une bougie. La lumière furtive ne dérobait aux ténèbres que son visage, dont elle accentuait les rides précoces, le transformant en un masque tragique. Un foulard la couvrait : elle le défit tout à coup et le masque devint macabre comme une tête de mort. Le crâne d'Olga était nu, à peine recouvert d'un duvet gris.

Ils étaient tous morts. Tous les enfants et tous les vieillards, immédiatement. Des cinq cent cinquante personnes dont j'avais perdu la trace à l'entrée du camp, vingt-neuf femmes seulement avaient été admises à Birkenau : parmi celles-ci, cinq avaient survécu.

Vanda était allée à la chambre à gaz, en pleine conscience, au mois d'octobre : Olga elle-même lui avait procuré deux comprimés de somnifère mais ils n'avaient pas suffi.

LE GREC

Vers la fin février, après un mois de lit, je me sentais non pas guéri mais dans un état stationnaire. J'avais la nette impression que, tant que je n'aurais pas repris (fût-ce au prix d'un effort) la position verticale, tant que je n'aurais pas remis des chaussures aux pieds, je ne retrouverais ni ma santé ni mes forces. C'est pourquoi, lors d'une de ses rares visites, je demandai au médecin de me laisser sortir. Le médecin m'examina, ou fit semblant de m'examiner ; il constata que la desquamation de la scarlatine était terminée ; il me dit qu'en ce qui le concernait je pouvais m'en aller, me fit la recommandation grotesque de ne pas m'exposer à la fatigue et au froid et me souhaita bonne chance.

Alors je me découpai une paire d'espadrilles dans une couverture, je fis main basse sur toutes les vestes et les pantalons de toile que je pus trouver en circulation (on ne trouvait rien d'autre), je pris congé de Frau Vita et de Henek et je partis.

Je tenais plutôt mal sur mes pieds. Juste derrière la porte il y avait un officier soviétique : il me photographia et me fit cadeau de cinq cigarettes. Un peu plus loin, je ne réussis pas à éviter un civil qui était en train de chercher des hommes pour déblayer la neige ; il s'empara de moi, sourd à mes protestations, me remit une pelle et m'embrigada dans une équipe de balayeurs.

Je lui offris les cinq cigarettes mais il les repoussa avec colère. C'était un ex-Kapo et il était resté naturellement en service : qui d'autre aurait réussi à faire déblayer la neige à des gens comme nous ? J'essayai, mais cela m'était matériellement impossible. Si j'arrivais à tourner le coin, personne ne me verrait plus mais il était capital de me libérer de la pelle : il aurait été intéressant de la vendre mais je ne savais pas à qui et il était dangereux de la garder avec moi, même pour quelques mètres. Il n'y avait pas assez de neige pour l'enterrer. Je la laissai finalement tomber par la fenêtre d'une cave et je récupérai ma liberté.

Je me faufilai dans un block : il y avait un gardien, un vieux Hongrois qui ne voulait pas me laisser entrer mais les cigarettes le convainquirent. Dedans, c'était chaud, plein de fumée, de tapage et de visages inconnus ; le soir, j'eus droit aussi à la soupe. J'espérais connaître quelques jours de repos et d'adaptation progressive à la vie active et j'ignorais que j'étais mal tombé. Pas plus tard que le lendemain, je fus entraîné dans un transport russe vers un camp mystérieux.

Je ne peux affirmer que je me rappelle exactement quand mon Grec surgit du néant. Ces jours-là, en ces lieux, peu après le passage du front, un vent puissant soufflait sur la face de la terre : autour de nous, le monde semblait être retombé dans le chaos primitif et fourmillait de types humains biscornus, difformes, monstrueux ; et chacun d'eux s'agitait désespérément, avec des mouvements aveugles ou conscients, à la recherche de son propre centre, de sa propre sphère, à la façon des particules des quatre éléments dans les cosmogonies poétiques des Anciens.

Entraîné moi aussi dans ce tourbillon, par une nuit glaciale, après une abondante chute de neige, je me trouvai, bien avant l'aube, chargé sur une charrette militaire, en même temps qu'une dizaine de compagnons que je ne connaissais pas. Le froid était intense ;

le ciel, criblé d'étoiles s'éclairait du côté du levant et promettait une de ces admirables aurores de plaine auxquelles, au temps de notre esclavage, nous assistions interminablement, sur la place d'appel du camp.

Notre guide et escorte était un soldat russe. Il était assis sur le siège et chantait aux étoiles, à gorge déployée, s'adressant de temps en temps aux chevaux, à la façon russe, étrangement affectueuse, avec des inflexions gentilles et de longues phrases modulées. Nous l'avions interrogé sur notre lieu de destination, bien entendu, mais sans en tirer rien de compréhensible, sauf que, d'après son souffle rythmé et le mouvement de ses coudes, repliés comme des pistons, sa tâche devait se borner à nous amener à une voie de chemin de fer.

C'est ce qui arriva en effet. Au lever du soleil, la charrette s'arrêta au pied d'un talus sur lequel couraient des rails interrompus et disloqués sur une cinquantaine de mètres par un bombardement récent. Le soldat nous indiqua un des deux tronçons, nous aida à descendre (c'était nécessaire : le voyage avait duré près de deux heures, la charrette était petite et beaucoup d'entre nous, à cause de leur position incommode et du froid pénétrant étaient engourdis au point de ne plus pouvoir remuer), nous salua avec de joviales paroles incompréhensibles, fit faire demi-tour à ses chevaux et s'en alla en chantant doucement.

Le soleil, à peine levé, disparut derrière un voile de brume ; du haut du talus on ne voyait à perte de vue qu'une campagne plate et déserte, ensevelie sous la neige, sans un toit, sans un arbre. D'autres heures passèrent : aucun de nous n'avait de montre.

Comme je l'ai dit, nous étions une dizaine. Il y avait un *Reichsdeutscher* [1] qui, comme beaucoup d'autres Allemands « aryens », après la libération, avait adopté des façons relativement courtoises et franchement

1. Un Allemand aryen. N.D.T.

ambiguës (nous assistions là à une métamorphose divertissante que nous avions déjà constatée chez d'autres : parfois progressive, parfois en quelques minutes, dès la première apparition des nouveaux maîtres à l'étoile rouge dont les larges faces trahissaient la tendance à ne pas chercher la petite bête). Il y avait deux frères grands et maigres, juifs viennois d'une cinquantaine d'années, prudents et silencieux comme tous les anciens détenus ; un officier de l'armée régulière yougoslave qui semblait ne pas avoir réussi à secouer la résignation et la passivité du camp et qui nous regardait avec des yeux morts. Il y avait une sorte de débris humain, à l'âge indéfinissable, qui parlait sans arrêt, tout seul, en yiddisch : un de ces nombreux individus que la féroce vie du camp avait à moitié détruits, les laissant ensuite survivre, enveloppés (et peut-être protégés) par une cuirasse d'insensibilité ou de folie déclarée. Et il y avait enfin le Grec auquel le destin devait me lier pendant une inoubliable semaine de vagabondage.

Il s'appelait Mordo Nahum et, à première vue, ne présentait rien de notable si ce n'est les chaussures (en cuir, presques neuves, de forme élégante ; un vrai prodige, vu le temps et le lieu), et le sac qu'il portait sur son dos, de taille imposante et d'un poids correspondant, comme je pus en faire moi-même l'expérience les jours qui suivirent. En plus du grec, il parlait l'espagnol (comme tous les juifs de Salonique), le français, un italien hésitant mais avec un bon accent et, comme je l'appris par la suite, le turc, le bulgare et un peu d'albanais. Il avait quarante ans : il était assez grand mais marchait le dos courbé, la tête en avant, comme les myopes. Il avait le poil roux et la peau rouge, de grands yeux pâles et aqueux, un grand nez recourbé ; tout cela donnait à sa personne tout entière un aspect à la fois rapace et gauche comme celui d'un oiseau nocturne surpris par la lumière ou d'un poisson vorace hors de son élément naturel.

Il relevait d'une maladie vague, qui lui avait donné des accès de température très élevée, épuisants ; les premières nuits de voyage, il lui arrivait encore de tomber dans un état de prostration, accompagné de frissons et de délire. Sans nous sentir particulièrement attirés l'un vers l'autre, nous nous sentions rapprochés par nos deux langues communes et par le fait, très sensible étant donné les circonstances, d'être les deux seuls Méditerranéens du petit groupe.

L'attente était interminable ; nous avions faim et froid et nous étions obligés de rester debout ou de nous coucher sur la neige car, à perte de vue, on ne voyait ni toit ni abri. Il devait être midi à peu près lorsque, annoncée par le halètement et la fumée, se tendit charitablement vers nous la main de la civilisation, sous forme d'un convoi exigu de trois ou quatre wagons de marchandises, traînés par une petite locomotive, de celles qui, en temps normal, servent à la manœuvre des wagons à l'intérieur d'une gare.

Le convoi s'arrêta devant nous, au bord de la voie interrompue. Quelques paysans polonais en descendirent, dont nous ne réussîmes à tirer aucun renseignement sensé : ils nous regardaient avec des visages fermés et nous évitaient comme si nous avions eu la peste. Ils ne se trompaient qu'à peine, sans doute, et de toute façon notre aspect ne devait pas être engageant ; mais des premiers « civils » rencontrés après notre libération, nous escomptions un accueil plus cordial. Nous montâmes tous sur un des wagons et le petit train rebroussa immédiatement chemin, poussé et non plus tiré par la locomotive miniature. A l'arrêt suivant deux paysannes montèrent qui, une fois dépassé le premier stade de méfiance et de difficulté d'expression, nous donnèrent quelques importantes précisions géographiques et nous apprirent une nouvelle qui, si elle était vraie, était à peu près désastreuse pour nous.

La voie de chemin de fer se trouvait interrompue non loin d'une localité dénommée Neu Berun, à laquelle en son temps, aboutissait un embranchement pour Auschwitz, alors détruit. Les deux tronçons de la ligne coupée conduisaient l'un à Katowice (vers l'ouest), l'autre à Cracovie (vers l'est). Ces deux localités étaient à une soixantaine de kilomètres de Neu Berun, ce qui, vu les conditions épouvantables où la guerre avait laissé la ligne, voulait dire deux jours de voyage au moins, avec un nombre indéterminé d'étapes et de transbordements. Le convoi sur lequel nous nous trouvions était en route pour Cracovie : les Russes avaient dirigé sur Cracovie jusqu'à peu de jours auparavant une énorme quantité d'ex-prisonniers, et à cette heure-là toutes les casernes, les écoles, les hôpitaux, les couvents regorgeaient de gens dans un état de dénuement complet. Les rues mêmes de Cracovie, aux dires de nos informatrices, fourmillaient d'hommes et de femmes de toutes les races qui, en un clin d'œil, s'étaient mués en contrebandiers, marchands clandestins, ou même en voleurs et en bandits.

Depuis quelques jours déjà, on rassemblait les ex-prisonniers dans d'autres camps, aux alentours de Katowice : les deux femmes étaient très étonnées de nous voir en route pour Cracovie, où, disaient-elles, la garnison russe elle-même souffrait la famine. Après avoir entendu notre récit, elles se consultèrent brièvement puis se déclarèrent persuadées qu'il devait simplement s'agir d'une erreur de la part de notre accompagnateur, le charretier russe qui, ne connaissant pas bien les lieux, nous avait amenés au tronçon est, et non au tronçon ouest.

La nouvelle nous précipita dans le doute et l'angoisse. Nous avions espéré un voyage bref et sûr, vers un camp équipé pour nous recevoir, vers un succédané acceptable de nos foyers ; et cet espoir faisait partie d'un espoir bien plus grand, l'espoir en un monde droit et juste, miraculeusement rétabli sur ses fondements naturels après une éternité de bouleversements, d'erreurs et de massacres, après le temps de notre longue patience. C'était un espoir naïf, comme tous ceux qui reposent sur une distinction trop nette entre le bien et le mal, entre le passé et l'avenir : mais nous, nous en tirions la force de vivre. Cette première fêlure, comme beaucoup d'autres, petites ou grandes, qui suivirent inévitablement, fut une cause de douleur pour beaucoup d'entre nous, d'autant plus sensible qu'elle était inattendue : car on ne rêve pas pendant des années, des dizaines d'années d'un monde meilleur sans se le représenter parfait.

Rien de tel, au contraire : il était arrivé ce qu'un petit nombre de sages parmi nous avait prévu. La liberté, l'improbable, l'impossible liberté, si éloignée d'Auschwitz que nous ne la voyions qu'en rêve, était arrivée : mais elle ne nous avait pas menés à la Terre Promise. Elle était autour de nous, mais sous la forme d'une plaine inexorable et déserte. De nouvelles épreuves nous attendaient, de nouvelles peines, de nouvelles faims, de nouveaux froids, de nouvelles peurs.

Je n'avais pas mangé depuis vingt-quatre heures. Nous étions assis à même le plancher du wagon, adossés les uns contre les autres pour nous protéger du froid ; les rails étaient disjoints si bien qu'à chaque cahot nos têtes mal assurées sur nos cous allaient heurter contre les parois. Je me sentais à bout de forces, mais pas seulement physiquement : comme un athlète qui aurait couru pendant des heures, épuisant d'abord toutes ses ressources naturelles puis celles que l'on presse jusqu'à la dernière goutte, que l'on crée à partir de rien dans les moments de besoin extrême ; et qui arriverait au but. Mais à l'instant où il s'abandonne épuisé sur le sol il est remis brutalement debout et obligé à reprendre sa course, dans l'obscurité, vers un autre poteau, on ne sait où. Je songeais, amer, que la nature accorde rarement du répit ; et de même la société humaine, timide et lente à s'écarter des schémas grossiers de la nature ; et j'appréciai la conquête que peut représenter, dans l'histoire de la pensée humaine, d'arriver à ne plus voir dans la nature un modèle à suivre mais un bloc informe à sculpter ou un ennemi à qui s'opposer.

Le train poursuivait lentement son voyage. Le soir, on vit des villages sans lumière, en apparence déserts ; puis une nuit totale, atrocement glaciale tomba, sans aucune clarté ni dans le ciel ni sur la terre. Seuls les cahots du wagon nous empêchaient de glisser dans un sommeil que le froid aurait rendu mortel. Après d'interminables heures de voyage, vers trois heures du matin, peut-être, nous nous arrêtâmes enfin dans une petite gare ravagée et obscure. Le Grec délirait : les autres, soit par peur, soit par pure inertie, soit dans l'espoir que le train repartirait bientôt ne voulurent pas descendre du wagon. Je descendis et marchai dans le noir avec mon bagage ridicule jusqu'au moment où je vis une petite fenêtre éclairée. C'était la cabine, bondée, du télégraphe. J'entrai avec circonspection comme un chien errant, prêt à disparaître au premier geste de menace mais personne ne fit attention à moi. Je me jetai par terre et m'endormis sur-le-champ, comme on apprend à le faire au camp.

Je m'éveillai quelques heures plus tard, à l'aube. La cabine était vide. Le télégraphiste me vit lever la tête et posa à côté de moi, par terre, une gigantesque tranche de pain et de fromage. J'étais tout étourdi (et de plus à demi paralysé par le froid et le sommeil) et je crains de ne pas l'avoir remercié. J'avalai le tout et je sortis : le train n'avait pas bougé. Dans le wagon mes compagnons étaient allongés, hébétés de fatigue ; à ma vue, ils se secouèrent, tous, sauf le Yougoslave qui essaya en vain de remuer. Le gel et l'immobilité lui avaient paralysé les jambes : dès qu'on le touchait, il hurlait et gémissait. Il fallut le masser longuement puis détendre prudemment ses membres comme on remet en marche un mécanisme rouillé.

Pour tous, cela avait été une nuit terrible, la pire

peut-être de notre exil tout entier. J'en parlai avec le Grec : nous tombâmes d'accord pour nous associer afin d'éviter à tout prix une autre nuit de ce genre à laquelle nous sentions ne pas devoir survivre.

Je pense que le Grec, à cause de ma sortie nocturne, surestima mes qualités de *débrouillard* et de *démerdard* [1], comme on disait alors élégamment. Quant à moi, j'avoue avoir tenu compte surtout de l'importance de son sac et de sa qualité d'habitant de Salonique, ce qui équivalait, comme chacun le savait à Auschwitz, à une habileté commerciale raffinée, à la faculté de se tirer d'affaire en toutes circonstances. La sympathie, réciproque, et l'estime, unilatérale, vinrent ensuite.

Le train repartit, poursuivant son trajet tortueux, et nous conduisit dans un endroit appelé Szczakowa. La Croix-Rouge polonaise avait établi là un merveilleux service de cuisine chaude : on distribuait une soupe assez substantielle, à toute heure du jour et de la nuit et à quiconque, indistinctement, se présentait. Miracle qu'aucun de nous n'aurait pu prévoir, même dans ses rêves les plus audacieux : d'une certaine façon, le camp à l'envers. Je ne me rappelle pas très bien le comportement de mes camarades : je sais que je me montrai si vorace que les sœurs polonaises, pourtant habituées à la clientèle famélique du lieu, faisaient le signe de croix.

Nous repartîmes dans l'après-midi. Il y avait du soleil. Notre malheureux train s'arrêta au coucher du jour, en panne : les clochers de Cracovie rougissaient dans le lointain. Le Grec et moi descendîmes du wagon et allâmes interroger le machiniste qui était au milieu de la neige, sale et affairé, en train de lutter contre de grands jets de vapeur qui jaillissaient de je ne sais quel tube détérioré. « *Maschini kaputt* » nous répondit-il de façon lapidaire. Nous n'étions plus esclaves, nous n'étions plus protégés, nous étions hors de tutelle. Pour nous, l'heure de l'épreuve avait sonné.

1. En français dans le texte. N.D.T.

Le Grec, restauré par la soupe chaude de Szczakowa, se sentait à peu près d'attaque. « On y va ? » — « On y va. » Nous abandonnâmes donc le train et nos compagnons perplexes que nous ne devions plus revoir et nous partîmes à pied, à la recherche problématique de la Société humaine.

A sa demande péremptoire, je m'étais chargé du fameux fardeau. « Mais ce sont tes affaires ! » avais-je tenté en vain de protester. « Justement parce qu'elles sont à moi. Moi je me les suis procurées, c'est à toi de les porter. C'est la division du travail. Plus tard, tu en profiteras toi aussi. » Nous nous mîmes donc en route, lui devant et moi derrière, sur la neige compacte d'une rue de banlieue ; le soleil s'était couché.

J'ai déjà parlé des chaussures du Grec ; quant à moi, je portais une paire de curieux souliers comme je n'en ai vu porter en Italie qu'aux prêtres : de cuir très fin, qui arrivaient aux malléoles, sans lacets, avec deux grosses boucles et deux pièces élastiques sur le côté qui auraient dû en assurer la fermeture et l'adhérence. Je portais en outre au moins quatre paires superposées de pantalons de toile rayée, une chemise de coton et une veste à raies elle aussi, et c'est tout. Mon bagage consistait en une couverture et une boîte en carton dans laquelle j'avais d'abord conservé quelques morceaux de pain mais qui était vide désormais : toutes choses que le Grec regardait avec une irritation et un mépris non déguisés.

Nous nous étions grossièrement trompés sur la distance jusqu'à Cracovie : il nous fallait parcourir au moins sept kilomètres. Après vingt minutes de marche, mes chaussures étaient en lambeaux : la semelle de l'une s'était détachée et l'autre était en train de se découdre. Le Grec avait gardé jusque-là un lourd silence : quand il me vit déposer le fardeau et m'asseoir sur une borne pour constater le désastre, il me demanda :

— Quel âge as-tu ?
— Vingt-cinq ans, répondis-je.
— Quel est ton métier ?
— Je suis chimiste.
— Alors tu es un sot, me dit-il tranquillement. Celui qui n'a pas de chaussures est un sot.

Un Grec de génie. Rarement dans ma vie, avant et après, j'ai senti la sujétion d'une sagesse aussi concrète. Il n'y avait guère à répliquer. La valeur de l'argument était palpable, évidente : les deux débris informes à mes pieds et les deux merveilles éblouissantes aux siens. Il n'y avait pas de justification. Je n'étais plus un esclave : mais après quelques pas sur le chemin de la liberté, me voilà assis sur une borne, les pieds dans la main, gauche et inutile comme la locomotive en panne que nous venions de quitter. Est-ce que je méritais la liberté ? Le Grec semblait en douter.

— Mais j'avais la scarlatine, la fièvre, j'étais à l'infirmerie : la réserve des chaussures était très loin, il était interdit de s'en approcher et puis on disait qu'elle avait été pillée par les Polonais. Est-ce que je n'étais pas en droit de penser que les Russes nous en auraient procuré ?

— Des mots, dit le Grec. Des mots tout le monde sait en dire. Moi j'avais 40° de fièvre et je ne savais plus si c'était la nuit ou le jour : mais il y a une chose que je savais, c'est que j'avais besoin de chaussures et d'autres choses ; alors je me suis levé et je suis allé jusqu'à la réserve étudier la situation. Et il y avait le Russe avec sa mitraillette devant la porte : mais moi je voulais mes chaussures, je suis allé par-derrière, j'ai enfoncé une lucarne et je suis entré. Comme ça j'ai eu les chaussures et même le sac et tout ce qu'il y a dans le sac qui va bientôt nous être utile. C'est ça la prévoyance. Toi, c'est de la sottise : ne pas tenir compte de la réalité.

— C'est toi maintenant qui parles pour ne rien dire, dis-je. J'ai pu me tromper mais maintenant il s'agit d'arriver à Cracovie avant la nuit, avec ou sans chaussures. Et pendant ce temps je m'évertuais, les doigts tout engourdis, avec de vagues bouts de fil de fer que j'avais trouvés par terre, à lier provisoirement les semelles aux empeignes.

— Laisse tomber, tu n'arriveras à rien comme ça. Il me tendit deux morceaux de grosse toile qu'il avait sortis de son ballot et me montra comment empaqueter pieds et chaussures pour pouvoir marcher tant bien que mal Puis nous continuâmes en silence.

La banlieue de Cracovie était anonyme et désolée, les rues rigoureusement désertes ; les vitrines des boutiques vides, toutes les portes et les fenêtres, ou barricadées ou défoncées. Nous arrivâmes au terminus d'une ligne de tramways ; moi j'hésitais car nous n'avions pas de quoi payer la course, mais le Grec dit : « Montons, on verra après. »

La voiture était vide ; un quart d'heure plus tard arriva le conducteur et non le contrôleur (et je vis là encore que le Grec avait raison ; et l'on verra qu'il eut raison dans toutes les autres occasions, sauf une) ; nous partîmes et pendant le parcours nous découvrîmes avec joie qu'un des passagers montés entre-temps était un militaire français. Il nous expliqua qu'il était hébergé dans un ancien couvent, devant lequel notre tram devait passer peu après ; à l'arrêt suivant, nous devions trouver une caserne réquisitionnée par les Russes et pleine de soldats italiens. J'exultais : j'avais trouvé un toit.

En réalité tout n'alla pas sans encombre. La sentinelle polonaise en faction à la caserne nous invita d'abord sèchement à nous en aller. « Où çà ? » — « Peu m'importe, hors d'ici, n'importe où. » Après bien des insistances et des supplications, il se décida à aller chercher un brigadier italien dont dépendaient, de toute évidence, les décisions pour l'admission des hôtes. Ce n'était pas simple, nous expliqua-t-il : la caserne était déjà bondée, les rations étaient comptées ; que je fusse italien, il voulait bien l'admettre mais je n'étais pas militaire ; quant à mon compagnon, il était grec et il était impossible de l'introduire au milieu des ex-combattants de Grèce et d'Albanie : cela créerait sûrement du désordre et de la bagarre. Je répliquai avec mon éloquence la meilleure et avec des larmes authentiques dans les yeux : j'assurai que nous ne resterions pas plus d'une nuit (et je pensais en moi-même : une fois dedans...), que le Grec parlait parfaitement italien et que de toute façon il ouvrirait la bouche le moins possible. Mes arguments étaient faibles et je ne l'ignorais pas : mais le Grec qui était au fait de toutes les ficelles de la vie militaire, s'était mis à fouiller dans le sac pendu à mes épaules, tandis que je parlais. Brusquement il me poussa de côté, mit sous le nez du cerbère une étincelante boîte de *Porck* ornée d'une étiquette multicolore et de futiles instructions en six langues sur son mode d'emploi. C'est ainsi que nous obtînmes de haute lutte le gîte et le couvert à Cracovie.

La nuit était tombée. Contrairement à ce que le brigadier avait voulu nous faire croire, à l'intérieur de la caserne régnait la plus somptueuse abondance : il y avait des poêles allumés, des bougies et des lampes au carbure, il y avait à manger et à boire et de la paille pour dormir. Les Italiens étaient une douzaine par chambre mais nous, à Monowitz, nous avions un mètre cube pour deux. Ils avaient un bon équipement militaire, des vestes fourrées, beaucoup d'entre eux avaient une montre au poignet, tous avaient les cheveux luisants de brillantine ; ils étaient tapageurs, gais et charmants et nous comblèrent de gentillesses. Quant au Grec, c'est tout juste si on ne le porta pas en triomphe. Un Grec ! Il est arrivé un Grec ! Le bruit se répandit de chambrée en chambrée et en un instant une foule joyeuse se rassembla autour de mon revêche associé. Ils parlaient grec, certains avec désinvolture, ces soldats qui revenaient de la plus miséricordieuse occupation militaire que l'histoire ait jamais connue ; ils évoquaient avec une sympathie colorée les lieux et les faits, reconnaissant tacitement, par esprit chevaleresque, la valeur acharnée du pays envahi. Mais il y avait un autre élément qui leur facilitait les choses : mon Grec n'était pas un Grec quelconque, c'était visiblement un maître, une autorité, un super Grec. En quelques minutes de conversation il avait accompli un miracle, il avait créé une atmosphère.

Il avait tout ce qu'il fallait pour ça : il savait parler italien, et (ce qui est encore plus important et fait défaut à de nombreux Italiens) il savait de quoi parler en italien. Il me stupéfia : il montra qu'il s'y connaissait en femmes, en *tagliatelle*, en football et en musique lyrique, en guerre et en blennorragie, en vin et en marché noir, en motocyclettes et en expédients. Mordo Nahum, si laconique avec moi, devint en peu de temps le point de mire. Je devinais que son éloquence, ses efforts de *captatio benevolentiæ,* n'étaient pas seulement dus à de l'opportunisme. Il avait fait lui aussi la campagne de Grèce avec le grade de sergent : de l'autre côté, naturellement, mais ce détail à cet instant semblait négligeable à tout le monde. Il avait été à Tepeleni comme beaucoup d'Italiens, il avait essuyé comme eux le froid, la faim, la boue, les bombardements et à la fin, comme eux, il avait été fait prisonnier par les Allemands. C'était un collègue, un frère d'armes.

Il racontait de curieuses histoires de guerre ; quand après la rupture du front du côté allemand il s'était trouvé avec six de ses soldats au premier étage d'une maison bombardée et abandonnée, à la recherche de victuailles ; il avait entendu des bruits suspects à l'étage inférieur, avait descendu l'escalier avec précaution et s'était trouvé nez à nez avec un sergent italien qui, avec ses six soldats, était occupé de la même façon au rez-de-chaussée. L'Italien, avait pointé sa mitraillette mais il lui avait fait remarquer que dans ces conditions une fusillade était particulièrement absurde, qu'ils se trouvaient tous, Grecs et Italiens, dans le même pétrin et qu'il ne voyait pas pourquoi ils ne pourraient conclure un petit traité de paix autonome et continuer les recherches chacun dans son territoire respectif : proposition que l'Italien avait aussitôt acceptée.

Pour moi aussi ce fut une révélation. Je savais qu'il n'était rien d'autre qu'un marchand, un peu bandit, expert en filouterie, sans scrupules, égoïste et froid : pourtant je voyais fleurir en lui, encouragée par la sympathie de l'auditoire, une chaleur nouvelle, une humanité insoupçonnée, singulière mais authentique, riche en promesses.

La nuit était avancée lorsque surgit de je ne sais où rien de moins qu'une fiasque de vin. Ce fut le coup de grâce : pour moi tout sombra divinement dans un chaud brouillard pourpre et je réussis non sans mal à me traîner à quatre pattes jusqu'à la litière de paille que les Italiens, avec un soin maternel, avaient préparée dans un coin pour le Grec et pour moi.

Le jour se levait à peine lorsque le Grec me réveilla. Hélas, quelle déception ! qu'était devenu le joyeux commensal de la veille ? Le Grec planté devant moi était dur, secret, taciturne. « Debout ! — me dit-il d'un ton qui n'admettait pas de réplique, — mets tes chaussures, prends le sac et partons.

— Partons où ?

— Travailler. Au marché. Tu trouves ça bien de te faire entretenir ? »

Je me sentais réfractaire à cet argument. Il me semblait non seulement commode mais tout naturel que quelqu'un m'entretienne et, même, je trouvais ça beau : j'avais trouvé belle, exaltante l'explosion de solidarité nationale, mieux, de spontanéité humaine de la veille. De plus, rempli comme je l'étais d'autocompassion, cela me semblait juste et bon que le monde s'apitoie enfin sur moi. D'ailleurs je n'avais pas de chaussures, j'étais malade, j'avais froid, j'étais fatigué ; et enfin, au nom du ciel, qu'est-ce que j'irais faire au marché ?

Je lui exposai ces considérations, pour moi évidentes.

Mais, « c'est pas des raisons d'homme[1] », me répondit-il sèchement : je me rendis compte que j'avais offensé un de ses importants principes moraux : il était sérieusement scandalisé, sur ce point il n'était pas disposé à transiger ni à discuter. Tous les codes moraux sont rigides par définition : ils n'admettent ni nuances, ni compromissions, ni contaminations réciproques. Ils sont acceptés ou rejetés en bloc. C'est là une des principales raisons pour laquelle l'homme est grégaire et recherche plus ou moins consciemment à se rapprocher non pas de son prochain en général mais seulement de ceux qui partagent ses convictions profondes (ou son absence de convictions). Il fallut me rendre compte avec déception et stupeur que Mordo Nahum était un de ceux-là : un homme aux convictions profondes et, qui plus est, très éloignées des miennes. Or chacun sait combien il est malaisé d'avoir des rapports d'affaires, bien plus, de cohabiter avec un adversaire idéologique.

Le fondement de son éthique était le travail, qu'il entendait comme un devoir sacré mais dont l'acception était très large. Par travail, il entendait tout et uniquement ce qui profite sans restreindre la liberté. Son concept du travail comprenait donc, en plus de quelques activités licites, la contrebande, le vol, l'escroquerie (mais pas le vol à main armée : ce n'était pas un violent). Il considérait au contraire comme répréhensibles, parce qu'humiliantes, toutes les activités qui ne comportaient ni initiative ni risque ou qui supposaient une discipline et une hiérarchie : n'importe quel rapport maître-employé, n'importe quelle besogne salariée même si elle était bien rétribuée, il l'assimilait en bloc au « travail servile ». Mais ce n'était pas du travail servile que de labourer son champ ou de vendre de fausses antiquités sur le port aux touristes.

En ce qui concerne les activités les plus élevées de l'esprit, le travail créateur, je ne tardai pas à compren-

1. En français dans le texte. N.D.T.

dre que le Grec était partagé. Il s'agissait là de questions délicates et il fallait considérer les cas un à un : il était permis par exemple de chercher le succès pour lui-même, en débitant de la fausse peinture ou de la sous-littérature, de toutes façons en nuisant à son prochain ; mais c'était un entêtement répréhensible que de poursuivre un idéal non productif ; si l'on était coupable de se retirer du monde dans la contemplation, par contre la méditation et la sagesse étaient licites, pourvu que l'on ne s'imaginât pas recevoir gratis son pain de la société humaine : la sagesse aussi est une marchandise et elle peut et doit être l'objet d'un échange.

Comme Mordo Nahum n'était pas un sot, il se rendait très bien compte que ses principes pouvaient ne pas être partagés par des individus d'origine et de formation différentes et, en l'occurrence, par moi ; mais il y croyait fermement et il mettait son ambition à les traduire en actes, pour en prouver la valeur universelle.

En conclusion, mon intention de rester tranquille dans mon coin à attendre le pain des Russes ne pouvait que lui apparaître détestable : parce que c'était du « pain non gagné » ; parce que cela impliquait un rapport de soumission ; et parce que toute forme d'organisation, de structure était pour lui suspecte, qu'elle conduisît à la miche de pain par jour, ou qu'elle menât à la paye mensuelle.

C'est ainsi que je suivis le Grec au marché, moins parce que j'étais convaincu par ses arguments que par passivité et par curiosité. La veille, alors que je nageais dans les fumées du vin, lui s'était informé avec soin de l'emplacement, des usages, des tarifs, de l'offre et de la demande du libre marché de Cracovie, et le devoir l'appelait.

Nous partîmes, lui avec le sac (que je portais sur mon dos) et moi avec mes chaussures en lambeaux, qui faisaient de chaque pas un problème. Le marché de Cracovie avait fleuri spontanément, tout de suite après le passage du front et en quelques jours il avait envahi un quartier entier. On y vendait, on y achetait de tout et toute la ville y aboutissait : bourgeois qui vendaient des meubles, des livres, des tableaux, des vêtements, de l'argenterie ; paysannes rembourrées comme des matelas qui offraient de la viande, des poulets, des œufs, du fromage ; enfants aux joues et au nez rubiconds à cause du vent glacial, qui cherchaient des amateurs pour les rations de tabac que l'administration militaire soviétique distribuait avec une munificence extravagante (trois cents grammes par mois pour tout le monde, y compris les nourrissons).

Je rencontrai avec joie un petit groupe de compatriotes : des gens débrouillards, ces trois soldats et cette fille, joviaux et bons vivants qui, pour l'heure, faisaient d'excellentes affaires avec certains beignets chauds, confectionnés à l'aide d'étranges ingrédients, à quelques pas de là, sous une porte cochère.

Après un premier tour d'horizon, le Grec se décida pour les chemises. Nous étions associés ? Eh bien sa contribution serait l'apport du capital et son expérience commerciale ; moi, ma (faible) connaissance de l'allemand et le travail matériel. « Va, me dit-il, fais le tour des étalages où l'on vend des chemises, demande combien elles coûtent, dis que c'est trop cher, puis reviens et fais-moi ton rapport. Ne te fais pas trop remarquer. » Je me préparai en renâclant à accomplir cette enquête de marché : j'abritais en moi une faim ancienne, froid, apathie, curiosité et insouciance à la fois, et une envie nouvelle, délicieuse, de tailler une bavette, d'établir des rapports humains, de faire étalage et gaspillage de mon infinie liberté. Mais le Grec, derrière mes interlocuteurs, me suivait des yeux avec sévérité : vite, bon sang, le temps c'est de l'argent et les affaires sont les affaires.

Je revins de mon tour de marché avec quelques prix indicatifs dont le Grec prit note mentalement ; et avec un bon nombre de notions philologiques décousues : que chemise se dit quelque chose comme *kosciula* ; que les nombres polonais rappellent les nombres grecs ; que « combien ça coûte » et « quelle heure est-il » se disent à peu près *ile kostuie* et *ktura gogina* ; une désinence du génitif en *ego* qui éclaira pour moi le sens de certaines imprécations polonaises souvent entendues au camp ; et autres bribes d'information qui me remplissaient d'une joie absurde et puérile.

Le Grec calculait mentalement. On pouvait vendre une chemise de cinquante à cent zlotys ; un œuf coûtait cinq à six zlotys ; avec dix zlotys, d'après les renseignements des Italiens aux beignets, on avait droit à de la soupe et à un plat chaud à la cantine populaire, derrière la cathédrale. Le Grec décida de vendre une seule des trois chemises qu'il avait et de manger à cette cantine ; on investirait le surplus dans des œufs. Puis nous aviserions.

Il me remit la chemise et me recommanda de bien la montrer et de crier « Chemise, messieurs, chemise ». Pour « chemise », je m'étais déjà documenté ; quant à « messieurs », je pensai que la forme correcte était *Panowie*, mot que j'avais entendu prononcer quelques minutes auparavant par mes concurrents et que j'interprétai comme un vocatif pluriel de *Pan,* monsieur. Pour ce dernier terme, je n'avais aucun doute car il se trouvait dans un important dialogue des *Frères Karamazov.* Ce devait être le mot exact car plusieurs clients s'adressèrent à moi en polonais, me posant des questions incompréhensibles au sujet de la chemise. J'étais embarrassé : le Grec intervint d'autorité, me poussa de côté et mena directement le marchandage qui fut long et laborieux mais eut une heureuse issue. A la demande de l'acquéreur, l'échange de propriété eut lieu non pas sur la place publique mais sous une porte cochère.

Soixante-dix zlotys, le prix de sept repas ou d'une douzaine d'œufs. Le Grec, je ne sais pas ; mais moi, depuis quatorze mois je n'avais jamais disposé d'une telle quantité de denrées alimentaires d'un seul coup. Mais en disposais-je vraiment ? C'était douteux : le

Grec avait empoché la somme en silence, et toute son attitude donnait à croire qu'il avait l'intention de s'occuper lui-même de l'administration des bénéfices.

Nous fîmes encore le tour des étalages de marchandes d'œufs où nous apprîmes que pour le même prix on pouvait en acheter des durs ou des crus. Nous en achetâmes six pour notre repas du soir : le Grec procéda à leur acquisition avec le plus grand soin, choisissant les gros après de minutieuses comparaisons et bien des perplexités et des repentirs, totalement insensible au regard critique de la marchande.

La cantine populaire se trouvait donc derrière la cathédrale : il restait à savoir laquelle, parmi les belles et nombreuses églises de Cracovie, était la cathédrale. A qui demander et comment ? Un prêtre passait : je demanderais au prêtre. Or ce prêtre, jeune, d'aspect bienveillant ne comprenait ni le français ni l'allemand ; en conséquence pour la première et l'unique fois de ma carrière post-scolaire, je tirai profit de mes études classiques en entamant la plus extravagante et échevelée des conversations en latin. De la demande initiale de renseignements (*Pater optime, ubi est mensa pauperorum ?*) nous en vînmes à parler de tout, du fait que j'étais juif, du camp (*Castra ?* mais mieux *Lager*, compris, hélas, par tout le monde), de l'Italie, de l'inopportunité de parler allemand en public (chose que je compris mieux ensuite, par expérience directe) et d'innombrables autres choses auxquelles l'inhabituelle enveloppe de la langue donnait une curieuse saveur de passé antérieur.

J'avais tout oublié, la faim, le froid, tant il est vrai que le besoin de contacts humains fait partie des besoins primordiaux. J'avais oublié aussi le Grec mais il ne m'avait pas oublié et il se rappela brutalement à mon souvenir après quelques minutes, en interrompant sans pitié la conversation. Non pas qu'il fût insensible aux contacts humains et en méconnût la valeur (on avait pu s'en rendre compte la veille à la caserne), mais c'étaient des choses intempestives, du dimanche, accessoires, à ne pas mêler à cette affaire sérieuse et courageuse qu'est le travail quotidien. A mes faibles protestations, il ne répondit que par un regard torve. Nous reprîmes notre chemin ; le Grec se tut longuement puis, portant un jugement d'ensemble sur ma collaboration, il me dit d'un ton pensif : ... *Je n'ai pas encore compris si tu es idiot ou fainéant* [1].

Grâce aux précieuses indications du prêtre nous arrivâmes à la soupe populaire, lieu assez déprimant mais chauffé et rempli d'odeurs voluptueuses. Le Grec commanda deux soupes et une seule part de haricots au lard : c'était ma punition pour la façon inconvenante et frivole avec laquelle je m'étais comporté dans la matinée. Il était en colère ; mais après avoir avalé la soupe il s'amadoua sensiblement, au point de me laisser un bon quart de ses haricots. Dehors il avait commencé à neiger et un vent sauvage soufflait. Fut-ce par pitié pour mon vêtement rayé ou par non-observance du règlement, le personnel de la cantine nous laissa tranquilles une bonne partie de l'après-midi à méditer et à faire des plans d'avenir. Le Grec avait changé d'humeur : peut-être avait-il un nouvel accès de fièvre ou, après les affaires satisfaisantes du matin, se sentait-il en vacances. Il se sentait même en veine de bienveillante pédagogie ; au fur et à mesure que les heures passaient, le ton de ses paroles se tempérait peu à peu et parallèlement le rapport qui nous unissait ne cessait de se modifier : de maître-esclave à midi, nous étions titulaire-salarié à une heure, maître-disciple à deux heures, aîné-cadet à trois. La conversation tomba à nouveau sur mes chaussures que chacun de nous, pour des raisons diverses, ne pouvait oublier. Il m'expliqua que c'était une faute grave que d'être sans chaussures. Quand il y a la guerre, il faut penser avant tout à deux choses : d'abord aux chaussures et ensuite à la nourri-

1. En français dans le texte. N.D.T.

ture ; et non l'inverse comme on le croit ordinairement : parce que celui qui a des chaussures peut partir en quête de nourriture mais pas le contraire. Mais la guerre est finie, objectai-je : et je la croyais finie, comme beaucoup pendant ces mois de trêve, dans un sens infiniment plus universel qu'on n'ose le penser aujourd'hui. « La guerre est éternelle » répondit mémorablement Mordo Nahum.

Comme on le sait, personne ne naît avec un décalogue chevillé au corps mais chacun le construit chemin faisant ou après coup, en suivant ses propres expériences ou celles d'autrui qui ressemblent aux siennes ; l'univers moral de chacun, convenablement interprété, s'identifie donc avec la somme de ses expériences et représente un résumé de sa biographie. La biographie de mon Grec était linéaire : celle d'un homme énergique et froid, solitaire et raisonneur, qui avait vécu depuis l'enfance dans les filets rigides d'une société mercantile. Il était (ou avait été) accessible à d'autres sollicitations : il n'était pas indifférent au ciel et à la mer de son pays, aux plaisirs d'un foyer et d'une famille, aux confrontations dialectiques, mais il avait été contraint de refouler tout cela aux frontières de son activité et de sa vie afin de ne pas troubler ce qu'il appelait le *travail d'homme* [1]. Sa vie avait été une guerre permanente et il considérait comme lâche et aveugle celui qui refusait d'entrer dans son univers de fer. Nous avions subi le camp l'un et l'autre : je l'avais souffert comme un monstrueux bouleversement, une hideuse anomalie de mon histoire et de l'histoire du monde ; lui, comme une triste confirmation de choses connues. « La guerre est éternelle », l'homme est un loup pour l'homme : vieille histoire. Il ne me parla jamais de ses deux années d'Auschwitz.

En revanche il me parla, avec éloquence, de ses multiples activités à Salonique, de ses aventures

1. En français dans le texte. N.D.T.

lorsqu'il achetait la marchandise, la vendait, la passait en contrebande par mer ou la nuit à travers la frontière bulgare ; des fraudes dont il avait été la honteuse victime et de celles glorieusement perpétrées ; et enfin, des heures joyeuses et sereines passées au bord de son golfe, après une journée de travail avec ses collègues dans certains cafés sur pilotis qu'il me décrivit avec un abandon inhabituel, et de leurs longues conversations. Quelles conversations ? D'argent, de douanes, de frets, naturellement ; mais d'autre chose encore. Ce qu'il faut entendre par « connaître », « esprit », « justice », « vérité ». De quelle nature est le lien fragile qui unit l'âme et le corps, comment il s'établit à la naissance et se dénoue à la mort. Ce qu'est la liberté et comment peut se concilier le conflit entre la liberté de l'esprit et le destin. Ce qui vient après la mort, aussi ; et d'autres grands sujets grecs. Mais tout cela le soir, bien entendu, une fois les affaires terminées, devant du café, du vin ou des olives, jeu lucide de l'intelligence entre des hommes actifs jusque dans leurs loisirs : sans passion.

Pour quelle raison le Grec me faisait-il ces récits, ces aveux ? Je ne sais au juste. Peut-être devant moi, si différent de lui, si étranger, se sentait-il encore seul et son récit était-il un monologue.

Nous quittâmes les lieux le soir et nous revînmes à la caserne des Italiens : après bien des prières, nous avions obtenu du colonel la permission de passer la nuit à la caserne encore une fois, une seule fois. Pour la soupe, rien à faire, et que nous ne nous fassions pas trop remarquer, il ne voulait pas avoir d'ennuis avec les Russes. Le lendemain matin, nous devions partir. Nous dînâmes avec deux œufs chacun dont nous avions fait l'acquisition le matin, gardant les deux autres pour le petit déjeuner. Après les événements de la journée, je me sentais tout à fait « enfant » par rapport au Grec. Quand nous arrivâmes aux œufs, je lui demandai s'il savait reconnaître un œuf cru d'un œuf dur : on fait rapidement tourner l'œuf sur lui-même sur une table par exemple ; s'il est dur, il tourne longtemps, s'il est cru, il s'arrête presque tout de suite. C'était là un petit truc dont j'étais fier, j'espérais, si le Grec ne le connaissait pas, pouvoir me réhabiliter, même dans une faible mesure, à ses yeux.

Mais le Grec me regarda avec ses yeux froids de serpent avisé : « Pour qui me prends-tu ? Tu me crois né de la dernière pluie ? Crois-tu que je n'ai jamais vendu d'œufs de ma vie ? Allons, indique-moi un article dont je n'aie jamais fait commerce ! »

Je dus battre en retrait. L'épisode, en soi négligeable, devait me revenir en mémoire bien des mois après, en plein été, au cœur de la Russie Blanche, à l'occasion de ce qui fut ma troisième et dernière rencontre avec Mordo Nahum.

Nous partîmes le matin suivant, à l'aube (ce récit est jalonné d'aubes glacées), avec Katowice pour but : on nous avait confirmé qu'il existait là-bas divers centres de rassemblement pour les Italiens, les Français, les Grecs, etc... Katowice n'est pas à plus de quatre-vingts kilomètres de Cracovie : un peu plus d'une heure de train en temps normal. Mais à ce moment-là, on ne faisait pas vingt kilomètres sans changer de train, beaucoup de ponts avaient sauté et à cause du mauvais état des voies ferrées, les trains roulaient avec une extrême lenteur le jour et, la nuit, ne roulaient pas du tout. Ce fut un voyage tortueux, qui dura trois jours, avec des étapes nocturnes dans des endroits absurdement éloignés du plus court chemin entre les deux points : un voyage de faim et de froid qui nous mena le premier jour dans un lieu appelé Trzebinia. Là le train s'arrêta et je descendis sur le quai dégourdir mes jambes ankylosées par le froid. Peut-être étais-je un des premiers « hommes-zèbres » à apparaître en ces lieux : je me trouvai immédiatement encerclé par une foule de curieux qui m'interrogeaient avec volubilité en polonais. Je répondis de mon mieux en allemand ; et au milieu du petit groupe d'ouvriers et de paysans s'avança un bourgeois avec un chapeau de feutre, des lunettes et une serviette de cuir à la main : un avocat.

Il était polonais, parlait bien le français et l'allemand, il était très courtois et bienveillant : bref, il possédait toutes les qualités requises pour qu'après l'interminable année d'esclavage et de silence, je reconnusse enfin en lui le messager, le porte-parole du monde civilisé : c'était le premier que je rencontrais.

J'avais une masse de choses urgentes à raconter au monde civilisé : choses privées mais universelles, choses de sang qui auraient dû, me semblait-il, ébranler toutes les consciences dans leurs fondements. L'avocat était courtois et affable : il m'interrogeait et je parlais vertigineusement de mes expériences si récentes, d'Auschwitz si proche et qui semblait pourtant inconnu de tous, de l'hécatombe à laquelle j'avais été le seul à réchapper, de tout. L'avocat traduisait en polonais pour le public. Je ne connais pas le polonais mais je sais comment on dit « juif » et « politique » : et je m'aperçus bien vite que la traduction de mon interprète, bien que sympathisante, n'était pas fidèle. L'avocat me décrivait au public non comme un juif italien mais comme un prisonnier politique italien.

Je lui en demandai compte, étonné et presque blessé. Il me répondit avec embarras : *C'est mieux pour vous. La guerre n'est pas finie* [1]. Les paroles du Grec.

Je sentis la vague chaude du sentiment de liberté, du sentiment d'être un homme parmi les hommes et d'être vivant, refluer loin de moi. Je me trouvai tout à coup vieux, exsangue, las au-delà de toute mesure humaine : la guerre n'était pas finie, la guerre est éternelle. Mes auditeurs s'en allaient l'un après l'autre : ils avaient dû comprendre. J'avais, nous avions tous rêvé de quelque chose de ce genre pendant les nuits d'Auschwitz : de parler et de ne pas être écoutés, de retrouver la liberté

1. En français dans le texte. N.D.T.

et de rester seuls. En peu de temps, je restai seul avec l'avocat ; quelques minutes plus tard, il me quitta lui aussi, en s'excusant poliment. Il me recommanda, comme le prêtre, d'éviter de parler allemand ; à mes demandes d'explications, il répondit vaguement : « La Pologne est un triste pays. » Il me souhaita bonne chance, m'offrit de l'argent que je refusai : il avait l'air ému.

La locomotive sifflait pour le départ. Je remontai sur le wagon de marchandises où le Grec m'attendait mais je ne lui racontai pas l'épisode.

Ce ne fut pas la seule étape : et pendant l'une d'elles, un soir, nous nous rendîmes compte que Szczakowa, l'endroit de la soupe chaude pour tout le monde, n'était pas très loin. C'était au nord alors que nous devions aller vers l'ouest, mais comme à Szczakowa il y avait de la soupe chaude pour tout le monde et que nous n'avions d'autre intention que celle de nous rassasier, pourquoi ne pas faire un crochet par Szczakowa ? C'est ainsi que nous descendîmes du train pour en attendre un autre et nous nous présentâmes de nombreuses fois au stand de la Croix-Rouge ; je crois que les sœurs polonaises me reconnurent facilement et se souviennent encore de moi maintenant.

Lorsque la nuit vint, nous nous apprêtâmes à dormir par terre, au beau milieu de la salle d'attente puisque toutes les places alentour étaient occupées. Peut-être apitoyé ou intrigué par mon habit, quelques heures plus tard arriva un gendarme polonais, moustachu, rubicond et bien en chair ; il m'interrogea vainement dans sa langue ; je répondis avec la première phrase que l'on apprend dans une langue inconnue, c'est-à-dire « *Nie rozumiem po polsku* », je ne comprends pas le polonais. J'ajoutai, en allemand, que j'étais Italien et que je parlais un peu allemand. Et, ô miracle ! le gendarme se mit à parler italien.

Il parlait un italien affreux, guttural et aspiré, émaillé de jurons inédits. Il l'avait appris, ce qui expliquait tout, dans un pays des environs de Bergame où il avait travaillé quelques années comme mineur. Lui aussi, c'était le troisième, me recommanda de ne pas parler allemand. Je lui en demandai la raison : il me répondit avec un geste éloquent, en passant, comme une lame, l'index et le majeur entre son menton et son larynx et en ajoutant, tout joyeux : « Cette nuit, tous les Allemands *kaput !* »

Il s'agissait certainement d'une exagération, et de toute façon, d'un désir pris pour une réalité ; pourtant, nous croisâmes le jour suivant un long train de marchandises, fermé de l'extérieur ; il roulait en direction de l'est et, par les fentes, on voyait de nombreux visages humains, en quête d'air. Ce spectacle, fortement évocateur, suscita en moi une foule de sentiments complexes et contradictoires, qu'aujourd'hui encore j'aurais de la peine à démêler.

Le gendarme, très gentiment, nous proposa au Grec et à moi-même de passer le reste de la nuit au chaud, dans la prison ; nous acceptâmes volontiers et nous ne nous réveillâmes dans ce lieu insolite que tard dans la matinée, après un sommeil réparateur.

Nous quittâmes Szczakowa le lendemain pour la dernière étape de notre voyage. Nous arrivâmes sans incidents à Katowice où il existait réellement un camp de rassemblement pour les Italiens et un autre pour les Grecs. Nous nous séparâmes sans phrases : mais au moment de nous quitter, de façon fugitive mais perceptible, je sentis à son égard un élan d'amitié, nuancé d'une reconnaissance ténue, de mépris, de respect, d'animosité, de curiosité et du regret de ne plus le revoir.

Je le revis au contraire encore deux fois. Je le vis en mai, lors des journées glorieuses et mouvementées de la fin de la guerre, quand tous les Grecs de Katowice, une centaine, hommes et femmes, défilèrent en chantant dans notre camp, en direction de la gare : ils rentraient dans leur patrie, chez eux.

A la tête de la colonne marchait notre homme, Mordo Nahum, le premier d'entre les Grecs, et il portait le drapeau blanc et bleu : mais il le déposa quand il m'aperçut, sortit des rangs pour venir me saluer (un peu ironiquement car il partait et moi je restais : mais c'était logique, m'expliqua-t-il, parce que la Grèce faisait partie des Nations Unies), et avec un geste inhabituel il tira de son fameux sac un cadeau : une paire de pantalons, du genre de ceux en usage à Auschwitz pendant les derniers mois, c'est-à-dire avec une grosse « fenêtre » sur la hanche gauche, fermée par une pièce de toile à raies. Puis il disparut.

Mais il devait reparaître une autre fois, bien des mois plus tard, sur la plus improbable des toiles de fond et dans la plus inattendue des incarnations.

KATOWICE

Le camp de regroupement de Katowice, qui m'accueillit, las et affamé, après ma semaine de vagabondage avec le Grec, était situé sur une petite hauteur, dans un faubourg de la ville appelé Bogucice. En son temps il avait été un minuscule camp de concentration et il avait hébergé des mineurs-esclaves affectés à la mine de charbon qui s'ouvrait dans les environs. Il consistait en une douzaine de baraques en ciment, de petites dimensions, à un étage : il existait encore la double clôture de fils barbelés désormais purement symbolique. La porte était gardée par un seul soldat soviétique à l'air indolent et somnolent ; du côté opposé, un gros trou s'ouvrait dans les barbelés par où l'on pouvait sortir sans même se courber : le commandement russe ne semblait pas s'en préoccuper le moins du monde. Les cuisines, le réfectoire, l'infirmerie, les lavoirs se trouvaient hors de l'enceinte, si bien que la porte était le siège d'allées et venues continuelles.

La sentinelle était un gigantesque Mongol, d'une cinquantaine d'années, pourvu d'une mitraillette et d'une baïonnette : énormes mains noueuses, moustaches grises tombantes à la Staline, yeux de braise ; mais son aspect féroce et barbare jurait avec ses inoffensives fonctions. On ne le relevait jamais, si bien qu'il mourait d'ennui. Son comportement vis-à-vis de ceux qui entraient ou de ceux qui sortaient était imprévisible : parfois il exigeait le *propusk,* autrement dit le laissez-passer ; parfois il demandait uniquement le nom ; parfois encore, un peu de tabac, ou rien. D'autres jours, au contraire il repoussait férocement tout le monde mais il ne trouvait rien à objecter lorsqu'il voyait quelqu'un passer par le trou, au fond, qui pourtant était très visible. Quand il faisait froid, il plantait là son poste de garde et allait se fourrer dans un des dortoirs dont il voyait fumer la cheminée, jetait sa mitraillette sur un lit, allumait sa pipe, offrait de la vodka quand il en avait ou, s'il n'en avait pas, en demandait à la ronde et jurait avec désespoir quand on ne lui en donnait pas. Parfois, il remettait carrément sa mitraillette au premier d'entre nous qui lui tombait sous la main et avec force gestes et hurlements lui faisait comprendre qu'il devait le remplacer au poste de garde ; puis il faisait un somme à côté du poêle.

Quand j'y arrivai avec Mordo Nahum, le camp était occupé par une population fortement mélangée d'environ quatre cents personnes. Il y avait des Français, des Italiens, des Hollandais, des Grecs, des Tchèques, des Hongrois et d'autres encore : certains avaient été ouvriers civils dans l'Organisation Todt [1], d'autres prisonniers militaires, d'autres anciens détenus. Il y avait aussi une centaine de femmes.

En fait, l'organisation du camp reposait, pour une large part, sur les initiatives particulières ou collectives : en principe, le camp était sous les ordres d'une *Kommandantur* soviétique qui offrait l'exemple le plus pittoresque de campement bohémien que l'on pût imaginer. Il y avait un capitaine, Ivan Antonovitch Egorov, petit homme entre deux âges, à l'air bourru et distant ; trois lieutenants sortis du rang, un sergent athlétique et jovial ; une douzaine de territoriaux parmi lesquels la

1. Créée en Allemagne, en 1940, par l'ingénieur Fritz Todt pour le recrutement des travailleurs étrangers. N.D.T.

sentinelle moustachue sus-décrite ; un fourrier ; une *doktorka* ; un médecin, Pjotr Grigorievitch Dantchenko, très jeune, grand buveur, grand fumeur, coureur de jupons et d'une parfaite insouciance ; une infirmière, Marja Fjodorovna Prima avec qui je devins bientôt ami ; et une nuée indéfinissable de filles solides comme des chênes dont on ne savait pas très bien si c'étaient des volontaires ou pas, à moins qu'elles ne fussent auxiliaires, civiles ou dilettantes. Elles avaient des fonctions aussi variées que vagues : blanchisseuses, cuisinières, dactylos, secrétaires, femmes de chambre, amantes momentanées de tel ou tel, fiancées intermittentes, femmes, filles.

La caravane entière vivait en bonne harmonie, sans heures et sans règles dans les dépendances du camp, bivouaquant dans les locaux d'une école primaire abandonnée. Le seul qui se préoccupât de nous était le fourrier qui, de tout le commandement, semblait être le plus élevé en autorité sinon en grade. D'ailleurs, les relations hiérarchiques entre Russes étaient indéchiffrables : ils s'entretenaient le plus souvent avec une simplicité amicale, comme une grande famille provisoire, sans formalisme militaire ; parfois éclataient des disputes furieuses et des bagarres même entre officiers et soldats, mais elles s'achevaient rapidement sans conséquences disciplinaires et sans rancune, comme s'il ne s'était rien passé.

La guerre était sur le point de finir, l'interminable guerre qui avait dévasté leur pays ; pour eux, elle avait déjà pris fin. C'était la grande trêve : la dure saison qui devait suivre n'avait pas encore commencé, et le mot néfaste de « guerre froide » n'avait pas encore été prononcé. Ils étaient joyeux, tristes et fatigués, et trouvaient satisfaction dans le boire et le manger, comme les compagnons d'Ulysse une fois leurs navires tirés au sec. Et pourtant, sous ces apparences de laisser-aller et d'anarchie, il était aisé de découvrir en eux, dans chacun de ces visages rudes et francs, les bons soldats de l'Armée Rouge, les hommes valeureux de la Russie ancienne et nouvelle, débonnaires en temps de paix, féroces en temps de guerre, forts d'une discipline intérieure née de la concorde, de l'amour réciproque et de l'amour de la patrie ; une discipline qui l'emportait, justement parce qu'elle était intérieure, sur la discipline mécanique et servile des Allemands. Il était aisé, en vivant parmi eux, de comprendre pour quelle raison c'était la première et non la seconde qui avait prévalu.

Un des bâtiments du camp n'était habité que par des Italiens, presque tous des ouvriers civils qui s'étaient établis en Allemagne plus ou moins volontairement. C'étaient des maçons et des mineurs, plus très jeunes, de braves gens tranquilles, sobres et travailleurs.

Le chef de camp des Italiens auquel on m'adressa afin d'être « pris en charge » était tout l'opposé. Le comptable Rovi ne devait son poste de chef de camp ni à des élections à la base ni à une investiture russe mais à une auto-nomination. Bien que de qualités intellectuelles et morales plutôt indigentes, il possédait dans une très large mesure la vertu qui, sous tous les cieux, est la plus nécessaire à la conquête du pouvoir, c'est-à-dire l'amour du pouvoir pour le pouvoir lui-même.

Assister au comportement d'un homme qui agit non selon la raison mais selon ses impulsions profondes est un spectacle d'un intérêt extrême, semblable à celui dont jouit le naturaliste qui étudie les activités d'un animal aux instincts complexes. Rovi avait conquis sa charge en agissant avec la spontanéité atavique de l'araignée qui construit sa toile ; car pas plus que l'araignée sans toile, Rovi ne pouvait vivre sans charge. Il avait tout de suite commencé à tisser : il était foncièrement sot et ne savait pas un mot d'allemand ni de russe mais dès le premier jour il s'était assuré les services d'un interprète, et cérémonieusement présenté devant le commandement soviétique en qualité de plénipotentiaire pour les intérêts italiens. Il avait installé un bureau, avec des formulaires (écrits à la main, en beaux caractères avec des fioritures), des tampons, des crayons de différentes couleurs, et un registre ; sans être colonel ni même simplement militaire, il avait suspendu derrière la porte un écriteau bien en vue avec « Commandement italien — Colonel Rovi » ; il s'était entouré d'une petite cour de marmitons, gratte-papier, sacristains, espions, messagers et sbires qu'il rémunérait en nature, avec des vivres prélevés sur les rations de la communauté et en les exemptant de tous travaux d'intérêt général. Ses courtisans, qui, comme cela arrive souvent, étaient pires que lui, s'employaient (au besoin par la force, ce qui était rarement nécessaire) à faire exécuter ses ordres, le servaient, recueillaient pour lui des renseignements et ne cessaient de l'aduler.

Avec une clairvoyance surprenante, c'est-à-dire en vertu d'une tournure d'esprit éminemment complexe et mystérieuse, il avait saisi l'importance, mieux, la nécessité de posséder un uniforme, du moment qu'il avait à faire avec des gens en uniforme. Il s'en était fabriqué un, assez théâtral mais non dépourvu de fantaisie, avec une paire de grosses bottes soviétiques, une casquette de cheminot polonais, une veste et des pantalons dénichés Dieu sait où qui avaient un air fasciste [1], et peut-être l'étaient ; il avait fait coudre des écussons au col, des filets dorés sur la casquette, des grecques et des galons sur les manches et s'était couvert la poitrine de médailles.

Du reste, ce n'était pas un tyran et même pas un mauvais administrateur. Il avait le bon sens de contenir les vexations, les concussions, les abus dans des limites modestes et il possédait pour les paperasses une vocation indéniable. Or, étant donné que les Russes étaient curieusement sensibles au charme des paperasses (dont l'éventuelle signification rationnelle leur échappait tou-

1. « Qui semblaient d'*orbace* », dit l'auteur. L'orbace, tissu artisanal sarde, avait été choisi vers 1936 pour les uniformes fascistes. N.D.T.

tefois) et semblaient aimer la bureaucratie de cet amour platonique et spirituel qui n'arrive jamais à la possession et ne la désire pas, Rovi était toléré avec bienveillance, sinon véritablement estimé dans les milieux du commandement. En outre, il était lié au capitaine Egorov par une paradoxale et incompréhensible sympathie chez ces misanthropes ; car l'un comme l'autre étaient des personnages tristes, graves, dégoûtés, dyspeptiques et dans l'euphorie générale recherchaient l'isolement.

Au camp de Bogucice, je trouvai Leonardo, déjà accrédité comme médecin et assiégé par une clientèle peu rentable mais très nombreuse : il venait comme moi de Buna et il était arrivé à Katowice depuis quelques semaines déjà, par des voies moins tortueuses que les miennes. Parmi les détenus de Buna les médecins étaient en surnombre et bien peu (pratiquement ceux qui connaissaient bien l'allemand ou qui étaient particulièrement doués dans l'art de survivre) avaient réussi à se faire reconnaître comme tels par le médecin-chef des SS. C'est pourquoi Leonardo n'avait joui d'aucun privilège : il avait été soumis aux travaux manuels les plus durs et avait passé son année de camp d'une façon extrêmement précaire. Il supportait mal la faim et le froid et avait fait de fréquents séjours à l'infirmerie pour des œdèmes aux pieds, des blessures infectées et un affaiblissement généralisé. Par trois fois, au cours de trois sélections à l'infirmerie, il avait été choisi pour la chambre à gaz et par trois fois, grâce à la solidarité de ses collègues en fonction, il avait échappé miraculeusement à son destin. Outre la chance il possédait une autre qualité essentielle en ces lieux : une capacité illimitée d'endurance, un courage silencieux, non pas inné, ni religieux, ni transcendant mais délibéré, voulu heure par heure avec une patience virile, qui le soutenait par miracle à la limite de l'effondrement.

L'infirmerie de Bogucice était installée dans l'école qui hébergeait l'état-major russe, dans deux petites chambres assez propres. Elle avait été créée à partir de rien par Marja Fjodorovna : Marja était une infirmière militaire d'une quarantaine d'années, semblable à un chat sauvage avec ses yeux bridés et farouches, son nez court et épaté, ses mouvements souples et silencieux. Du reste, c'était des bois qu'elle venait : elle était née au cœur de la Sibérie.

Marja était une femme énergique, brusque, désordonnée et expéditive. Elle se procurait des médicaments, en partie par les voies administratives normales, en les prélevant sur les dépôts militaires soviétiques, en partie à travers les multiples canaux du marché noir et surtout en coopérant activement au pillage des dépôts des ex-camps allemands et des infirmeries et pharmacies allemandes abandonnées ; provisions qui étaient, à leur tour, le fruit de précédents pillages effectués par les Allemands dans toutes les nations d'Europe. Aussi, chaque jour, l'infirmerie de Bogucice recevait-elle de l'approvisionnement sans ordre ni méthode : des centaines de boîtes de spécialités pharmaceutiques, portant des étiquettes et des modes d'emploi dans toutes les langues, qui devaient être triées et cataloguées en vue de leur usage.

Parmi les choses que j'avais apprises à Auschwitz, une des plus importantes était qu'il fallait toujours éviter de paraître « n'importe qui ». Tous les chemins sont fermés à qui semble inutile, tous sont ouverts à qui exerce une activité, voire la plus insignifiante. C'est pourquoi, conseillé par Leonardo, je me présentai à Marja et je proposai mes services comme pharmacien-polyglotte.

Marja Fjodorovna me scruta d'un œil habitué à soupeser les mâles. J'étais *doktor* ? Oui, soutins-je, aidé en cela par l'équivoque linguistique : car la Sibérienne ne parlait pas allemand mais, sans être juive, savait un peu de yiddisch, appris Dieu sait où. Je n'avais un aspect ni très professionnel ni très séduisant, mais pour rester dans une arrière-boutique, ça pouvait aller : Marja sortit de sa poche un bout de papier tout froissé et me demanda comment je m'appelais.

Quand, à « Levi », j'ajoutai « Primo », ses yeux verts s'éclairèrent, d'abord soupçonneux puis interrogateurs et enfin bienveillants. C'est que nous étions presque parents, m'expliqua-t-elle. Moi « Primo » et elle « Prima » : « Prima » était son nom, sa *familia*, Marja Fjodorovna Prima. Parfait, je pouvais entrer en fonctions. Des chaussures et des vêtements ? Eh, ce n'était pas chose simple mais elle allait en parler au capitaine Egorov et à certaines de ses connaissances ; peut-être, plus tard, pourrait-on trouver quelque chose. Elle gribouilla mon nom sur son morceau de papier et le jour d'après me remit solennellement le *propusk,* un laissez-passer d'allure très artisanale qui m'autorisait à entrer et à sortir du camp, à n'importe quelle heure du jour ou de la nuit.

Je partageais une chambre avec huit ouvriers italiens et tous les matins je me rendais à l'infirmerie pour mon travail. Marja Fjodorovna me remettait une centaine de petites boîtes multicolores à classer et me faisait des petits cadeaux d'amitié : des boîtes de glucose que j'appréciais beaucoup, des pastilles de réglisse et de menthe, des lacets de chaussures, parfois un paquet de sel ou du flan en poudre. Elle m'invita un soir à prendre le thé dans sa chambre et je remarquai qu'il y avait sept ou huit photographies d'hommes en uniforme accrochées au-dessus de son lit ; c'étaient presque tous des visages de connaissance, c'est-à-dire des soldats et des officiers de la Kommandantur. Marja les appelait tous familièrement par leur prénom et parlait d'eux avec une simplicité affectueuse : elle les connaissait depuis si longtemps déjà et ils avaient fait la guerre ensemble.

Quelque temps après, comme mon travail de pharmacien me laissait beaucoup de temps libre, Leonardo me demanda de l'aider au dispensaire. Selon les intentions russes ce dernier était réservé aux hôtes du camp de Bogucice : en réalité, comme les soins étaient gratuits et exempts de toutes formalités, il se présentait à la visite ou pour demander des médicaments, des militaires russes, des civils de Katowice, des gens de passage, des mendiants, et des individus louches qui ne voulaient pas avoir affaire aux autorités.

Tant Marja que le docteur Dantchenko ne trouvaient jamais rien à redire à cet état de choses ; Dantchenko, du reste, ne trouvait jamais rien à redire à rien, il ne s'occupait jamais de rien sinon de faire la cour aux filles avec d'amusantes façons de grand-duc d'opérette et le matin, de bonne heure, quand il venait chez nous faire une rapide inspection, il était déjà ivre et hilare. Toutefois, quelques semaines plus tard, Marja me convoqua et d'un air très officiel me communiqua que, « sur ordre de Moscou », il était nécessaire que l'activité du dispensaire fût soumise à un contrôle minutieux. C'est pourquoi il fallait que je tienne un registre et que j'y note chaque soir le nom et l'âge des patients, leur maladie, la qualité et la quantité des médicaments administrés ou prescrits.

La chose, en soi, n'était pas dépourvue de sens ; mais il était nécessaire de préciser quelques détails pratiques dont je discutai avec Marja. Par exemple : comment pourrions-nous vérifier l'identité des patients ? Mais Marja jugea négligeable l'objection ; il suffisait d'inscrire les déclarations d'état civil et « Moscou » s'en contenterait sûrement. Un obstacle surgit pourtant, beaucoup plus grave : en quelle langue tenir le registre ? Ni en italien, ni en français, ni en allemand que pas plus Marja que Dantchenko ne connaissaient. En russe, alors ? Non, le russe c'était moi qui ne le connaissais pas. Marja réfléchit, perplexe, puis son visage s'illumina et elle s'exclama : « Galina ! » Galina résoudrait le problème.

Galina était une des jeunes filles incorporées à la Kommandantur : elle connaissait l'allemand et ainsi je pourrais lui dicter les procès-verbaux en allemand et elle les traduirait en russe séance tenante. Marja fit appeler immédiatement Galina (l'autorité de Marja, bien que de nature mal définie, semblait grande), et ainsi débuta notre collaboration.

Galina avait dix-huit ans, elle était de Kazatin, en Ukraine. Elle était brune, gaie et gracieuse. Elle avait un visage intelligent aux traits sensibles et délicats et, de toutes ses collègues, elle était la seule à s'habiller avec une certaine élégance et à avoir des épaules, des pieds et des mains de dimensions acceptables. Elle parlait assez bien allemand : avec son aide, les fameux procès-verbaux étaient péniblement confectionnés, soir après soir, avec un bout de crayon, sur une liasse de papiers grisâtres que Marja m'avait confiée comme une relique. Comment dit-on « asthme » en allemand ? Et « cheville » ? Et « foulure » ? Et quels sont les termes russes correspondants ? A chaque écueil linguistique nous étions obligés de nous arrêter en proie au doute, et de recourir à des gesticulations compliquées, qui se terminaient par des éclats de rire sonores de la part de Galina.

Je m'y associais rarement. Devant Galina, je me sentais faible, malade et sale ; j'étais douloureusement conscient de mon aspect misérable, de ma barbe mal rasée, de mes vêtements d'Auschwitz ; je lisais jusqu'au fond le regard de Galina, presque enfantin encore, où une pitié incertaine se mêlait à une franche répulsion.

Toutefois, après quelques semaines de travail en commun, s'établit entre nous une atmosphère de timide amitié réciproque. Galina me fit comprendre que l'histoire des procès-verbaux n'était pas si sérieuse que cela, que Marja Fjodorovna était une « vieille folle », qu'il suffisait de lui remettre les papiers couverts d'écriture, que le docteur Dantchenko était occupé à bien d'autres choses (connues de Galina avec un luxe inouï de détails) avec Anna, Tanja, Vassilissa et qu'il se souciait des procès-verbaux comme de « la neige de l'an passé ». Ainsi le temps consacré aux mélancoliques dieux bureaucratiques se raccourcit-il, et Galina profita des pauses pour me raconter, par bribes et par morceaux, tout en fumant, son histoire.

En pleine guerre, deux années auparavant, sous le Caucase où elle s'était réfugiée avec sa famille, elle avait été recrutée par cette même Kommandantur ; recrutée de la façon la plus simple, c'est-à-dire arrêtée dans la rue et conduite au Commandement pour taper quelques lettres à la machine. Elle y était allée et y était restée ; elle n'avait plus réussi à se libérer (ou plus probablement, pensais-je, elle n'avait même pas essayé). La Kommandantur était devenue sa véritable famille : elle l'avait suivie pendant des dizaines de milliers de kilomètres, à l'arrière, le long d'un front bouleversé et interminable, de la Crimée à la Finlande. Elle n'avait pas d'uniforme, pas de fonction précise ni de grade : mais elle était utile à ses camarades en guerre, elle était leur amie, elle les suivait parce que c'était la guerre et que chacun devait faire son devoir ; et puis le monde était grand et varié et c'est beau de s'y promener quand on est jeune et qu'on n'a pas de soucis.

Car Galina n'avait pas l'ombre d'un souci. On la rencontrait le matin, en route pour le lavoir, avec un panier de linge en équilibre sur sa tête et chantant comme une alouette ; ou bien dans les bureaux du Commandement, pieds nus, en train de se démener au-dessus d'une machine à écrire ; ou bien le dimanche en promenade sur les remparts, au bras d'un soldat, jamais le même ; ou le soir au balcon, dans une pose romantique tandis qu'un galant belge, tout dépenaillé, lui jouait une sérénade sur sa guitare. C'était une fille de la campagne, éveillée, naïve, un peu coquette, très vive, ni particulièrement cultivée, ni particulièrement sérieuse ; et pourtant on sentait que la même vertu, la même dignité que celle de ses camarades-amis-fiancés agissait en elle, la dignité de ceux qui travaillent et qui savent pourquoi, de ceux qui combattent et savent qu'ils ont raison, de ceux qui ont la vie devant eux.

Vers la mi-mai, quelques jours après la fin de la guerre, elle vint me dire au revoir. Elle partait : on lui avait dit qu'elle pouvait rentrer chez elle. « Avait-elle sa feuille de route ? Avait-elle de l'argent pour le train ? »— « Non, répondit-elle en riant, « njé nada », pas besoin, on arrive toujours à se débrouiller dans ce genre d'affaires. » Et elle disparut, absorbée par l'immensité de l'espace russe, dans les chemins de son gigantesque pays, laissant derrière elle un âpre parfum de terre, de jeunesse et de joie.

J'avais d'autres tâches encore : aider Leonardo au dispensaire, naturellement, et l'assister pour la vérification quotidienne des poux. Contrôle nécessaire dans ces pays et à une époque où régnait à l'état endémique le typhus pétéchial. Cela n'avait rien d'attrayant : il fallait faire le tour de tous les baraquements et inviter chacun à se déshabiller jusqu'à la ceinture et à présenter sa chemise, dans les plis et les coutures de laquelle les poux ont coutume de faire leurs nids et de suspendre leurs œufs. Cette espèce de poux a une petite tache rouge sur le dos : selon une plaisanterie, inlassablement répétée par nos clients, cette tache, si on l'observait avec l'agrandissement voulu, montrerait une minuscule faucille et un marteau. On appelle ces poux « l'infanterie », les puces l'artillerie, les moustiques l'aviation, les punaises les parachutistes et les morpions les sapeurs. En russe, ils s'appellent *vsi* : je le sus par Marja qui m'avait confié une seconde liasse de papiers sur laquelle je devais noter le nombre et le nom des pouilleux du jour et souligner en rouge le nom des récidivistes.

Les récidivistes étaient rares, exception faite de Ferrari. Ferrari, un prodige d'inertie. Il faisait partie du petit groupe de criminels de droit commun, déjà détenus à San Vittore [1], auxquels, en 1944, les Allemands avaient donné le choix entre les prisons italiennes et le travail en Allemagne et qui avaient opté pour ce dernier. Ils étaient une quarantaine environ, presque tous voleurs ou receleurs : ils constituaient un petit monde à part, hétéroclite et turbulent, source d'ennuis perpétuels pour le Commandement russe et le comptable Rovi.

Mais Ferrari était traité par ses collègues avec un mépris évident et se trouvait donc relégué dans une solitude forcée. Petit homme d'une quarantaine d'années, maigre et jaune, presque chauve, l'air absent, il passait ses journées couché sur sa paillasse ; c'était un lecteur infatigable. Il lisait tout ce qui lui tombait sous la main : journaux et livres italiens, français, allemands, polonais. Tous les deux ou trois jours, à l'heure de la visite de contrôle, il me disait : « Ce livre, je l'ai fini. Tu n'en as pas un autre à me prêter ? Mais pas en russe, tu sais que je ne comprends pas bien le russe. » Ce n'était pas un polyglotte ; il était même pratiquement analphabète. Mais il « lisait » quand même tous les livres, de la première à la dernière ligne, reconnaissant avec satisfaction les lettres les unes après les autres ; il les articulait soigneusement et en constituait avec peine des mots, sans se soucier de leur sens. Cela lui suffisait : de même qu'à des niveaux différents, des gens éprouvent du plaisir à faire des mots croisés, à intégrer des équations différentielles ou à calculer les orbites des astéroïdes.

C'était donc un individu singulier : son histoire qu'il me raconta bien volontiers et que je transcris ici, me le confirma.

— J'ai suivi pendant de nombreuses années l'école des voleurs à Loreto. Il y avait un mannequin à clochettes et un portefeuille dans la poche du mannequin : il fallait le lui piquer sans que les clochettes sonnent et moi je n'y suis jamais arrivé. Si bien qu'on ne m'a

1. Prison de Milan. N.D.T.

jamais autorisé à voler : on me mettait à faire le guet. J'ai fait le guet pendant deux ans. On ne gagne pas gros et on court beaucoup de risques : ça n'est pas du bon boulot.

« A force d'y penser, un beau jour je me suis dit que, licence ou pas licence, si je voulais gagner ma vie il fallait que je m'établisse à mon compte.

« Il y avait la guerre, l'évacuation, le marché noir, un tas de gens dans les tramways. J'avais pris le 2, à Porta Ludovica parce que dans ces quartiers-là personne ne me connaissait. À côté de moi, il y avait une bonne femme avec un grand sac ; dans la poche de son manteau, on sentait, au toucher, qu'il y avait son portefeuille. J'ai sorti tout doucement mon *saccagno...* »

Je dois ouvrir ici une parenthèse technique. Le *saccagno,* m'expliqua Ferrari, est un instrument de précision que l'on obtient en coupant en deux la lame d'un rasoir ordinaire. Il sert à couper les sacs et les poches et doit donc être bien aiguisé. A l'occasion il sert aussi à balafrer, dans les affaires d'honneur ; d'où le nom de *saccagnati* donné aux balafrés.

« ... tout doucement et j'ai commencé à couper la poche. J'avais presque terminé quand une femme, et pas celle de la poche, tu comprends, mais une autre se met à crier : “Au voleur, au voleur.” Je ne lui faisais rien, à elle, et elle ne me connaissait pas, pas plus qu'elle ne connaissait celle de la poche. Et elle n'était même pas de la police, elle n'avait aucun rapport avec l'affaire. Toujours est-il que le tram s'est arrêté, on m'a pincé et j'ai fini à San Vittore, de là en Allemagne, et d'Allemagne ici. Tu vois ? Voilà à quoi ça mène de prendre certaines initiatives. »

Dès lors, Ferrari n'avait plus pris d'initiatives. C'était le plus docile et le plus doux de mes clients : il se déshabillait tout de suite sans protester, présentait sa chemise avec les inévitables poux et le matin suivant se soumettait à la désinfection sans prendre des airs de prince offensé. Mais le lendemain, Dieu sait pourquoi, les poux étaient là de nouveau. C'était ainsi : il ne prenait plus d'initiatives, il n'opposait plus de résistance, même aux poux.

Mon activité professionnelle comportait au moins deux avantages : le *propusk* et une meilleure nourriture.

La cuisine du camp de Bogucice, à la vérité, était assez abondante : nous avions droit à la ration militaire russe qui consistait en un kilo de pain, deux soupes par jour, une *kasa* (c'est-à-dire un plat de viande, avec lard, millet ou autres végétaux), un thé à la russe, dilué, abondant et sucré. Mais Leonardo et moi-même devions réparer les ravages causés par une année de camp : nous étions constamment en proie à une faim effrénée, en bonne partie psychologique, et la ration ne nous suffisait pas.

Marja nous avait autorisés à prendre notre repas de midi à l'infirmerie. La cuisine de l'infirmerie était tenue par deux *maquisardes* [1] parisiennes, des ouvrières plus très jeunes, rescapées elles aussi d'un camp où elles avaient perdu leurs maris ; c'étaient des femmes taciturnes et douloureuses, au visage prématurément vieilli où les souffrances passées et récentes semblaient dominées, maîtrisées par la conscience morale énergique des combattants politiques.

L'une d'elles, Simone, servait à notre table. Elle distribuait la soupe une première puis une seconde fois. Puis elle me regardait avec une sorte d'appréhension : *Vous répétez, jeune homme* [1] ? Je faisais signe que oui, timidement, honteux de ma voracité animale. Sous le regard sévère de Simone, j'osais rarement « répéter » une quatrième fois.

Quant au propusk, il représentait plutôt un signe de distinction sociale qu'un avantage particulier : tout le monde pouvait parfaitement passer par le trou dans la clôture et s'en aller à la ville, libre comme l'air. C'est

1. En français dans le texte. N.D.T.

ainsi que procédaient beaucoup de voleurs pour aller exercer leur art à Katowice ou même plus loin : ils ne revenaient plus ou bien ils rentraient au camp, quelques jours plus tard, déclinant une autre identité, au milieu de l'indifférence générale.

Cependant le propusk permettait de se diriger droit sur Katowice en évitant le long détour dans la boue autour du camp. Avec le retour de mes forces et de la belle saison, je ressentais de façon plus aiguë la tentation de m'embarquer pour la ville inconnue : à quoi servait-il d'être libre si nous devions encore passer nos journées dans une enceinte de fils barbelés ? D'autre part la population de Katowice nous considérait avec sympathie et nous avions l'entrée gratuite dans les trams et dans les cinémas.

J'en parlai un soir avec Cesare et nous établîmes pour les jours à venir un programme théorique où nous devions unir l'utile à l'agréable, autrement dit les affaires au vagabondage.

CESARE

J'avais fait la connaissance de Cesare pendant les derniers jours du camp mais c'était un autre Cesare. Au camp de Buna abandonné par les Allemands, la chambre des contagieux où les deux Français et moi-même avions réussi à survivre et à instaurer un semblant de civilisation, représentait un flot de bien-être relatif : le service d'à côté, celui des dysentériques, était le domaine de la mort.

A travers la cloison de bois, à quelques centimètres de ma tête, j'entendais parler italien. Un soir, rassemblant les quelques forces qui me restaient, j'avais résolu d'aller voir qui pouvait bien vivre là-derrière. J'avais parcouru le couloir sombre et glacé, j'avais ouvert la porte et je m'étais trouvé plongé dans le royaume de l'horreur.

Il y avait une centaine de paillasses : la moitié au moins était occupée par des cadavres raidis par le froid. Deux ou trois bougies trouaient l'obscurité : les murs et le plafond se perdaient dans les ténèbres si bien qu'on avait l'impression d'entrer dans une énorme caverne. Il n'y avait aucun chauffage, à part l'haleine fétide des cinquante malades encore vivants. Malgré le froid glacial, la puanteur d'excréments et de mort était telle qu'elle coupait le souffle et il fallait faire violence à ses poumons pour les obliger à respirer cet air corrompu.

Pourtant cinquante d'entre eux vivaient encore. Ils étaient recroquevillés sous leurs couvertures ; certains gémissaient ou hurlaient, d'autres descendaient à grand-peine se soulager sur le sol. Ils criaient des noms, priaient, juraient, imploraient de l'aide dans toutes les langues d'Europe.

Je me traînai à tâtons le long d'une allée entre les châlits à trois étages, butant et titubant dans l'obscurité sur la couche d'excréments gelés. En entendant mes pas, les cris redoublèrent : des mains crochues sortaient des couvertures, me tiraient par mes vêtements ; glacées, elles touchaient mon visage et tentaient de me barrer le passage. J'atteignis enfin la cloison de séparation, au bout de l'allée, et je trouvai ce que je cherchais. C'étaient deux Italiens dans le même lit, serrés, noués entre eux pour mieux se protéger du froid : Cesare et Marcello.

Je connaissais bien Marcello : il venait de Cannaregio, le très ancien ghetto de Venise, il avait été avec moi à Fossoli et avait passé le Brenner dans le wagon voisin du mien. C'était un homme sain et courageux et jusqu'aux dernières semaines du camp, il avait tenu bon, supportant vaillamment la faim et la fatigue : mais le froid de l'hiver avait eu raison de lui. Il ne parlait plus et, à la lueur de mon allumette, j'eus peine à le reconnaître : visage jaune, noirci par la barbe où l'on ne voyait plus que le nez et les dents ; yeux brillants, dilatés par le délire, qui fixaient le vide. Il n'y avait plus grand-chose à faire pour lui.

Cesare, au contraire, je le connaissais à peine car il était arrivé à Buna de Birkenau quelques mois auparavant. Il me demanda de l'eau avant tout : de l'eau car cela faisait quatre jours qu'il n'avait pas bu, la fièvre le brûlait et la dysenterie le vidait. Je lui en apportai avec les restes de notre soupe, sans savoir que je jetais ainsi les bases d'une longue et singulière amitié.

Ses capacités de reprise devaient être extraordinaires puisque je le retrouvai au camp de Bogucice, deux mois plus tard, non seulement rétabli mais presque florissant et frais comme une rose ; et pourtant il sortait d'une aventure supplémentaire qui avait mis à dure épreuve ses dons naturels, fortifiés à la rude école du camp.

Après l'arrivée des Russes, il avait été lui aussi admis parmi les malades à Auschwitz, et comme sa maladie n'était pas grave et son tempérament robuste, il avait vite guéri, un peu trop vite même. Vers la mi-mars, les armées allemandes en déroute s'étaient rassemblées autour de Breslau et avaient tenté une contre-offensive désespérée en direction du bassin minier de Silésie. Les Russes avaient été pris au dépourvu : surestimant peut-être l'initiative ennemie, ils s'étaient hâtés de préparer une ligne défensive. Une longue tranchée anti-char était nécessaire pour barrer la vallée de l'Oder entre Oppeln et Gleiwitz : la main-d'œuvre était rare, l'ouvrage colossal, le besoin pressant et les Russes agirent à leur habitude, de façon tout à fait expéditive et sommaire.

Un matin, vers neuf heures, des Russes en armes avaient brusquement bloqué quelques rues centrales de Katowice. A Katowice comme dans toute la Pologne, on manquait d'hommes : toute la population mâle en âge de travailler avait disparu, prisonnière en Allemagne et en Russie, dispersée dans les bandes de partisans, exterminée dans les batailles, les bombardements, les représailles, les camps, les ghettos. La Pologne était un pays en deuil, un pays de vieux et de veuves. A neuf heures du matin il n'y avait que des femmes dans les rues : des ménagères avec leur cabas ou leur charreton, en quête de vivres et de charbon par les boutiques et les marchés. Les Russes les avaient rangées par files de quatre avec leur cabas et le reste, les avaient conduites à la gare et expédiées à Gleiwitz.

Au même moment, et cela cinq ou six jours avant mon arrivée avec le Grec, ils avaient brusquement encerclé le camp de Bogucice : ils hurlaient comme des sauvages et tiraient des coups de feu en l'air pour prévenir toute tentative d'évasion. Ils avaient réduit au silence, sans plus de façons, leurs tranquilles collègues de la Kommandantur qui avaient essayé timidement d'intervenir, puis ils étaient entrés dans le camp, la mitraillette au côté et avaient fait sortir tout le monde des baraquements.

Au beau milieu du camp s'était alors déroulée une espèce de version caricaturale des sélections allemandes. Une version bien moins sanglante puisqu'il s'agissait d'aller au travail et non à la mort ; bien plus improvisée et chaotique, en revanche.

Tandis que certains soldats parcouraient les baraquements pour en déloger les réfractaires qu'ils poursuivaient ensuite en courses folles comme dans un gigantesque jeu de cache-cache, d'autres, sur le pas de la porte, examinaient les hommes et les femmes au fur et à mesure que les rabatteurs les leur présentaient ou qu'ils se présentaient spontanément. La sentence *bolnoj* ou *zdorovyj* (malade ou bien portant) était rendue collégialement, par acclamations, non sans provoquer de bruyantes disputes dans les cas litigieux. Les *bolnoj* étaient renvoyés dans les baraquements, les *zdorovyj* alignés devant les barbelés.

Cesare avait été parmi les premiers à comprendre la situation (à « flairer le vent » comme il disait), il avait agi avec une perspicacité louable et il s'en était fallu de peu qu'il ne réussît à s'en tirer : il s'était caché dans la remise à bois, un endroit auquel personne n'avait songé et il y était resté jusqu'à la fin de la chasse, muet et immobile au milieu des fagots sous lesquels il s'était enfoui. Et voilà que le premier abruti venu, à la recherche d'une cachette, était allé se fourrer là, entraînant à ses trousses le Russe qui le poursuivait. Cesare avait été pincé et déclaré bien portant : par pures et simples représailles car il était sorti du tas de bois avec l'air d'un Christ en croix, ou plutôt d'un éclopé gâteux ; il tremblait de la tête aux pieds, s'était fait venir la bave aux lèvres et marchait tout de travers, avec peine, traînant la jambe, les yeux révulsés et hagards : de quoi remuer les pierres. On l'avait quand même incorporé à la file des bien-portants : quelques secondes plus tard, par un renversement foudroyant de tactique, il avait tenté de s'échapper à toutes jambes et de rentrer dans le camp par le trou. Mais il avait été rattrapé, avait reçu une taloche et un coup de pied dans les tibias, et il s'était résigné à la défaite.

Les Russes les avaient emmenés plus loin que Gleiwitz, à pied, à plus de trente kilomètres ; là-bas ils les avaient installés tant bien que mal dans des étables ou dans des granges et leur avaient fait mener une vie d'enfer. Peu à manger et seize heures par jour de pioche et de pelle, qu'il pleuve ou qu'il vente, avec un Russe sur le dos, mitraillette au poing : les hommes à la tranchée ; les femmes (celles du camp et les Polonaises cueillies dans la rue), à éplucher les pommes de terre, à faire la cuisine et le ménage.

C'était dur à avaler ; mais pour Cesare, l'échec, plus que le travail et la faim, était cuisant. Se faire avoir ainsi comme un bleu, lui qui avait tenu boutique à Porta Portese [1] ! Tout le Trastevere en aurait ri. Il fallait qu'il se réhabilite.

Il travailla trois jours ; le quatrième, il échangea sa miche de pain contre deux cigares ; il en mangea un, l'autre, il le fit macérer dans l'eau et le garda toute la nuit sous le bras. Le jour suivant, il était mûr pour se faire porter pâle : il avait tout ce qu'il fallait, une fièvre de cheval, des coliques horribles, des vertiges, des vomissements. On le mit au lit, il y resta jusqu'à ce qu'il eût cuvé son intoxication, puis, une nuit, il s'en alla sans encombre et rentra à Bogucice, par petites étapes, la conscience tranquille. Je trouvai moyen de le faire

1. Célèbre « marché aux puces » de Rome. N.D.T.

mettre dans ma chambre et nous ne nous séparâmes plus, jusqu'au voyage de retour.

— Et c'est reparti, dit Cesare en enfilant ses pantalons, le visage sombre, quand, peu de jours après son retour, la tranquillité du camp fut dramatiquement interrompue. C'était un vacarme infernal, une explosion : des soldats russes couraient dans les couloirs, frappaient la porte des chambrées avec la crosse de leurs mitraillettes en hurlant des ordres véhéments et incompréhensibles ; peu après arriva l'état-major, Marja en bigoudis, Egorov et Dantchenko à moitié habillés, suivis du comptable Rovi, ahuri et ensommeillé mais en grand uniforme. Il fallait se lever et s'habiller tout de suite. Pourquoi ? Les Allemands étaient revenus ? On nous changeait de camp ? Personne n'en savait rien.

Nous réussîmes à attraper Marja au passage. Non, les Allemands n'avaient pas enfoncé le front mais la situation était tout de même très grave. *Inspektsija* : le matin même allait arriver de Moscou un général pour inspecter le camp. Toute la Kommandantur était en proie à la panique et au désespoir, dans un état d'âme de *dies irae.*

L'interprète de Rovi galopait de chambrée en chambrée en vociférant des ordres et des contre-ordres. Les balais, les chiffons, les seaux firent leur apparition ; mobilisation générale : il fallait nettoyer les vitres, faire disparaître les tas d'ordures, balayer par terre, frotter les poignées des portes, enlever les toiles d'araignées. Tout le monde se mit au travail, en bâillant et en jurant. Deux, trois, quatre heures passèrent.

A l'aube, on commença à entendre parler de *ubornaja* : les latrines du camp représentaient en effet un gros problème.

C'était une bâtisse en maçonnerie, placée au beau milieu du camp, spacieuse, voyante, impossible à dissimuler. Depuis des mois personne ne s'occupait plus de leur entretien : à l'intérieur, le sol disparaissait sous un pied d'ordure stagnante si bien que nous y avions enfoncé des gros cailloux et des briques et pour entrer il fallait sautiller de l'un à l'autre en équilibre instable. A travers les portes et les fissures des murs, le liquide débordait à l'extérieur, traversait le camp sous forme d'une rigole fétide et allait se perdre en aval, au milieu des prés.

Le capitaine Egorov, qui suait sang et eau et avait complètement perdu la tête, désigna une corvée de dix hommes et les envoya sur les lieux, munis de balais et de seaux de chlore, avec mission de les nettoyer. Mais un enfant aurait compris que dix hommes, même pourvus d'instruments adéquats et pas seulement de balais, auraient dû y passer au moins une semaine ; et pour ce qui est du chlore, tous les parfums de l'Arabie n'auraient pas suffi à bonifier les lieux.

Il n'est pas rare de voir que, du choc de deux nécessités, jaillissent des décisions insensées, là où il aurait été plus sage de laisser la chose se résoudre d'elle-même. Une heure plus tard (le camp tout entier bourdonnait comme une ruche qu'on a dérangée), les hommes de corvée furent rappelés et l'on vit arriver les douze territoriaux du Commandement avec planches, clous, marteaux et rouleaux de fil barbelé. En un clin d'œil, toutes les portes des scandaleuses latrines furent clôturées, barricadées, scellées avec des planches de sapin de trois doigts d'épaisseur, et tous les murs jusqu'au toit, furent recouverts d'un enchevêtrement inextricable de fil barbelé. La décence était sauve : le plus zélé des inspecteurs n'aurait matériellement pas pu y mettre un pied.

Midi arriva, puis le soir, et pas de trace du général. Le jour suivant, on en parlait déjà un peu moins ; le troisième jour, on n'en parlait plus du tout, les Russes de la Kommandantur étaient retombés dans leur incurie et leur laisser-aller habituels et providentiels ; on avait décloué deux planches à la porte arrière des latrines et tout était rentré dans l'ordre.

Un inspecteur vint pourtant, quelques semaines plus tard ; il vint vérifier la bonne marche du camp et plus précisément celle des cuisines ; ce n'était pas un général mais un capitaine qui portait un brassard avec les initiales NKVD de réputation légèrement sinistre [1]. Il vint et dut trouver particulièrement agréables ses fonctions, ou bien les jeunes personnes de la Kommandantur, ou le climat de la Haute Silésie, ou encore la proximité des cuisiniers italiens : car il ne s'en alla plus mais resta à inspecter la cuisine tous les jours jusqu'à notre départ en juin, sans exercer apparemment aucune autre activité utile.

La cuisine, sous la direction d'un barbare cuisinier bergamasque assisté d'un nombre indéterminé d'aides volontaires, gras et luisants, était située un peu en dehors de l'enceinte et consistait en un bâtiment rempli aux trois quarts par les deux grosses marmites qui reposaient sur des fourneaux en ciment. On y accédait par deux marches et il n'y avait pas de porte.

L'inspecteur fit la première inspection avec beaucoup de sérieux et de dignité, en prenant des notes sur un carnet. C'était un juif d'une trentaine d'années, grand et dégingandé, avec un beau visage ascétique à la Don Quichotte. Mais le jour suivant, il avait déniché Dieu sait où une motocyclette et il s'en éprit d'une passion si ardente qu'à partir de ce moment-là, on ne les vit jamais l'un sans l'autre. Le rite de l'inspection devint un spectacle public auquel assistaient en nombre croissant les bourgeois de Katowice. L'inspecteur arrivait en trombe, sur le coup de onze heures : il freinait brusquement dans un horrible crissement de pneus, et pivotant sur la roue avant, dérapait avec la roue arrière d'un quart de cercle. Sans s'arrêter, il fonçait tête basse vers la cuisine comme un taureau qui charge ; il fran-

1. Police politique soviétique.

chissait les deux marches dans d'effrayants rebonds, décrivait deux huit précipités autour des marmites ; puis il survolait à nouveau les marches, saluait militairement le public avec un sourire radieux, se courbait sur le guidon et disparaissait avec fracas, dans un nuage de fumée glauque.

Ce manège se poursuivit sans encombre pendant des semaines ; puis un jour, on ne vit plus ni moto ni capitaine. Lui était à l'hôpital avec une jambe cassée ; elle, entre les mains caressantes d'un cénacle d'*aficionados* italiens. Mais on les revit bien vite en circulation : le capitaine avait fait adapter une petite planche au cadre et y tenait appuyée sa jambe dans le plâtre, en position horizontale. Son visage, à la noble pâleur, avait pris une expression de félicité extatique ; dans cet attirail, il reprit avec une fougue à peine réduite ses tournées quotidiennes.

Avril arriva, les dernières neiges fondirent, le doux soleil sécha la boue polonaise : c'est alors que nous commençâmes à nous sentir vraiment libres. Cesare était allé plusieurs fois à la ville et il insistait pour que je le suive dans ses expéditions : je me décidai enfin et nous partîmes ensemble par une splendide journée de printemps.

A la demande de Cesare que l'expérience tentait, nous n'utilisâmes pas le trou des barbelés. Je sortis le premier par la grande porte ; la sentinelle me demanda mon nom puis mon laissez-passer : je le lui présentai, elle vérifia : le nom correspondait bien. Je contournai la clôture et à travers les barbelés je passai le petit rectangle de carton à Cesare. La sentinelle lui demanda comment il s'appelait ; Cesare répondit : Primo Levi. L'homme lui demanda son laissez-passer : le nom correspondait de nouveau et Cesare sortit parfaitement en règle. Ce n'est pas que Cesare tienne tellement à agir selon les règles, mais il aime l'élégance, le raffinement, il aime rouler son prochain en douceur.

Nous étions entrés dans Katowice, joyeux comme

des écoliers en vacances mais notre humeur insouciante se heurtait à chaque pas au décor dans lequel nous pénétrions. A chaque pas nous butions sur les restes de l'immense tragédie qui nous avait frôlés et miraculeusement épargnés. Des tombes à tous les carrefours, des tombes muettes et sommaires de soldats soviétiques morts au combat, sans croix mais surmontées de l'étoile rouge. Un cimetière de guerre s'étendant sans fin dans un des parcs de la ville, des croix mêlées aux étoiles ; presque toutes portaient la même date : celle de la bataille de rues ou peut-être du dernier massacre allemand. Au milieu de la rue principale, trois ou quatre tanks allemands, apparemment intacts, devenus des trophées et des monuments ; l'un d'eux était braqué contre une énorme ouverture à mi-hauteur de la maison d'en face : le monstre était mort en pleine action. Partout des ruines, des carcasses de ciment, des poutres carbonisées, des baraques en tôle, des gens en guenilles à l'aspect sauvage et famélique. Aux croisements importants, des panneaux indicateurs plantés par les Russes et qui formaient un contraste curieux avec la netteté et la précision industrielle des panneaux allemands analogues que nous avions vus et des américains que nous devions voir par la suite : des planches grossières, de bois brut, des noms gribouillés à la main, au goudron, en caractères cyrilliques irréguliers, Gleiwitz, Cracovie, Czenstochowa ; et même, comme le nom était trop long, il y avait *Czenstoch* sur une planche et *owa* sur une autre plus petite, clouée au-dessous.

Et pourtant la ville vivait, après les années de cauchemar de l'occupation nazie et l'ouragan du passage du front. Beaucoup de cafés et de boutiques étaient ouverts et le marché libre était même florissant ; les tramways, les puits de charbon, les écoles, les cinémas fonctionnaient. Pour ce premier jour et comme à nous deux nous n'avions pas un sou, nous nous contentâmes d'une tournée de reconnaissance. Après quelques heures de marche dans cet air piquant, notre faim chronique s'était réveillée : « Viens avec moi, dit Cesare, allons déjeuner. »

Il me conduisit au marché, du côté des étalages de fruits. Sous les regards hostiles de la marchande, il cueillit une fraise, une seule mais bien grosse, il la mâcha lentement d'un air de connaisseur, puis, secouant la tête : « Nié ddobre » dit-il sévèrement. (C'est du polonais, m'expliqua-t-il, ça veut dire qu'elles ne sont pas bonnes.) Il passa à l'étalage suivant et la même scène se répéta, et ainsi de suite, du premier au dernier. « Alors ? Qu'est-ce que tu attends ? » me dit-il ensuite avec une fierté cynique : « Si tu as faim, tu n'as qu'à faire comme moi. »

Mais évidemment ce n'était pas avec le système des fraises que nous allions nous tirer d'affaire : Cesare avait saisi la situation ; le moment était venu de se consacrer pour de bon au commerce.

Il m'expliqua sa pensée : pour moi il avait de l'amitié et il ne me demandait rien ; si je voulais, je pouvais aller au marché avec lui, au besoin lui donner un coup de main et apprendre le métier, mais il lui était indispensable de se trouver un véritable associé, muni au départ d'un petit capital et d'une certaine expérience. Et même, à la vérité, il l'avait déjà trouvé en la personne d'un certain Giacomantonio, au faciès de bagnard, une de ses vieilles connaissances de San Lorenzo [1]. La formule de leur association était extrêmement simple. Giacomantonio se chargerait d'acheter, lui de vendre et ils se partageraient les bénéfices en parts égales.

Acheter quoi ? Tout, me dit-il : tout ce qui leur tomberait sous la main. Cesare, bien qu'il n'eût pas beaucoup plus de vingt ans, bénéficiait d'une science commerciale surprenante, comparable à celle du Grec. Mais, au-delà des analogies superficielles, je me rendis compte bien vite qu'entre le Grec et lui il y avait un

1. Quartier populaire de Rome. N.D.T.

monde. Cesare était plein de chaleur humaine, toujours, à chaque instant de sa vie et pas seulement en dehors de ses heures de travail comme Mordo Nahum. Pour Cesare, le « travail » était parfois une désagréable nécessité ou bien une occasion amusante de faire des rencontres et non une froide obsession ni une luciférienne affirmation de soi. L'un était libre, l'autre esclave de lui-même ; l'un avare et raisonnable, l'autre prodigue et fantasque. Le Grec était un loup solitaire, en guerre perpétuelle contre tous, vieux avant l'âge, enfermé dans le cercle de son ambition maussade ; Cesare était un fils du soleil, ami de tous, il ne connaissait ni la haine ni le mépris, il était changeant comme le ciel, chaleureux, rusé et naïf, téméraire et prudent, très ignorant, très innocent et fort civil.

Je ne voulus pas entrer dans son association avec Giacomantonio mais j'acceptai volontiers l'offre qu'il me fit de l'accompagner parfois au marché comme apprenti, interprète et portefaix. J'acceptai, non seulement par amitié et pour échapper à l'ennui du camp mais surtout parce que assister aux entreprises de Cesare, même les plus modestes et les plus banales, constituait une expérience unique, un spectacle vivant et vivifiant qui me réconciliait avec le monde et rallumait en moi la joie de vivre qu'Auschwitz avait éteinte.

Une force comme celle de Cesare est bonne en soi, dans l'absolu, elle suffit à ennoblir un homme, à racheter tous les défauts qu'il peut avoir, à sauver son âme. Mais aussi, sur un plan plus pratique, c'est un guide précieux pour qui veut exercer un commerce sur la place publique, car personne n'était insensible au charme de Cesare, ni les Russes du Commandement, ni nos compagnons hétéroclites du camp, ni les habitants de Katowice qui fréquentaient le marché. Or il n'est pas moins évident qu'en vertu de la dure loi du commerce, ce qui est avantageux pour le vendeur est désavantageux pour l'acheteur et vice-versa.

Avril touchait à sa fin et le soleil était déjà chaud et

franc lorsque Cesare vint m'attendre après la fermeture du dispensaire. Son associé patibulaire avait déjà à son actif une série de coups brillants : il avait acheté pour cinquante zlotys en tout, un stylo qui ne marchait pas, un sablier et une chemise de laine en assez bon état. Ce Giacomantonio qui avait le flair consommé d'un receleur, avait eu l'excellente idée de se mettre en faction à la gare de Katowice, en attendant les convois russes qui revenaient d'Allemagne : ces soldats démobilisés et sur le chemin du retour étaient les clients les moins regardants qu'on puisse imaginer. Ils étaient pleins de gaîté et d'indolence, regorgeaient de butin, ils ne connaissaient pas les cours locaux et avaient besoin d'argent. D'ailleurs, cela valait la peine de passer quelques heures à la gare, en dehors de tout but utilitaire, rien que pour assister au spectacle de l'Armée Rouge qui rentrait : spectacle à la fois choral et solennel comme une migration biblique, désordonné et bariolé comme un déplacement de saltimbanques. D'immenses convois de wagons de marchandises, transformés en trains militaires, s'arrêtaient à Katowice : ils étaient équipés pour voyager des mois, jusqu'au Pacifique peut-être et ils hébergeaient pêle-mêle et par milliers, des militaires et des civils, des hommes et des femmes, des ex-prisonniers, des Allemands prisonniers à leur tour, sans compter des marchandises, des meubles, du bétail, des installations industrielles jadis réquisitionnées, des vivres, du matériel de guerre, de la ferraille. C'étaient de véritables villages ambulants : certains wagons contenaient visiblement les éléments d'un foyer familial : deux ou trois grands lits, une armoire à glace, un poêle, une radio, des chaises et des tables. Entre deux wagons, on avait tendu des fils électriques de fortune qui provenaient du premier wagon, munis d'un générateur : ils servaient aussi bien à l'éclairage qu'à faire sécher le linge (et à le couvrir de suie). Le matin, quand s'ouvraient les portes coulissantes, sur le fond de ces intérieurs domestiques apparaissaient des hommes et des femmes, à demi vêtus, aux larges visages ensommeillés : ils regardaient autour d'eux, tout étourdis, sans savoir au juste en quel point de l'univers ils se trouvaient, puis ils descendaient se laver à l'eau glacée des pompes et offraient à la ronde du tabac et des feuilles de la *Pravda* pour rouler les cigarettes.

Je partis donc pour le marché avec Cesare qui se proposait de revendre (aux Russes eux-mêmes, au besoin) les trois objets susnommés. Le marché avait alors perdu son caractère primitif de haut lieu de la misère humaine. Le rationnement avait été aboli, ou plutôt était tombé en désuétude, de la riche campagne avoisinante arrivaient des charrettes de paysans avec des quintaux de lard et de fromage, des œufs, des poulets, du sucre, des fruits, du beurre : jardin des tentations, défi cruel jeté à notre faim obsédante et à notre manque d'argent, incitation impérieuse à nous en procurer.

Cesare vendit le stylo du premier coup, pour vingt zlotys, sans marchandage. Il n'avait absolument pas besoin d'interprète : il ne parlait qu'italien, pour ne pas dire romain, mieux encore, le dialecte du ghetto de Rome, émaillé de mots hébreux estropiés. Certes, il n'avait pas le choix car il ne connaissait pas d'autre langue mais, à son insu, cette ignorance travaillait grandement pour lui. Cesare « jouait sur son terrain », pour s'exprimer en termes sportifs ; en revanche, ses clients, tendus par l'effort qu'ils faisaient pour interpréter son langage incompréhensible et ses gestes étranges, perdaient la concentration d'esprit nécessaire ; s'ils marchandaient, Cesare ne les comprenait pas ou feignait obstinément de ne pas les comprendre.

L'art du boniment n'est pas aussi répandu que je le croyais ; le public polonais semblait l'ignorer et était sous le charme. Et puis, Cesare était un mime hors pair : il déployait la chemise au soleil, en la tenant bien serrée par le col (sous le col, il y avait un trou mais Cesare la tenait à l'endroit précis où se trouvait le trou) et il en célébrait les mérites avec une éloquence torrentielle, des parenthèses ou des divagations inédites et sans queue ni tête, apostrophant brusquement tel ou tel avec des surnoms obscènes qu'il inventait séance tenante.

Il s'interrompit tout à coup (il connaissait d'instinct la valeur oratoire de la pause), il baisa la chemise avec transport et d'une voix à la fois décidée et émue, comme si son cœur saignait à l'idée de s'en séparer et comme s'il ne s'y résignait que par amour pour son prochain : « Eh, Gros-lard, dit-il, combien tu me donnerais pour cette *kosciulette* [1] ? »

Gros-lard resta interdit. Il regardait la *kosciulette* avec envie, et du coin de l'œil louchait sur ses voisins, partagé entre l'espoir et la crainte que quelqu'un d'autre fasse la première offre. Puis il s'avança en hésitant, tendit une main incertaine et marmonna quelque chose comme *pingisci*. Cesare ramena la chemise sur son cœur comme s'il avait vu un aspic. « Qu'est-ce qu'il raconte ? » me demanda-t-il, comme s'il craignait d'avoir reçu un affront mortel ; mais c'était une question toute rhétorique car il reconnaissait (ou devinait) les nombres polonais beaucoup plus vite que moi.

— Tu es fou, dit-il, péremptoire, en pointant un index sur sa tempe et en le tournant comme un tournevis. Le public approuvait et riait, prenant visiblement parti pour l'étranger fantastique venu des confins de l'univers accomplir des prodiges sur ses places. Gros-lard restait bouche bée, se balançant d'un pied sur l'autre, comme un ours. « *Du ferik* », reprit Cesare impitoyable (il voulait dire *verrückt*) ; puis, pour être plus clair, il ajouta : « *Du Meschugge* ». Une tempête de rires sauvages éclata : ça, tout le monde l'avait compris. *Meschugge* est un terme hébreu qui survit dans le yiddisch et pour cela, est compris dans toute l'Europe centrale et orientale : c'est l'équivalent de

1. Voir p. 54. N.D.T.

« fou » mais le mot contient aussi l'idée secondaire de folie vaine, mélancolique, hébétée et lunaire.

Gros-lard se grattait la tête et remontait ses pantalons plein d'embarras. « Sto, dit-il ensuite, sto zlotych. » Cent zlotys.

L'offre était intéressante. Cesare, assez amadoué, s'adressa à lui d'homme à homme et d'une voix persuasive, comme pour le convaincre d'une erreur involontaire mais grossière de sa part ; il lui parla longuement, à cœur ouvert, avec chaleur et confiance, en lui disant : « Tu vois ? tu saisis ? tu n'es pas de mon avis ? »

— Sto zlotych, répéta celui-ci, têtu.

— Quel cabochard ! me dit Cesare. Puis comme envahi par une brusque lassitude et dans une ultime tentative de réconciliation, il lui mit la main sur l'épaule et lui dit maternellement. « Ecoute donc, gros père. Tu ne m'as pas bien compris. Faisons comme ça, mettons-nous d'accord : toi, tu me donnes (et du doigt il lui dessina sur le ventre 150) ces *sto pingisciu* et moi je te la colle sur le derrière. Ça te va ? »

Gros-lard grognait et faisait signe que non de la tête, les yeux rivés au sol ; mais le coup d'œil clinique de Cesare avait saisi l'annonce de la capitulation : un mouvement imperceptible de la main vers la poche arrière des pantalons.

— Allez ! Lâche-les donc tes *pignonces !* reprit-il battant le fer tant qu'il était chaud. Les *pignonces* (le terme polonais, à la graphie impossible mais à la sonorité si curieusement familière, nous fascinait tous les deux) furent enfin « lâchées » et la chemise « collée » ; mais aussitôt Cesare m'arracha à mon admiration extatique :

— Eh vieux ! Tirons-nous, sans quoi ils vont découvrir le trou.

Ainsi, de crainte que le client ne remarque prématurément le trou, nous nous éclipsâmes en renonçant à placer l'invendable sablier. Nous marchâmes d'une allure digne et lente jusqu'au coin le plus proche, puis nous filâmes, aussi vite que nos jambes nous le permettaient, et nous regagnâmes le camp par des chemins détournés.

VICTORY DAY

La vie au camp de Bogucice entre le dispensaire et le marché, la caserne et les aventures au-dehors, les relations humaines rudimentaires avec les Russes, les Polonais et les autres, la succession rapide de faim et de satiété, d'espoir et de déception, d'attente et d'incertitude, comme une ébauche de vie militaire dans un milieu provisoire et étranger, suscitait en moi un sentiment de malaise, de nostalgie et surtout d'ennui. Elle était au contraire tout à fait conforme aux habitudes, au caractère et aux aspirations de Cesare.

A Bogucice, Cesare ressuscitait, visiblement, de jour en jour, comme un arbre dans lequel monte la sève printanière. Il avait désormais au marché une place attitrée et une clientèle affectionnée qu'il avait arrachée lui-même du néant : la Moustachue, Peau-sur-les-os, Cul-Terreux, pas moins de trois Gros-Séant, Feuille-de-route, Frankenstein, une fille junonesque qu'il appelait Le Tribunal et bien d'autres. Au camp, il jouissait d'un prestige indiscutable : il n'avait pas tardé à se débrouiller avec Giacomantonio, mais beaucoup d'autres lui confiaient de la marchandise à vendre, sans passer de contrat, en lui faisant entièrement crédit, de sorte que l'argent ne lui manquait pas.

Un soir il disparut : il ne se présenta pas au camp pour le dîner ni au dortoir pour dormir. Naturellement, nous ne révélâmes rien à Rovi et encore moins aux Russes, pour ne pas créer de complications ; toutefois, quand l'absence se fut prolongée trois jours et trois nuits, même moi qui ne suis pas très anxieux de nature et qui l'étais encore moins lorsqu'il s'agissait de Cesare, je commençai à éprouver une légère inquiétude.

Cesare revint à l'aube du quatrième jour, mal en point et avec le poil hérissé d'un chat revenant d'une sarabande sur les toits. Ses yeux étaient cernés mais il y brillait une lueur de fierté. « Lâchez-moi », dit-il en entrant, bien que personne ne lui eût posé de question et que la plupart fussent encore en train de ronfler. Il se jeta sur son lit de camp, feignant une lassitude extrême ; mais quelques minutes plus tard, n'y pouvant plus tenir, il vint me voir alors que je venais à peine de me réveiller. Enroué et le regard trouble, comme s'il avait dansé pendant trois nuits avec des sorcières, il m'annonça la grande nouvelle : « Ça y est. Je me suis établi. Je me suis trouvé une *pagninca.* »

La nouvelle ne suscita en moi aucun enthousiasme particulier. Il n'était pas le premier : déjà d'autres Italiens, surtout parmi les militaires, s'étaient trouvé une fille en ville : parce que *pagninca* est l'équivalent de *segnorina* et le son en est tout autant déformé.

Il ne s'agissait pas d'une entreprise très ardue parce que les hommes étaient rares en Pologne et nombreux étaient les Italiens qui s'étaient casés, poussés non seulement par le mythe national de don-juanisme, mais par une nécessité plus profonde et plus sérieuse, un besoin d'affection et la nostalgie d'un foyer. De sorte que, dans certains cas, le conjoint défunt ou absent avait été remplacé non seulement dans le cœur et dans le lit de la femme mais dans toutes ses attributions, et l'on voyait des Italiens descendre avec les Polonais dans le puits de charbon pour rapporter leur paie « à la maison », servir au comptoir dans la boutique. On voyait d'étranges familles se promener dignement le dimanche sur les remparts, l'Italien avec la Polonaise à son bras et tenant un enfant trop blond par la main.

Mais, me précisa Cesare, son cas était différent (tout le monde croit son cas différent, pensais-je en bâillant). Sa pagninca à lui était très belle, jeune, élégante, soignée, amoureuse et par conséquent économique. Elle avait aussi beaucoup d'expérience ; elle n'avait qu'un défaut, c'était de parler polonais. C'est pourquoi, si j'étais son ami, je devais l'aider.

Je ne pouvais pas lui être d'un grand secours, lui expliquai-je d'une voix lasse. *Primo :* je ne connaissais pas plus de trente mots de polonais ; *secundo :* j'étais totalement ignorant du vocabulaire sentimental qui lui était nécessaire ; *tertio :* je ne me trouvais pas dans les dispositions d'esprit qu'il fallait pour l'accompagner. Mais Cesare ne se tint pas pour battu : peut-être la fille comprenait-elle l'allemand ? Il avait un programme bien précis, donc je devais lui faire le plaisir de ne pas faire de l'obstruction et de lui expliquer comment on dit en allemand ceci, ceci et cela.

Cesare surestimait mes connaissances linguistiques. Ce qu'il voulait savoir de moi, on ne le trouve dans aucun manuel d'allemand et j'avais eu encore moins l'occasion de l'apprendre à Auschwitz ; du reste, il s'agissait de questions subtiles et particulières, et je soupçonne encore qu'elles n'existent dans aucune autre langue, hormis le français et l'italien.

Je lui exposai mes doutes mais Cesare me regarda, fâché. Je faisais du sabotage, c'était clair : par pure jalousie. Il remit ses chaussures et s'en alla furieux contre moi. Il revint après le déjeuner et me jeta un beau dictionnaire de poche italien-allemand, acheté au marché pour vingt zlotys. « Il y a tout là-dedans », me dit-il d'un ton qui n'admettait pas de réplique. Il n'y avait pas tout, malheureusement : il manquait même l'essentiel, tout ce qu'une mystérieuse convention expulse de l'univers du papier imprimé ; de l'argent fichu en l'air. Cesare s'en alla à nouveau, déçu par la culture, l'amitié et le papier imprimé lui-même.

Dès lors, il ne fit que quelques rares apparitions au camp : la pagninca pourvoyait généreusement à tous ses besoins. A la fin d'avril, il disparut pendant une semaine entière. Or ce n'était pas là une fin d'avril quelconque : c'était celle, mémorable, de 1945.

Nous n'étions malheureusement pas capables de comprendre les journaux polonais : mais le volume des titres qui croissait de jour en jour, les noms que nous y lisions, l'air même que nous respirions dans les rues et à la Kommandantur nous donnaient à entendre que la victoire était proche. Nous lûmes « Vienne », « Coblence », « Rhin » ; puis « Bologne » ; puis avec un enthousiasme plein d'émotion, « Turin » et « Milan » ; puis « Mussolini », en lettres énormes, suivi d'un effroyable et indéchiffrable participe passé... et enfin, à l'encre rouge et sur une demi-page, l'annonce définitive, obscure et triomphante : « BERLIN UPADL ! »

Le 30 avril, Leonardo, moi-même et quelques autres possesseurs d'un laissez-passer fûmes convoqués chez le capitaine Egorov : avec un étrange air sournois et embarrassé que nous ne lui connaissions pas, il nous fit dire par l'interprète de lui remettre notre *propusk* ; nous en recevrions un autre le lendemain. Naturellement nous n'en crûmes rien mais nous dûmes tout de même lui remettre la carte. La mesure nous sembla absurde et légèrement vexatoire et accrut en nous l'angoisse de l'attente ; mais le jour suivant nous en comprîmes la raison.

Le jour suivant, c'était le 1er mai ; le 3 mai, il y avait je ne sais quelle importante fête polonaise ; le 8 mai, la guerre finit. La nouvelle, à laquelle on s'attendait, éclata cependant comme une bombe : pendant huit jours, le camp, la Kommandantur, Bogucice, Katowice, toute la Pologne et l'Armée Rouge en entier se dechaînèrent, au paroxysme d'un enthousiasme délirant. L'Union Soviétique est un gigantesque pays qui abrite dans son cœur des ferments gigantesques, entre autres, une faculté homérique de joie et d'abandon, une vitalité primordiale, un talent païen, vierge, pour les manifestations, les réjouissances, les kermesses.

L'atmosphère devint survoltée en quelques heures. Il y avait des Russes partout, sortis comme des fourmis d'une fourmilière : ils s'embrassaient les uns les autres comme s'ils se connaissaient, ils chantaient, ils hurlaient ; bien qu'ils fussent pour la plupart mal assurés sur leurs jambes, ils dansaient entre eux et entraînaient dans leurs embrassades tous ceux qu'ils rencontraient en chemin. Ils tiraient en l'air et pas toujours en l'air : on nous amena à l'infirmerie un jeune soldat encore imberbe, un *parasjutist*, le corps traversé de part en part, du ventre au dos par un coup de fusil. Le coup, heureusement, n'avait pas atteint d'organes vitaux : le soldat-enfant resta trois jours au lit et accepta les soins avec tranquillité, en nous regardant de ses yeux vierges comme la mer ; puis, un soir, alors que passait dans la rue un groupe de ses camarades en fête, il bondit hors de ses couvertures, vêtu de pied en cap avec son uniforme et ses bottes et, en bon parachutiste, sous les yeux des autres malades, il se jeta tranquillement de la fenêtre du premier étage dans la rue.

Ce qui restait de la discipline militaire s'évanouit tout à fait. Devant la porte du camp la sentinelle, le 1er mai, ronflait ivre et couchée par terre, la mitraillette en bandoulière ; puis elle disparut. Il était inutile de s'adresser à la Kommandantur pour une urgence quelconque : la personne qui en avait la charge n'était pas là ou bien était au lit en train de cuver une cuite, ou occupée à de mystérieux et fébriles préparatifs dans la salle de gymnastique de l'école. C'était une chance que la cuisine et l'infirmerie fussent dans des mains italiennes.

De quelle nature étaient ces préparatifs, nous le

sûmes bien vite. On était en train d'organiser une grande fête pour célébrer la fin de la guerre : une représentation théâtrale avec chœurs, danses et comédie, que nous offraient les Russes, à nous, hôtes du camp. A nous Italiens : parce que entre-temps, par suite de transferts compliqués, nous étions restés à Bogucice en forte majorité et même seuls avec quelques Français et Grecs.

Cesare revint parmi nous, une de ces journées tumultueuses. Il était dans un état pire que la première fois, avec de la boue jusqu'aux cheveux, les vêtements lacérés, hagard et affligé d'un torticolis monstrueux. Il avait à la main une bouteille de vodka pleine et son premier souci fut de se démener jusqu'à ce qu'il eût trouvé une autre bouteille vide ; puis, sombre et funèbre, il fabriqua un ingénieux entonnoir avec un morceau de carton, transvasa la vodka, cassa la bouteille en petits morceaux qu'il rassembla et alla enterrer en grand secret dans un trou au fond du camp.

Il lui était arrivé malheur. Un soir que, du marché, il revenait chez sa belle, il y avait trouvé un Russe : il avait vu dans l'antichambre la capote militaire, le ceinturon, l'étui du revolver et une bouteille. Il s'était emparé de la bouteille à titre d'indemnisation partielle, et sagement s'en était allé : mais le Russe, à ce qu'il paraît, lui avait couru après, peut-être à cause de la bouteille ou poussé par une jalousie rétroactive.

Là son récit devenait embrouillé et difficilement croyable. Il avait en vain cherché à lui échapper mais il avait fini par conclure que toute l'Armée Rouge était à ses trousses. Il avait échoué au Luna Park mais là encore la chasse avait continué pendant toute la nuit. Les dernières heures, il les avait passées tapi sous le plancher du bal public, pendant que toute la Pologne dansait sur sa tête : mais il n'avait pas lâché la bouteille qui représentait tout ce qui lui restait d'une semaine d'amour. Il avait détruit le récipient original par prudence et il insista pour que nous en vidions immédiatement le contenu entre nous, ses intimes. Ce fut une soirée mélancolique et taciturne.

Le 8 mai arriva : jour d'allégresse pour les Russes, de veille anxieuse pour les Polonais et pour nous d'une joie mêlée de nostalgie profonde. Depuis ce jour, en effet, nos maisons n'étaient plus interdites, aucun front de guerre ne nous en séparait plus, aucun obstacle concret, rien que des paperasses et de la bureaucratie ; nous sentions que maintenant le rapatriement nous était dû et chaque heure passée en exil nous pesait comme du plomb. Ce qui nous pesait le plus, c'était le manque total de nouvelles de l'Italie. Nous nous rendîmes cependant en masse à la représentation des Russes et nous fîmes bien.

Le théâtre avait été improvisé dans la salle de gymnastique de l'école ; du reste, tout était improvisé, les acteurs, les chaises, le chœur, le programme, les lumières, le rideau. Ce qui semblait particulièrement improvisé, c'était l'habit que portait le présentateur, le capitaine Egorov en personne.

Egorov parut sur le bord de la scène, fin saoul, portant d'immenses pantalons dont la ceinture lui arrivait sous les bras tandis que la queue-de-pie balayait le plancher. Il était en proie à une profonde tristesse alcoolique et il annonçait d'une voix sépulcrale les divers numéros comiques ou patriotiques du programme, au milieu de sanglots sonores et d'accès de larmes. Son équilibre était douteux : dans les moments cruciaux, il se rattrapait au haut-parleur et alors la clameur du public cessait tout à coup, comme lorsqu'un acrobate saute d'un trapèze dans le vide.

Tout le monde défila sur la scène : toute la Kommandantur. Marja en directrice du chœur, qui était excellent comme tous les chœurs russes, et qui interpréta *Moskvà majà* (« Mon cher Moscou ») avec un élan et une harmonie merveilleux et une bonne foi évidente. Galina se produisit seule, en costume circassien et grosses bottes, en une danse vertigineuse où elle révéla des dons athlétiques fantastiques et insoupçonnés : elle fut couverte d'applaudissements et elle remercia avec émotion le public en faisant d'innombrables révérences de marquise, rouge comme une tomate et les yeux brillants de larmes. Le docteur Dantchenko et le Mongol aux moustaches furent tout aussi bons : pourtant pleins de vodka, ils exécutèrent à deux une de ces danses russes endiablées où l'on saute en l'air, on s'accroupit, on tape du pied et on pirouette comme des toupies sur ses talons.

Suivit une curieuse imitation de Charlie Chaplin dans *Titine*[1]. Charlot était incarné par une des florissantes jeunes personne de la Kommandantur, à la poitrine et à la croupe exubérantes, mais scrupuleusement fidèle au modèle pour ce qui est du chapeau melon, des moustaches, des chaussures et de la canne. Et enfin, annoncé par Egorov d'une voix sanglotante et accueilli par les Russes avec un hurlement sauvage d'approbation, apparut sur scène Vanka Vstanka.

Je ne saurais dire avec précision qui était Vanka Vstanka ; peut-être un personnage populaire russe. En l'occurrence, c'était un jeune berger timide, balourd et amoureux qui voudrait se déclarer à sa belle mais qui n'ose pas. La belle était la gigantesque Vassilissa, la walkyrie responsable du service à la cantine, noiraude et bien bâtie, capable d'étendre par terre d'un revers de main un commensal turbulent ou un prétendant importun (et plus d'un Italien en avait fait l'expérience) ; mais sur scène qui l'aurait reconnue ? Elle était transfigurée par son rôle. Le candide Vanka Vstanka (au vrai, un des vieux lieutenants), au visage barbouillé de poudre de riz blanche et rose, lui faisait la cour de loin, arcadiquement en vingt strophes mélodieuses, malheureusement incompréhensibles pour nous, et il tendait vers la bien-aimée des mains suppliantes et hésitantes

1. Chanson des années 20, relancée par un film célèbre de Chaplin. N.D.T.

qu'elle repoussait avec une grâce rieuse mais ferme, en roucoulant elle aussi des répliques gentilles et railleuses. Mais petit à petit les distances diminuaient tandis que le fracas des applaudissements croissait en proportion. Après de nombreuses escarmouches les deux bergers échangeaient de chastes baisers sur les joues et finissaient par se frotter vigoureusement et voluptueusement dos contre dos, au milieu de l'enthousiasme irrépressible du public.

Nous sortîmes du théâtre un peu abasourdis mais presque émus. Le spectacle nous avait intimement satisfaits ; il avait été improvisé en quelques jours et on le voyait ; c'était un spectacle à la bonne franquette, sans prétention, puritain, souvent puéril. Mais il laissait supposer quelque chose de non improvisé, d'antique et de robuste : une juvénile, congénitale et intense capacité de joie et d'expression, une familiarité amicale et affectueuse avec la scène et avec le public, très éloignée de la vaine exhibition et de l'abstraction cérébrale, de la convention et de la paresseuse répétition de modèles.

Le jour suivant tout était rentré dans l'ordre et les Russes, excepté quelques ombres légères autour des yeux, avaient repris leurs visages habituels. Je rencontrai Marja à l'infirmerie et je lui dis que je m'étais bien amusé, et que nous tous, Italiens, avions beaucoup admiré ses qualités scéniques ainsi que celles de ses collègues : c'était la pure vérité. De nature peu méthodique mais très concrète, Marja était solidement ancrée entre les quatre murs domestiques et le cadran de l'horloge, amie des hommes de chair et rebelle à la fumée des théories. Mais combien d'esprits humains sont capables de résister à la lente, féroce, incessante, imperceptible force de pénétration des lieux communs ?

Elle me répondit avec un sérieux didactique. Elle me remercia en termes presque officiels de mes compliments et m'assura qu'elle en ferait part à tout le Commandement, puis elle me signala avec beaucoup de gravité que la danse et le chant étaient enseignés dans les écoles en Union Soviétique, ainsi que la déclamation ; que c'est être un bon citoyen que d'essayer de se perfectionner dans toutes ses aptitudes ou talents naturels ; que le théâtre est un des instruments les plus précieux d'éducation collective, et autres platitudes pédagogiques qui avaient une résonance absurde et vaguement irritante à mon oreille encore pleine de la bourrasque de vitalité et de force comique de la veille.

D'ailleurs Marja elle-même (« vieille et folle », d'après la jeune Galina) semblait posséder une seconde personnalité, bien distincte de sa personnalité officielle : car on l'avait vue la veille au soir, après le théâtre, buvant comme un trou et dansant comme une bacchante tard dans la nuit, lassant d'innombrables danseurs comme un cavalier furieux qui épuise sous lui cheval sur cheval.

La victoire et la paix furent fêtées d'une autre façon encore qui, indirectement, faillit me coûter assez cher. A la mi-mai eut lieu un match de football entre l'équipe de Katowice et une sélection italienne.

Il s'agissait en réalité d'une revanche : un premier match avait été disputé sans solennité particulière deux ou trois semaines auparavant et les Italiens l'avaient remporté haut la main contre un ramassis anonyme de mineurs polonais des faubourgs.

Mais pour la revanche les Polonais produisirent une équipe de premier ordre : le bruit courut que quelques joueurs, dont le gardien de but, étaient venus rien moins que de Varsovie, alors que nous Italiens, n'étions pas en mesure, hélas, d'en faire autant.

Cauchemardesque, ce portier. C'était un grand échalas, blond, au visage émacié, à la poitrine concave et aux gestes indolents d'apache. Il ne possédait absolument pas la détente, la contraction emphatique et l'excitation nerveuse requises par son emploi : il restait dans les buts avec une condescendance insolente, appuyé à un des montants comme s'il assistait seulement au jeu, avec un air à la fois offensé et offensant. Et pourtant, les rares fois où le ballon était lancé dans les buts par les Italiens, il était toujours sur la trajectoire, comme par hasard mais sans jamais faire de mouvement brusque : il étendait un bras immense, un seul, qui semblait sortir de son corps comme les cornes d'un escargot et en avoir les mêmes qualités invertébrées et adhésives. Et voilà que le ballon se collait solidement à son bras, perdant toute sa force vive : il glissait le long de son corps et de sa jambe jusqu'à terre. L'autre main, il n'en fit jamais usage : il la garda ostensiblement dans sa poche pendant tout le match.

Celui-ci se déroulait dans un champ périphérique assez éloigné de Bogucice et les Russes, pour cette occasion, avaient donné quartier libre à tout le camp. Il fut chaudement disputé non seulement entre les deux équipes mais entre celles-ci et l'arbitre : car l'arbitre, invité d'honneur, occupant la loge des autorités, directeur de jeu et vérificateur des lignes à la fois, était le capitaine de la NKVD, l'inconsistant inspecteur des cuisines. Désormais guéri à la perfection de sa fracture, il semblait suivre le jeu avec un intérêt intense mais de nature extra-sportive : avec un intérêt de nature mystérieuse, peut-être esthétique, peut-être métaphysique. Son comportement était irritant, exténuant même, du point de vue de nombreux spectateurs experts en la matière ; mais hilarant, digne d'un comique de grande classe.

Il interrompait le jeu continuellement, au hasard, avec des coups de sifflet impérieux et avec une prédilection sadique pour les moments où une action se déroulait devant les buts ; si les joueurs n'en tenaient pas compte (et ils cessèrent bien vite d'en tenir compte car les interruptions étaient trop fréquentes), il enjambait le rebord de la tribune de ses longues jambes bottées, se jetait dans la mêlée en sifflant comme un train et se démenait jusqu'au moment où il réussissait à s'emparer du ballon. Alors, parfois, il le prenait dans sa main, en le retournant dans tous les sens d'un air soupçonneux, comme s'il avait été une bombe ; parfois, avec des gestes impérieux, il le faisait déposer en un point déterminé du terrain, puis il s'avançait peu satisfait, le déplaçait de quelques centimètres, tournait longuement autour de lui d'un air méditatif, et enfin, rassuré par je ne sais quoi, faisait signe de reprendre le jeu. Parfois encore, quand il réussissait à avoir le ballon entre les pieds, il faisait éloigner tout le monde et le lançait dans les buts de toutes ses forces : puis il se tournait vers le public qui mugissait de rage et saluait longuement, serrant les mains au-dessus de sa tête comme un boxeur victorieux. C'était, au demeurant, un arbitre rigoureusement impartial.

Dans ces conditions, le match (que les Polonais à bon droit remportèrent) se traîna pendant deux heures encore, jusque vers six heures du soir ; et il aurait duré probablement jusqu'à la nuit si cela n'avait dépendu que du capitaine. Sans se soucier le moins du monde de l'heure il se comportait sur le terrain comme le maître après Dieu et semblait retirer de ses fonctions mal comprises de directeur de jeu, un plaisir fou et inépuisable. Mais vers le couchant, le ciel s'assombrit rapidement et quand les premières gouttes de pluie tombèrent, on siffla la fin du jeu.

En peu de temps la pluie devint déluge : Bogucice était loin, il n'y avait pas d'abris en chemin et nous retrouvâmes nos baraquements, trempés jusqu'aux os. Le jour suivant, j'allais mal, d'un mal qui resta longtemps mystérieux.

Je n'arrivais plus à respirer librement. Il semblait y avoir un arrêt dans un mouvement de mes poumons ; une douleur aiguë, un point profond, quelque part au-dessus de l'estomac, mais derrière, près du dos, m'empêchait de puiser de l'air au-delà d'une certaine limite. Et cette limite diminuait de jour en jour, d'heure en heure ; la ration d'air qui m'était accordée s'amenuisait avec une progression lente et constante qui me terrifiait. Le troisième jour, je ne pouvais plus bouger ; le quatrième, je gisais à plat dos sur mon lit, immobile, avec la respiration courte et fréquente des chiens accablés de chaleur.

LES RÊVEURS

Bien qu'il tentât de me dissimuler son embarras, Leonardo était dérouté et ma maladie l'inquiétait sérieusement. Son outillage se bornant à un stéthoscope, il semblait difficile d'établir un diagnostic, et il n'était ni aisé ni souhaitable d'obtenir des Russes mon admission à l'hôpital civil de Katowice. Quant au docteur Dantchenko, il n'y avait pas grand-chose à attendre de lui.

Je passai ainsi quelques jours allongé et immobile, n'avalant que quelques gorgées de bouillon car le moindre mouvement, la moindre bouchée de nourriture réveillaient des douleurs dont la rage me coupait le souffle. Après une semaine de cette immobilité tourmentée, Leonardo, à force de tambouriner sur ma poitrine et sur mon dos, réussit à découvrir un indice : c'était une pleurite sèche, sournoisement nichée entre les deux poumons, aux dépens du médiastin et du diaphragme.

Il fit alors plus que son devoir de médecin et se mua en marchand clandestin de médicaments, en contrebandier, avec l'aide efficace de Cesare. Il fit des dizaines et des dizaines de kilomètres à pied, d'un bout à l'autre de la ville, à la recherche de sulfamides et de calcium intraveineux. Pour ce qui est des médicaments, il n'eut pas grand succès : les sulfamides étaient rarissimes, on n'en trouvait qu'au marché noir, à des prix inaccessibles pour nous. Mais il découvrit mieux encore. Il dénicha à Katowice un mystérieux confrère qui disposait d'un cabinet aussi bien équipé que peu légal, d'une armoire à pharmacie, de beaucoup d'argent, de temps libre, et qui par-dessus le marché était italien ou quelque chose d'approchant.

Tout ce qui avait trait au docteur Gottlieb était, sans conteste, enveloppé d'un épais nuage de mystère. Il parlait parfaitement italien mais aussi bien l'allemand, le polonais, le hongrois et le russe. Il venait de Fiume, de Vienne, de Zagreb et d'Auschwitz. Il était bien passé par Auschwitz mais nous ne sûmes jamais à quel titre et dans quelles conditions : ce n'était pas un homme à qui il était facile de poser des questions. Et il n'était pas plus aisé de comprendre comment il avait pu survivre à Auschwitz car il avait un bras ankylosé ; pas plus qu'on ne pouvait imaginer par quels détours mystérieux, par quelle alchimie fantastique il avait réussi à garder avec lui un frère et un beau-frère non moins mystérieux, et à devenir en quelques mois, au sortir du camp, à la barbe des Russes et des lois, un homme aisé et le médecin le plus apprécié de Katowice.

C'était un personnage admirablement armé pour la vie. Il émanait de lui intelligence et astuce comme l'énergie émane du radium ; c'était la même continuité silencieuse et pénétrante ; ni effort ni répit, aucun signe d'épuisement, toutes les directions à la fois. Son habileté de médecin sautait aux yeux au premier contact avec lui. Cette excellence dans sa profession n'était-elle qu'un aspect, une facette de ses talents incomparables ou constituait-elle proprement son instrument de pénétration, son arme secrète pour amadouer ses ennemis, pour rendre vaines les interdictions, pour changer les non en oui ? Je ne pus jamais en décider, cela faisait partie aussi du nuage qui l'entourait et qui se déplaçait avec lui, nuage presque visible qui rendait énigmatiques son regard et ses traits et faisait soupçonner, derrière chaque acte, chaque phrase, chaque silence, une tactique, une technique, la poursuite d'un but imperceptible, tout un travail continuel et habile d'exploration, d'élaboration, d'insinuation et de possession.

Mais, tout orienté qu'il fût vers des buts pratiques, le tempérament du docteur Gottlieb n'avait rien d'inhumain. Il débordait à tel point de sûreté, d'habitude de la victoire, de confiance en soi qu'il en restait une belle ration à allouer au prochain plus mal loti, à nous en particulier, qui avions échappé comme lui au piège mortel du camp, circonstance à laquelle il se montrait étrangement sensible.

Gottlieb m'apporta la santé comme un thaumaturge. Il vint une première fois étudier mon cas, revint plusieurs fois muni de fioles et de seringues et me dit pour finir : « Lève-toi et marche. » La douleur avait disparu, je respirais librement ; j'étais encore faible et j'avais faim mais je pus me lever et marcher.

Toutefois je passai encore une vingtaine de jours alité. Je tuais mes journées interminables en lisant avidement les quelques livres dépareillés sur lesquels je réussissais à mettre la main : une grammaire anglaise en polonais, *Marie Walewska, le tendre amour de Napoléon*, un manuel de trigonométrie élémentaire, *Rouletabille à la rescousse, les Forçats de Cayenne* et un curieux roman de propagande nazie, *Die grosse Heimkehr* (« le Grand Rapatriement »), qui racontait le destin tragique d'un village de Galicie de pure race allemande molesté, mis à sac et finalement détruit par la féroce Pologne du maréchal Beck.

Ce n'était pas gai de rester enfermé quand l'air, au-dehors, n'était que printemps et que victoire, quand les bois proches chargeaient le vent d'odeurs stimulantes de mousse, d'herbe nouvelle, de champignons. Et c'était humiliant de dépendre de mes camarades pour les nécessités les plus élémentaires, pour retirer la nourriture du réfectoire, pour avoir de l'eau et même, les premiers jours, pour changer de position dans le lit.

Mes compagnons de chambrée étaient une vingtaine,

parmi lesquels Leonardo et Cesare. Mais le personnage de taille, le plus remarquable de tous était aussi le plus vieux, le Maure de Vérone. Il devait être issu d'une race tenacement liée à la terre car il s'appelait Avesani et il était de Avesa, le faubourg des lavandières de Vérone, célébré par Berto Barbarani[1]. Il avait plus de soixante-dix ans et on pouvait compter les années sur lui : c'était un grand vieillard parcheminé à l'ossature de dinosaure, bien cambré sur ses reins, encore doué d'une force de cheval, bien que l'âge et le travail eussent ôté toute souplesse à ses jointures noueuses. Son crâne chauve, noblement convexe, était entouré à la base par une couronne de cheveux blancs, mais son visage décharné et rugueux avait le teint olivâtre de la jaunisse et ses yeux incroyablement jaunes et veinés de sang étincelaient au fond d'arcades sourcilières énormes où ils s'enfonçaient comme des chiens féroces au fond de leur tanières.

Dans la poitrine, squelettique mais puissante, du Maure bouillait inlassablement une colère gigantesque et indéterminée, une colère insensée contre tout le monde, les Russes et les Allemands, l'Italie et les Italiens, Dieu et les hommes, une colère contre lui-même et contre nous, contre le jour quand il faisait jour et contre la nuit quand il faisait nuit, contre son destin et contre tous les destins, contre son métier qu'il avait pourtant dans le sang. Il était maçon : il avait posé des briques pendant cinquante ans en Italie, en Amérique, en France, puis de nouveau en Italie et enfin en Allemagne, et il avait scellé chaque brique avec des jurons. Il jurait sans discontinuer mais pas mécaniquement ; il jurait avec méthode et avec soin, en s'interrompant avec acrimonie pour chercher le mot juste, en se corrigeant souvent et en se démenant quand il ne trouvait pas le juron approprié : dans ces cas-là il jurait contre le juron qui ne lui venait pas.

1. Poète dialectal véronais (1872-1945). N.D.T.

Qu'il fût enfermé dans une démence sénile sans espoir, c'était évident : mais il y avait de la grandeur dans cette démence, de la force et une dignité barbare, la dignité humiliée des fauves en cage, celle qui rachète Capanée et Caliban.

Le Maure ne se levait presque jamais de son lit. Il y restait allongé toute la journée et ses deux énormes pieds osseux et jaunes dépassaient au point d'arriver au milieu de la chambrée ; à côté de lui il y avait un gros paquet informe qu'aucun de nous n'aurait jamais osé toucher. Il contenait, semblait-il, tout son bien sur terre ; sur le paquet, il y avait une lourde hache de bûcheron. Le Maure d'habitude fixait le vide de ses yeux injectés de sang et gardait le silence ; mais il suffisait de peu de chose, d'un bruit dans le couloir, d'une question qui lui était posée, d'un contact imprudent avec ses pieds encombrants, d'une douleur rhumatismale et sa poitrine profonde se soulevait comme la mer lorsque s'enfle la tempête, et le mécanisme blasphématoire se remettait en marche.

On le respectait et on le craignait, d'une crainte vaguement superstitieuse. Il n'y avait que Cesare qui l'approchât, avec la familiarité impertinente des oiseaux qui batifolent sur la croupe rugueuse des rhinocéros, et qui s'amusât à provoquer sa colère avec des demandes ineptes et inconvenantes.

À côté du Maure demeurait l'incapable Ferrari, le Ferrari des poux, le cancre à l'école des voleurs. Mais il n'était pas le seul de notre chambrée à être membre de la congrégation de San Vittore : elle avait des représentants notables en la personne de Trovati et de Cravero.

Trovati, Ambrogio Trovati, dit Coucher-de-soleil, n'avait pas plus de trente ans ; il était petit mais très souple et musclé. Coucher-de-soleil était un nom de guerre, nous avait-il expliqué : il en était fier et ce nom lui allait comme un gant parce que c'était un homme obnubilé, qui vivait d'expédients fantastiques, dans un état perpétuel de rébellion et de frustration. Il avait passé son adolescence et sa jeunesse entre la prison et le théâtre et on avait l'impression que les deux domaines n'étaient pas nettement séparés dans son esprit confus. L'emprisonnement en Allemagne devait lui avoir donné ensuite le coup de grâce.

Dans ses propos, le vrai, le possible et le fantastique se mêlaient de façon inextricable. Il parlait de la prison et du tribunal comme d'un théâtre où personne n'est vraiment soi-même mais joue, montre son habileté, entre dans la peau d'un autre, tient un rôle ; et le théâtre, à son tour, était un grand symbole obscur, un ténébreux instrument de perdition, la manifestation extérieure d'une secte mystérieuse, mauvaise et omniprésente qui commande aux dépens de tout le monde et qui vient chez vous, vous prend, vous met un masque, vous fait devenir ce que vous n'êtes pas et faire ce que vous ne voulez pas. Cette secte, c'est la Société : le grand ennemi contre lequel Coucher-de-soleil avait combattu depuis toujours, qui l'avait toujours battu mais contre lequel il revenait chaque fois héroïquement à la charge.

C'était la Société qui était venue le chercher, le mettre au défi. Lui, il vivait dans l'innocence, dans le Paradis terrestre : il était coiffeur, établi à son compte et il avait eu des visites. Deux messagers étaient venus le tenter, lui faire la proposition diabolique de vendre sa boutique et de se consacrer à l'art. Ils connaissaient bien son point faible ; ils l'avaient flatté, avaient loué son physique, sa voix, l'expression et la mobilité de son visage. Il avait résisté deux, trois fois puis il avait cédé et, muni de l'adresse d'un studio, il avait couru Milan. Mais l'adresse était fausse, on le renvoyait de porte en porte jusqu'au moment où il avait éventé la conspiration. Les deux messagers, dans l'ombre, l'avaient suivi avec une caméra, avaient dérobé toutes ses paroles et ses gestes de déception et en avaient fait ainsi un acteur à son insu. Ils lui avaient volé son image, son ombre, son âme. C'étaient eux qui l'avaient plongé dans les ténèbres et l'avaient baptisé Coucher-de-soleil.

Plus rien à faire pour lui : il était entre leurs mains. Le magasin vendu, pas de contrats, peu d'argent, un petit rôle de temps à autre, de menus larcins pour tenir le coup. Et en fin de compte sa grande épopée : le crime grapuleux (*sic*). Il avait rencontré dans la rue un de ses séducteurs et il lui avait donné un coup de couteau : on l'avait accusé de crime grapuleux et on l'avait traîné devant le tribunal. Mais il n'avait pas voulu d'avocat, persuadé que le monde entier, jusqu'au dernier des hommes, était contre lui. Pourtant il avait été si éloquent, il avait si bien exposé ses raisons que la Cour l'avait relaxé aussitôt avec une grande ovation, au milieu des larmes de l'assistance.

Ce procès légendaire était au centre de la mémoire nébuleuse de Trovati ; il le revivait à chaque instant de la journée, il n'avait que lui à la bouche, et souvent, le soir après manger, il nous obligeait tous à nous plier à ses désirs et à répéter son procès dans une sorte de représentation sacrée. Il distribuait les rôles de façon péremptoire : tu feras le président, toi le ministère public, vous les jurés, toi le greffier, vous autres le public. Mais le prévenu, et du même coup l'avocat de la défense, était toujours lui, lui seul, et quand, à chaque représentation, venait le moment de son discours-fleuve, il commençait par expliquer, en un rapide aparté, qu'il y a crime grapuleux quand on plante son couteau, non pas dans la poitrine ou dans le ventre, mais dans le gras, entre le cœur et l'aisselle, et dans ce cas, c'est moins grave.

Il parlait sans s'interrompre, passionnément, une heure d'affilée, en essuyant sur son front une sueur véritable. Puis, jetant d'un geste ample sur son épaule gauche une toge inexistante, il concluait : « Allez, allez, serpents, déposer votre venin ! »

Le troisième pensionnaire de San Vittore, le Turinois Cravero, était au contraire un parfait bandit, sans faille ni nuance, comme on en trouve rarement, une sorte de concrétisation humaine des hypothèses abstraites du code pénal. Il connaissait bien toutes les prisons d'Italie, et il avait vécu en Italie (il ne craignait pas de l'avouer, il s'en vantait, même) de vols, de rapines, de proxénétisme. Avec de tels dons, il avait trouvé facilement à s'établir en Allemagne : il n'avait travaillé qu'un mois avec l'organisation Todt à Berlin, puis il avait disparu, facilement absorbé par le « milieu » local.

Après deux ou trois tentatives, il avait trouvé la veuve qu'il lui fallait. Il l'aidait de toute son expérience, lui procurait des clients, s'occupait de la partie financière dans les cas litigieux, allant jusqu'au coup de couteau s'il le fallait ; elle l'hébergeait. Dans cette maison, malgré les difficultés linguistiques et certaines habitudes curieuses de sa protégée, il se trouvait parfaitement à son aise.

Quand les Russes étaient arrivés aux portes de Berlin, Cravero, qui n'aimait pas le tumulte, avait levé l'ancre, laissant tomber la femme qui sanglotait. Mais leur avancée rapide ne l'en avait pas moins rejoint, et de camp en camp il avait échoué à Katowice, mais pas pour longtemps. Ce fut le premier Italien à tenter de regagner sa patrie par ses propres moyens. Accoutumé à vivre hors la loi, il ne s'inquiétait guère des frontières qu'il lui faudrait traverser sans papiers d'identité, des quinze cents kilomètres qu'il lui faudrait faire sans argent.

Comme il se dirigeait vers Turin, il s'offrit aimablement à porter une lettre chez moi. J'acceptai un peu à la légère, comme on le vit par la suite. J'acceptai parce que j'étais malade, parce que je fais naturellement confiance à mon prochain et parce que Marja Fjodorovna, quand je lui avais demandé d'écrire à ma place une lettre pour les pays occidentaux, était devenue toute pâle et avait changé de sujet.

Cravero, parti de Katowice à la mi-mai, arriva à Turin dans le temps-record d'un mois, en se faufilant comme une anguille à travers d'innombrables postes de garde. Il rechercha ma mère, lui remit la lettre (unique signe de vie à parvenir à ma famille dans ces neuf mois), et il lui apprit confidentiellement que mon état de santé était alarmant : naturellement je n'en parlais pas dans la lettre mais j'étais seul, malade, abandonné de tous, sans argent, j'avais besoin d'une aide immédiate ; selon lui, il était indispensable de prendre des mesures sans tarder. Bien sûr, la chose n'était pas facile : mais il se mettait, lui Cravero qui m'aimait comme un frère, à la disposition de ma famille. Si ma mère lui remettait deux cent mille lires, il me ramènerait sain et sauf chez moi, deux ou trois semaines plus tard. Et même si la demoiselle (ma sœur, qui assistait à l'entretien) voulait l'accompagner...

Il faut dire, à la louange de ma mère et de ma sœur, qu'elles n'accordèrent pas tout de suite leur confiance au messager. Elles le renvoyèrent, en le priant de repasser dans quelques jours, car la somme demandée n'était pas disponible. Cravero descendit l'escalier, vola la bicyclette de ma sœur qui était dans l'entrée et disparut. Il m'écrivit deux ans plus tard, pour Noël, une carte de vœux affectueuse en provenance des Nouvelles Prisons de Turin.

Les soirs où Coucher-de-soleil nous épargnait la reconstitution de son procès, la scène était souvent occupée par Monsieur Unverdorben.

Ce nom étrange et beau[1] appartenait à un petit homme débonnaire et susceptible originaire de Trieste, Monsieur Unverdorben, d'un certain âge, qui ne répondait pas quand on ne l'appelait pas « Monsieur » et exigeait qu'on s'adressât à lui à la troisième personne de politesse. Il avait eu une longue existence aventureuse, à double face, et comme le Maure ou Coucher-de-soleil, il était prisonnier d'un rêve, pour ne pas dire de deux.

1. Il signifie « incorruptible » en allemand. N.D.T.

Il avait miraculeusement réchappé au camp de Birkenau et il en avait rapporté un horrible phlegmon à un pied. Incapable de marcher, c'était le plus assidu et le plus courtois de tous ceux qui m'offrirent leur compagnie et leur assistance durant ma maladie. Il était de plus très bavard, et, n'était qu'il se répétait souvent comme le font les vieillards, ses confidences auraient pu constituer à elles seules un roman. C'était un musicien, un grand musicien incompris, un compositeur et un chef d'orchestre. Il avait composé un opéra, *La Reine de Navarre*, qui avait été loué par Toscanini, mais le manuscrit était resté inédit dans un tiroir, car ses ennemis, à force de passer à la loupe son œuvre, avec une patience innommable, avaient fini par découvrir que l'on retrouvait telles quelles dans *Paillasse* quatre mesures de la partition. Il était de bonne foi, cela ne faisait aucun doute, mais il y a des choses sur lesquelles la loi ne plaisante pas. Trois mesures oui, quatre non. Quatre mesures constituent un plagiat. Monsieur Unverdorben était trop distingué pour se souiller les mains avec des avocats et des procès ; il avait fait virilement ses adieux à l'art et il avait trouvé une nouvelle existence en tant que cuisinier à bord d'un transatlantique.

Il avait ainsi voyagé et vu des choses que personne d'autre n'avait vues. Il avait vu surtout des animaux et des plantes extraordinaires et découvert beaucoup de secrets de la nature. Il avait vu les crocodiles du Gange qui n'ont qu'un seul os rigide qui va de la pointe du nez à la queue, sont très féroces et courent comme le vent ; mais à cause justement de leur structure singulière, ils ne peuvent se déplacer que vers l'avant ou vers l'arrière, comme un train sur des rails ; il suffit donc de se placer de côté, même à très peu d'écart de cette ligne droite pour être en sûreté. Il avait vu les chacals du Nil qui boivent en courant pour ne pas être mordus par les poissons : la nuit, leurs yeux brillent comme des lanternes et ils chantent d'une voix rauque et humaine. Il avait vu également les « capuchons » de Malaisie qui ressemblent aux choux de nos pays mais en beaucoup plus gros : il suffit de toucher du doigt une de leurs feuilles et l'on ne réussit plus à s'en dépêtrer : la main puis le bras, puis le corps tout entier de l'imprudent sont attirés lentement mais irrésistiblement vers le cœur monstrueux de la plante carnivore et petit à petit digérés. L'unique remède, que presque personne ne connaît, c'est le feu mais il faut agir vite : il suffit de craquer une allumette sous la feuille qui a saisi la proie pour que la plante perde de sa vigueur. De cette façon, grâce à sa promptitude et à ses connaissances d'histoire naturelle, Monsieur Unverdorben avait sauvé d'une mort certaine le capitaine de son navire. Il y a aussi des petits serpents noirs qui vivent enfouis dans les sables désolés d'Australie et qui se précipitent sur l'homme de loin, dans les airs, comme des balles de fusil : une de leurs morsures suffit à faire tomber à la renverse un taureau. Mais tout se relie dans la nature, il n'y a pas d'offense contre laquelle il n'y ait de défense, tout poison a son antidote : il suffit de le connaître. On guérit vite de la morsure de ces reptiles si on est soigné avec de la salive humaine ; mais pas avec celle de la victime. C'est pourquoi, dans ces pays, personne ne voyage jamais seul.

Durant les interminables soirées polonaises, l'air de la chambrée, lourd de tabac et d'odeurs humaines, se chargeait de rêves insensés. C'est là le résultat le plus immédiat de l'exil, du déracinement : la prédominance de l'irréel sur le réel. Tous faisaient des rêves de passé et d'avenir, d'esclavage et de rédemption, de paradis invraisemblables, d'ennemis mythiques, cosmiques, pervers et subtils qui envahissent tout, comme l'air. Tous, sauf peut-être Cravero et certainement d'Agata.

D'Agata n'avait pas le temps de rêver parce qu'il était obsédé par la terreur des punaises. Cette compagnie incommode ne plaisait à personne, naturellement ; mais tous avaient fini par s'y habituer. Elles n'étaient ni rares ni isolées, mais avec le printemps elles étaient arrivées en rangs serrés et avaient envahi nos paillasses. Pendant la journée elles se nichaient dans les fissures des murs et dans les montants des lits, et elles commençaient leur sarabande dès que cessait l'agitation du jour. Nous nous étions résignés bon gré mal gré à leur céder une portion de notre sang : il était plus difficile de s'habituer à les sentir courir furtivement sur le visage et sur le corps, sous les vêtements. Elles ne laissaient dormir tranquilles que ceux qui avaient la chance de jouir d'un sommeil de plomb et qui réussissaient à sombrer dans l'inconscience avant leur réveil.

D'Agata, un maçon sicilien minuscule, sobre, réservé, extrêmement propre, avait fini par dormir le jour et passer ses nuits juché sur son lit, regardant autour de lui avec des yeux dilatés par l'horreur, la veille et l'attention frénétique. Il tenait serré dans sa main un outil rudimentaire qu'il avait fabriqué lui-même avec un bâton et un morceau de grillage et le mur à côté de lui était constellé de répugnantes taches de sang.

Au début, on s'était moqué de lui : il avait peut-être la peau plus fine que nous ? Puis la pitié l'avait emporté, mêlée à une ombre d'envie ; car, de nous tous, d'Agata était le seul dont l'ennemi fût concret, présent, tangible, susceptible d'être combattu, atteint, écrasé contre un mur.

VERS LE SUD

J'avais marché pendant des heures dans l'air merveilleux du matin, l'aspirant comme un médicament jusqu'au fond de mes poumons délabrés. Je n'étais pas très assuré sur mes jambes mais je sentais un besoin impérieux de reprendre possession de mon corps, de rétablir le contact, rompu depuis presque deux ans, avec les arbres, l'herbe et la lourde terre brune où l'on sentait frémir les germes de vie, avec le souffle puissant qui charriait le pollen des sapins, de vague en vague, des Carpates jusqu'aux rues noires de la cité minière.

Depuis une semaine j'explorais donc les environs de Katowice. Dans mes veines coulait la douce faiblesse de la convalescence. Dans mes veines coulaient également ces jours-là de bonnes doses d'insuline ; elle m'avait été prescrite, trouvée, achetée grâce aux efforts conjugués de Leonardo et de Gottlieb. Tandis que je marchais, l'insuline accomplissait en silence son office prodigieux : elle partait avec le sang à la recherche de sucre, en assurait diligemment la combustion et la transformation en énergie, le détournant d'autres destins moins appropriés. Mais le sucre qu'elle trouvait n'était pas énorme : tout à coup dramatiquement, presque toujours à la même heure, les réserves s'épuisaient : alors mes jambes pliaient sous moi, tout devenait noir et j'était obligé de m'asseoir par terre là où je me trouvais, glacé et terrassé par un furieux accès de faim. Alors venaient à mon secours les dons de ma troisième protectrice, Marja Fjodorovna Prima : je tirais de ma poche un paquet de glucose et je l'avalais goulûment. Quelques minutes plus tard, la lumière revenait, le soleil commençait à être chaud et je pouvais reprendre mon chemin.

En revenant au camp ce matin-là, j'y trouvai un spectacle inhabituel. Au milieu de la grande place se tenait le capitaine Egorov, entouré d'une foule dense d'Italiens. Il avait à la main un gros revolver à barillet qui ne lui servait que pour souligner avec d'amples gestes les passages saillants du discours qu'il était en train de faire. On ne comprenait pas grand-chose à son discours. Essentiellement deux mots qu'il répétait souvent mais ces deux mots étaient deux messages célestes : *ripatriatsja* et *Odjessa.*

Le rapatriement, via Odessa, donc le retour. Le camp tout entier perdit instantanément la tête. Le capitaine Egorov fut soulevé du sol avec son pistolet et porté précairement en triomphe. Certains rugissaient : « A la maison ! A la maison ! » dans les couloirs, d'autres pliaient bagage en faisant le plus de bruit qu'ils pouvaient, en précipitant par la fenêtre des chiffons, de vieux papiers, de vieilles chaussures, toute une friperie. En quelques heures le camp se vida sous le regard olympien des Russes ; qui allait en ville prendre congé de sa petite amie, qui faire la bringue, qui dépenser ses derniers zlotys en provisions de bouche pour le voyage ou dans des acquisitions plus futiles.

C'est dans cette intention que nous descendîmes à Katowice, Cesare et moi-même, emportant dans nos poches toutes nos économies et celles de cinq ou six de nos camarades. Qu'allions-nous trouver à la frontière ? Nous l'ignorions, mais d'après ce que nous avions vu des Russes et de leurs façons d'agir, il nous semblait improbable que des changeurs nous y attendent. C'est pourquoi notre bon sens et notre allégresse nous conseillaient de dépenser jusqu'au dernier zloty la modeste somme dont nous disposions, de tout claquer, en organisant par exemple un grand repas à l'italienne, à base de spaghettis au beurre dont nous étions privés depuis des temps immémoriaux.

Nous entrâmes dans un magasin d'alimentation, nous étalâmes sur le comptoir toute notre fortune et nous expliquâmes de notre mieux à la boutiquière nos intentions. Je lui dis comme d'habitude que je parlais allemand mais que je n'étais pas allemand ; que nous étions des Italiens en partance, que nous voulions acheter des spaghettis, du beurre, du sel, des œufs, des fraises et du sucre dans les meilleures proportions et pour un total de soixante-trois zlotys, pas un de plus, pas un de moins.

La boutiquière était une petite vieille toute ridée, à l'air grincheux et méfiant. Elle nous regarda attentivement à travers ses lunettes d'écaille puis elle nous déclara tout net, en excellent allemand, que d'après elle nous n'étions absolument pas Italiens. D'abord nous parlions allemand, même si nous le parlions mal ; ensuite et surtout, les Italiens ont les cheveux noirs et les yeux passionnés et nous n'avions ni les uns ni les autres. Tout au plus, pouvait-elle nous accorder d'être croates : oui, plus elle y pensait, elle avait justement rencontré des Croates qui nous ressemblaient. Nous étions croates, la chose ne faisait pas de doute.

J'étais assez énervé et je lui dis avec brusquerie que nous étions Italiens, que cela lui plaise ou non ; juifs italiens, l'un de Rome et l'autre de Turin, que nous revenions d'Auschwitz et que nous retournions chez nous, que nous voulions acheter de la marchandise et la payer et ne pas perdre notre temps en fariboles.

Juifs d'Auschwitz ? Le regard de la vieille s'amadoua, ses rides mêmes semblèrent se détendre. Alors c'était une autre question. Elle nous fit passer dans son arrière-boutique, nous offrit deux verres de bière authentique et, sans tarder, nous raconta avec orgueil sa fabuleuse histoire : son épopée, si proche dans le temps mais déjà amplement transfigurée en une chanson de geste, affinée et polie par d'innombrables répétitions.

Elle connaissait Auschwitz et tout ce qui s'y rapportait l'intéressait, parce qu'elle avait failli y aller. Elle n'était pas polonaise mais allemande. En son temps, elle tenait une boutique à Berlin avec son mari. Hitler ne leur avait jamais plu et peut-être avaient-ils été imprudents en laissant transpirer dans leur voisinage ces opinions singulières : en 1935 son mari avait été emmené par la Gestapo et elle n'en avait plus jamais entendu parler. Cela avait été une grande douleur, mais il fallait bien manger et elle avait continué son commerce jusqu'en 1938, date à laquelle Hitler, *der Lump* [1], avait fait à la radio le fameux discours où il déclarait qu'il voulait faire la guerre.

Alors elle s'était indignée et lui avait écrit. Elle lui avait écrit personnellement, « A Monsieur Adolf Hitler, Chancelier du Reich, Berlin », en lui envoyant une longue lettre dans laquelle elle lui conseillait fermement de ne pas faire la guerre car trop de gens mourraient, et en outre elle lui démontrait que s'il la faisait il la perdrait, car l'Allemagne ne pouvait pas vaincre le monde entier, et que même un enfant comprendrait ça. Elle avait signé avec nom, prénom et adresse : puis elle avait attendu.

Cinq jours plus tard, les chemises brunes étaient venues et sous le prétexte de faire une perquisition ils avaient saccagé et mis sens dessus dessous la maison et la boutique. Qu'avaient-ils trouvé ? Rien, elle ne faisait pas de politique : rien que la minute de la lettre. Deux semaines plus tard, elle avait été convoquée par la Gestapo. Elle pensait qu'on la battrait et qu'on l'expédierait dans un camp : mais on l'avait traitée avec un mépris grossier, on lui avait dit qu'on aurait dû la pendre mais qu'elle n'était qu'*eine alte blöde Ziege,*

1. « Le gueux ». N.D.T.

une « vieille bique stupide » et qu'on n'allait pas gaspiller de la corde pour elle. Aussi l'avait-on privée de sa licence puis expulsée de Berlin.

Elle avait vivoté en Silésie de marché noir et d'expédients, jusqu'à ce que, selon ses prévisions, les Allemands eussent perdu la guerre. Alors, comme tout le voisinage savait ce qu'elle avait fait, les autorités polonaises n'avaient pas tardé à lui accorder une licence pour un magasin d'alimentation. C'est ainsi qu'elle vivait en paix, fortifiée par la pensée que le monde aurait été bien meilleur si les grands de la terre avaient suivi ses conseils.

La veille du départ, Leonardo et moi-même remîmes les clés du dispensaire et prîmes congé de Marja Fjodorovna et du docteur Dantchenko. Marja était silencieuse et triste ; je lui demandai pourquoi elle ne nous accompagnerait pas en Italie, ce qui la fit rougir comme si je lui avais fait une proposition déshonnête. Dantchenko arriva sur ces entrefaites : il portait une bouteille d'alcool et deux feuilles de papier. Nous pensâmes tout d'abord que l'alcool était sa contribution personnelle aux médicaments alloués pour notre voyage ; mais non, c'était pour porter des toasts d'adieu, ce que nous fîmes cérémonieusement.

Et les feuilles de papier ? Nous apprîmes avec stupéfaction que le Commandement attendait de nous deux déclarations de remerciements pour l'humanité et la correction avec lesquelles nous avions été traités à Katowice ; Dantchenko nous pria en outre de faire mention explicitement de sa personne et de son action et de signer en ajoutant à notre nom la qualité de « Docteur en médecine ». Ça, Leonardo avait le droit de le faire et il le fit ; mais dans mon cas, il s'agissait d'un faux. J'étais perplexe et j'essayai de le faire comprendre à Dantchenko ; mais il s'étonna de mon formalisme et désignant la feuille d'un doigt impérieux il me dit avec irritation de ne pas faire d'histoires. Je signai comme il le désirait : pourquoi ne pas lui rendre ce petit service pour sa carrière ?

Mais la cérémonie n'était pas terminée. A son tour Dantchenko sortit deux certificats écrits à la main en belle ronde sur deux morceaux de papier à carreaux, arrachés de toute évidence à un cahier d'écolier. Dans celui qui m'était destiné, on déclarait avec une désinvolte générosité que « Le Docteur en médecine Primo Levi, de Turin, a, pendant quatre mois, prêté son concours habile et diligent auprès de l'infirmerie de ce Commandement et de telle façon qu'il a mérité la reconnaissance de tous les travailleurs du monde. »

Le jour suivant, notre rêve de toujours était devenu réalité. A la gare de Katowice le train nous attendait, un long train de marchandises dont nous, les Italiens (nous étions huit cents environ), prîmes possession au milieu d'une joie bruyante. Odessa ; et puis un voyage fantastique par mer à travers les portes de l'Orient ; et puis, l'Italie.

La perspective de parcourir des centaines de kilomètres dans ces wagons disloqués, en dormant à même le plancher, ne nous préoccupait pas le moins du monde, pas plus que ne nous préoccupaient les stocks alimentaires dérisoires dont les Russes nous avaient munis : un peu de pain et une boîte de margarine de soja pour chaque wagon. C'était une margarine d'origine américaine, fortement salée et dure comme du parmesan : elle était évidemment destinée à des climats tropicaux, et il était difficile d'imaginer par quels détours elle avait échoué entre nos mains. Le reste, nous assurèrent les Russes avec leur négligence habituelle, nous serait distribué au cours du voyage.

Ce train chargé d'espoir partit à la mi-juin de 1945. Il n'y avait aucune escorte, aucun Russe à bord : le responsable du convoi était le docteur Gottlieb, qui s'était joint à nous spontanément et cumulait en sa personne les fonctions d'interprète, de médecin et de consul de la communauté itinérante. Nous nous sentions en de bonnes mains, protégés des doutes et des incertitudes : à Odessa un bateau nous attendait.

Le voyage dura six jours et si au cours de celui-ci nous ne fûmes pas poussés par la faim à la mendicité ou au banditisme, le mérite en revient exclusivement au docteur Gottlieb. Aussitôt après le départ il était apparu clairement que les Russes nous avaient lancés dans ce voyage sans prendre aucune mesure, sans passer aucun accord avec leurs collègues d'Odessa et ceux des étapes intermédiaires. Quand notre convoi s'arrêtait dans une gare (et il s'arrêtait souvent et longtemps car le trafic régulier et les transports militaires avaient la priorité), personne ne savait que faire de nous. Les chefs de gare et les responsables de l'étape nous voyaient arriver avec stupeur et désolation, anxieux à leur tour de se débarrasser de notre présence gênante.

Mais Gottlieb était là, tranchant comme une épée ; il n'y avait pas de nœud bureaucratique, d'obstacle, de négligence, d'obstination de fonctionnaire qu'il ne réussît à culbuter, en quelques minutes, chaque fois d'une façon différente. Toutes les difficultés fondaient comme neige au soleil devant sa hardiesse, sa haute fantaisie, sa promptitude de spadassin. De toutes ses rencontres avec le monstre aux mille visages qui se cache partout où il y a des formulaires et des circulaires, il revenait, radieux de sa victoire comme un saint Georges après son duel avec le dragon et il nous en racontait les rapides péripéties, trop conscient de sa supériorité pour s'en vanter.

Le responsable de l'étape, par exemple, avait exigé notre feuille de route qui, notoirement, n'existait pas ; il lui avait dit qu'il allait la chercher, était entré dans la cabine du télégraphe tout à côté et il en avait fabriqué une sur-le-champ, rédigée dans le plus vraisemblable des jargons bureaucratiques sur une feuille de papier quelconque qu'il avait constellée de cachets, de timbres et de signatures illisibles, au point de la rendre sainte et vénérable comme une émanation authentique du Pouvoir. Ou bien encore, il s'était présenté au bureau d'une Kommandantur et il avait fait savoir respectueusement que huit cents Italiens étaient arrivés à la gare et qu'ils n'avaient rien à manger. Le fourrier avait répondu *nitchevo*, que le magasin était vide, qu'il fallait une autorisation, qu'on s'en occuperait le lendemain, et il avait essayé maladroitement de le mettre à la porte comme un quelconque quémandeur importun ; mais lui avait souri et lui avait dit : « Camarade, tu n'as pas bien compris. Ces Italiens *doivent* manger, et aujourd'hui même. C'est Staline qui le veut. » Et les vivres étaient arrivés comme par enchantement.

Mais pour moi ce voyage ne fut qu'une très douloureuse épreuve. Je devais être guéri de la pleurite, mais mon corps semblait s'être rebellé ouvertement et faire fi des médecins et des médicaments. Chaque nuit, durant mon sommeil, furtivement, la fièvre m'envahissait : une fièvre intense, de nature inconnue qui atteignait son maximum vers le matin. Je me réveillais prostré, à demi conscient et avec un poignet, un coude ou un genou traversé de douleurs lancinantes. Je gisais ainsi, sur le plancher du wagon ou sur le ciment des quais, en proie au délire et à la douleur jusque vers midi : puis, en quelques heures, tout rentrait dans l'ordre et vers le soir, je me sentais dans un état presque normal. Leonardo et Gottlieb me regardaient perplexes et impuissants.

Le train traversait des plaines cultivées, des villes et des villages sombres, des forêts touffues et sauvages que je croyais disparues depuis des millénaires du cœur de l'Europe : des conifères et des bouleaux tellement épais que, pour atteindre la lumière du soleil, par la concurrence réciproque qu'ils se faisaient, ils étaient obligés de hisser désespérément leurs têtes, dans un mouvement vertical qui oppressait. Le train se frayait un chemin comme sous un tunnel, au travers d'une pénombre vert-noir, au milieu des troncs nus et lisses, sous la voûte très haute et continue de l'enchevêtrement des branches. Rzeszow, Przemysl aux inquiétantes fortifications, Lvov.

A Lvov, ville-squelette, bouleversée par les bombardements et la guerre, le train fit étape lors d'une nuit de déluge. Le toit de notre wagon n'était pas étanche : il nous fallut descendre et chercher un abri. Avec quelques autres, nous ne trouvâmes rien de mieux que le passage souterrain de la gare : obscurité, deux doigts de boue et des courants d'air terribles. Mais à minuit, la fièvre fut fidèle au rendez-vous et vint m'apporter, par un charitable coup de massue sur la tête, le bienfait ambigu de l'inconscience.

Ternopol, Proskurov. A Proskurov le train arriva au coucher du soleil, la locomotive fut détachée et Gottlieb nous assura que nous ne partirions pas avant le lendemain. Nous nous disposâmes donc à passer la nuit dans la gare. La salle d'attente était très vaste : Cesare, Leonardo, Daniele et moi-même nous installâmes dans un coin, Cesare partit pour le village en qualité d'attaché au ravitaillement et revint peu après avec des œufs, de la salade et un paquet de thé.

Nous fîmes du feu par terre : nous n'étions ni les seuls ni les premiers : la salle était jonchée des restes d'innombrables bivouacs des gens qui nous avaient précédés, le plafond et les murs étaient enfumés comme ceux d'une vieille cuisine. Cesare fit cuire les œufs et prépara un thé abondant et sucré.

Or, ce thé était beaucoup moins innocent que celui de chez nous, ou bien Cesare s'était trompé dans les proportions car, en peu de temps, toute velléité de sommeil ou de lassitude nous quitta et nous nous sentîmes en revanche ragaillardis, dans un état inhabituel de gaieté, d'hilarité, de force, de lucidité, de sensibilité. C'est pourquoi, chaque fait, chaque mot de cette nuit est resté gravé dans ma mémoire et je peux les raconter comme s'ils étaient d'hier.

La lumière du jour s'évanouissait avec une extrême

lenteur, d'abord rosée puis violette, puis grise ; puis vint la splendeur argentée d'un tiède clair de lune. A côté de nous qui fumions et discourions avec entrain, deux jeunes filles vêtues de noir, très jeunes, étaient assises sur une caisse en bois. Elles parlaient entre elles : pas en russe mais en yiddish.

— Tu comprends ce qu'elles racontent ? demanda Cesare.

— Quelques mots.

— Alors vas-y, attaque. Vois si elles sont d'accord.

Cette nuit-là, tout me semblait facile, même de comprendre le yiddish. Avec une audace inhabituelle, je me tournai vers les jeunes filles, je les saluai et m'efforçant d'imiter leur prononciation, je leur demandai en allemand si elles étaient juives et je leur déclarai que nous quatre aussi nous l'étions. Les jeunes filles (elles avaient peut-être seize ou dix-huit ans) éclatèrent de rire : *« Ihr sprech keyn yiddish : ihr seyd ja keyne Jiden ! »* « Vous ne parlez pas yiddish : donc vous n'êtes pas juifs ! » Dans leur langage, la phrase équivalait à un raisonnement rigoureux.

Et pourtant nous étions vraiment juifs, expliquai-je. Juifs italiens ; les juifs, en Italie et dans toute l'Europe occidentale, ne parlent pas yiddish.

C'était pour elles une grande nouveauté, une curiosité comique, comme si quelqu'un affirmait qu'il y avait des Français qui ne parlaient pas français. Je me mis à leur réciter le début du *Shemà*, la prière israélite fondamentale : leur incrédulité s'atténua tandis que leur gaieté allait croissant. Qui avait jamais entendu prononcer l'hébreu d'une façon aussi ridicule ?

L'aînée s'appelait Sore : elle avait un petit visage vif et malicieux, plein de rondeurs et de fossettes asymétriques. Notre claudicante et épuisante conversation semblait lui procurer un plaisir piquant qui la stimulait agréablement.

Mais alors, si nous étions juifs, tous ceux-là l'étaient aussi, me dit-elle, en me montrant d'un geste circulaire les huit cents Italiens qui encombraient la salle. Quelle différence y avait-il entre eux et nous ? Même langue, mêmes visages, mêmes vêtements. Non, lui expliquai-je ; ceux-là étaient des chrétiens, ils venaient de Gênes, de Naples, de la Sicile : quelques-uns d'entre eux avaient peut-être du sang arabe dans les veines. Sore regardait autour d'elle, perplexe : c'était une belle pagaille. Dans son pays, les choses étaient plus simples : un juif est un juif et un Russe un Russe, il n'y a pas de doute ni d'ambiguïté.

Elles étaient toutes deux évacuées, me raconta-t-elle. Elles étaient de Minsk, en Russie blanche ; quand les Allemands s'étaient approchés, leur famille avait demandé à être déplacée à l'intérieur de l'Union Soviétique, pour échapper aux massacres des *Einsatzkommandos* d'Eichmann. Leur requête avait été exaucée à la lettre : ils avaient tous été expédiés à quatre mille kilomètres de là, à Samarcande, dans l'Ousbekistan, aux portes du Toit du Monde, en face de montagnes de sept mille mètres de haut. Sa sœur et elle étaient encore enfants : puis leur mère était morte et leur père avait été mobilisé pour je ne sais quelle besogne, à la frontière. Elles avaient appris toutes deux l'ousbek et bien d'autres choses fondamentales : à vivre au jour le jour, à voyager à travers les continents avec une valise pour deux, bref, à vivre comme les oiseaux du ciel qui ne filent ni ne tissent et ne se préoccupent pas du lendemain.

Telles étaient Sore et sa sœur silencieuse. Comme nous sur le chemin du retour, elles avaient quitté Samarcande en mars et s'étaient mises en route comme une plume qui s'abandonne au vent. Elles avaient parcouru, en partie en autocar et en partie à pied, le Kara koum, le Désert des Sables Noirs : elles étaient arrivées en train à Krasnovodsk sur la mer Caspienne et là elles avaient attendu jusqu'à ce qu'un bateau de pêche les eût passées à Bakou. De Bakou, elles avaient continué, toujours avec des moyens de fortune, car elles n'avaient pas d'argent mais une confiance illimitée en l'avenir et dans leur prochain et, de nature, un amour intact pour la vie.

Autour de nous, tout le monde dormait : Cesare assistait avec impatience à la conversation, me demandant de temps en temps si les préliminaires étaient terminés et si on arrivait au vif du sujet ; puis, déçu, il s'en alla dehors, en quête d'aventures plus concrètes.

La paix de la salle d'attente et le récit des deux sœurs furent brusquement interrompus vers minuit. Une porte s'ouvrit, brutale, comme sous l'effet d'un violent courant d'air. Sur le seuil apparut un soldat russe, tout jeune, ivre : il regarda autour de lui avec un regard vague puis il partit devant lui, tête basse, avec des écarts effrayants comme si tout à coup le sol s'était fortement incliné sous lui. Dans le couloir il y avait trois officiers soviétiques, debout, en grande conversation. Le jeune soldat, arrivé à leur hauteur, freina, se raidit dans un garde-à-vous, fit le salut militaire ; les trois répondirent dignement à son salut. Puis il repartit en demi-cercles comme un patineur, s'engouffra de justesse dans la porte qui ouvrait sur l'extérieur, et on l'entendit vomir et hoqueter bruyamment sur le quai. Il rentra d'un pas un peu moins incertain, salua à nouveau les trois officiers, impassibles, et disparut. Un quart d'heure après, la même scène se répéta, comme dans un cauchemar : entrée dramatique, pause, salut, trajet hâtif et mal assuré parmi les jambes des dormeurs vers le grand air, décharge, retour, salut : et ainsi de suite, à intervalles réguliers sans que jamais les trois lui accordent plus qu'un coup d'œil distrait et un salut correct, la main à la visière.

Ainsi se passa cette nuit mémorable jusqu'à ce que la fièvre me terrassât de nouveau : alors je m'allongeai par terre, parcouru de frissons. Gottlieb arriva avec un remède inhabituel : un demi-litre de vodka sauvage distillée clandestinement, qu'il avait achetée chez des paysans des environs : ça sentait le moisi, le vinaigre et le feu. « Bois, me dit-il, bois tout. Cela te fera du bien et d'ailleurs nous n'avons rien d'autre ici pour te soigner. »

Je bus non sans effort le philtre infernal et brûlant et bientôt je sombrai dans le néant. Quand je me réveillai le lendemain matin, je sentis peser sur moi un grand poids mais ce n'était ni la fièvre ni un cauchemar. J'étais enfoui sous une couche d'autres dormeurs, dans une sorte de couveuse : des gens arrivés pendant la nuit qui n'avaient trouvé de place que par-dessus ceux qui étaient déjà couchés sur le sol.

J'avais soif ; grâce à l'action combinée de la vodka et de la chaleur animale, j'avais dû perdre beaucoup de litres de sueur. Cette cure singulière avait parfaitement réussi : la fièvre et les douleurs avaient définitivement disparu et ne se manifestèrent plus.

Le train repartit et en quelques heures nous arrivâmes à Žmerinka, nœud ferroviaire à trois cent cinquante kilomètres d'Odessa. Là nous attendaient une grosse surprise et une terrible déception. Gottlieb, qui avait conféré avec le commandement militaire de l'endroit, fit le tour du convoi, wagon après wagon et nous fit savoir que nous devions tous descendre : le train n'allait pas plus loin.

Il n'allait pas plus loin, et pourquoi ? Quand et comment arriverions-nous à Odessa ? « Je n'en sais rien, répondit Gottlieb avec embarras. Personne ne le sait. Je sais seulement que nous devons descendre du train, nous installer sur les quais et attendre des ordres. » Il était très pâle et visiblement troublé.

Nous descendîmes et nous passâmes la nuit dans la gare. La défaite de Gottlieb, la première, nous semblait de très mauvais augure. Le lendemain, notre guide ainsi que les inséparables frère et beau-frère avaient disparu. Ils s'étaient volatilisés avec armes et bagages ; quelqu'un dit qu'il les avait vus en grande conversation avec un des cheminots russes et qu'ils étaient montés dans la nuit dans un train militaire en provenance d'Odessa et qui se dirigeait vers la frontière polonaise.

Nous restâmes à Žmerinka pendant trois jours, en proie à l'inquiétude, à un sentiment de frustration ou de terreur suivant les tempéraments, et les lambeaux d'informations que nous réussissions à soutirer des Russes de l'endroit. Ceux-ci ne manifestaient aucun étonnement devant notre sort et notre étape forcée, et ils répondaient à nos questions de la façon la plus déconcertante. Un Russe nous dit que oui, d'Odessa étaient partis plusieurs bateaux chargés de soldats anglais et américains rapatriés et que nous aussi, tôt ou tard, on nous embarquerait ; nous avions de quoi manger, il n'y avait plus Hitler, de quoi nous plaignions-nous ? Un autre nous dit que la semaine d'avant un convoi français en route pour Odessa avait été arrêté à Žmerinka et dérouté vers le nord « parce que la voie était interrompue ». Un troisième nous signala qu'il avait vu de ses yeux un convoi de prisonniers allemands en route vers l'Extrême-Orient.

La chose était claire : d'après lui, n'étions-nous pas alliés aux Allemands ? Eh bien, ils nous envoyaient nous aussi creuser des tranchées sur le front japonais.

Pour simplifier les choses, le troisième jour arriva de Roumanie à Žmerinka un autre convoi d'Italiens. Ces derniers étaient très différents de nous. Ils étaient six cents environ, hommes et femmes, bien habillés, avec des valises et des malles, certains avec un appareil photo en bandoulière : presque des touristes. Ils nous regardaient de haut, comme des parents pauvres : ils avaient voyagé jusque-là dans un train régulier, en payant leur billet et ils étaient en règle avec passeport, devises, papiers, feuille de route collective pour l'Italie via Odessa. Si seulement nous pouvions obtenir des Russes de nous unir à leur groupe, nous aussi nous arriverions à Odessa.

Avec beaucoup de condescendance ils nous firent comprendre qu'eux, en effet, étaient des gens comme il faut : des fonctionnaires civils et militaires de la légation Italienne de Bucarest ainsi que d'autres personnes qui, après la dissolution de l'ARMIR[1], étaient restées en Roumanie avec des fonctions diverses ou occupés à pêcher en eau trouble. Il y avait parmi eux de véritables familles, des maris avec d'authentiques épouses roumaines et de nombreux enfants.

Mais les Russes, à la différence des Allemands, ne possèdent que dans une faible mesure le goût des distinctions et des classifications. Quelques jours plus tard, nous étions tous en route vers le nord, vers un but imprécis, de toute façon pour un nouvel exil. Italiens-Roumains et Italiens-Italiens, tous dans les mêmes wagons de marchandises, tous le cœur serré, tous livrés à l'indéchiffrable bureaucratie soviétique, puissance obscure et gigantesque, non point malveillante envers nous mais soupçonneuse, négligente, ignorante, contradictoire et, dans les faits, aveugle comme une force de la nature.

1. Abréviation officielle d'« Armée italienne en Russie ». N.D.T.

VERS LE NORD

Les quelques jours que nous passâmes à Žmerinka, nous fûmes réduits à la mendicité, ce qui, dans notre condition, n'avait rien en soi de particulièrement tragique, en comparaison de ce qui nous attendait : le départ imminent pour une destination inconnue. Privés comme nous l'étions du génie improvisateur de Gottlieb, nous avions subi en pleine poitrine le choc de la supériorité économique des « Roumains » : ceux-ci pouvaient acheter n'importe quelle marchandise cinq fois, dix fois plus cher que nous et ils ne s'en privaient pas, car ils avaient eux aussi épuisé leurs stocks alimentaires, et eux aussi devinaient que l'on partait pour des lieux où l'argent n'aurait pas grande valeur et où il serait difficile de le garder.

Nous campions dans la gare et nous aventurions souvent dans le village. Maisons basses, inégales, construites avec un curieux et amusant mépris de la géométrie et des proportions : façades presque en alignement, murs quasi verticaux, angles presque droits ; mais çà et là un pilastre qui se donnait des airs de colonne avec un prétentieux chapiteau à volutes. Epais toits de paille, intérieurs sombres et enfumés où l'on entrevoyait l'énorme poêle central avec, dessus, les paillasses pour dormir et les icônes noires dans un coin. A un carrefour, un chanteur populaire chantait, gigantesque, les cheveux blancs, pieds nus : il fixait le ciel de ses yeux morts et inclinait la tête par moments en faisant avec le pouce des signes de croix sur son front.

Dans la rue principale, clouée sur deux pieux enfoncés dans le sol boueux, il y avait une planche en bois sur laquelle l'Europe était peinte mais elle était désormais délavée par les soleils et par les pluies. On avait dû s'en servir pour suivre les bulletins de guerre mais elle avait été peinte de mémoire, comme vue de très loin : la France était nettement une cafetière, la péninsule ibérique une tête de profil dont le Portugal était le nez et l'Italie une botte authentique, juste légèrement oblique avec une semelle et un talon bien droits et bien nets. Quatre villes seulement étaient indiquées : Rome, Venise, Naples et Dronero.

Žmerinka était un gros bourg agricole où avaient dû se tenir jadis des foires, comme on pouvait le déduire de la grand-place en terre battue avec de nombreuses barres parallèles en fer, pour attacher le bétail. A présent, elle était rigoureusement vide : dans un coin, à l'ombre d'un chêne, campait seulement une tribu de nomades, vision surgie du fond des âges.

Hommes et femmes portaient des peaux de chèvres retenues par des liens de cuir, et aux pieds des chaussures en écorce de bouleau. Il y avait plusieurs familles, en tout une vingtaine de personnes, et leur maison consistait en un chariot énorme, massif comme une machine de guerre, faite de poutres à peine équarries et encastrées l'une dans l'autre, reposant sur de puissantes roues de bois plein : ils devaient avoir de la peine à le tirer, les quatre robustes chevaux velus que l'on voyait paître à quelques pas de là. Qui étaient-ils, d'où venaient-ils, où allaient-ils ? Nous l'ignorions mais à ce moment nous les sentions singulièrement proches de nous, entraînés comme nous par le vent, livrés comme nous au bon vouloir d'un arbitre lointain et inconnu ; le symbole en était ces roues qui les transportaient ainsi que nous dans la perfection stupide d'un cercle sans commencement ni fin.

Non loin de la place, le long de la voie ferrée, nous fîmes une autre rencontre voulue par le destin. Nous vîmes d'abord une masse de troncs lourds et bruts, à l'image de ce pays où l'on ignore les subtilités et les raffinements, et parmi les troncs allongés, ou assis, brûlés par le soleil une douzaine de soldats allemands en liberté. Personne ne surveillait ces « prisonniers », ne leur donnait d'ordres, ne se souciait d'eux : selon toute apparence, ils avaient été oubliés, abandonnés purement et simplement à leur sort.

Ils étaient vêtus de guenilles délavées où l'on reconnaissait toutefois les orgueilleux uniformes de la *Wehrmacht*. Leurs visages étaient émaciés, hagards, sauvages : habitués à vivre et à agir sous la tutelle rigide de l'autorité, leur soutien et leur aliment, lorsque l'autorité était venue à leur manquer, ils s'étaient retrouvés désarmés, sans ressort. Ces bons sujets, ces bons exécuteurs de tous les ordres, ces bons instruments du pouvoir ne possédaient pas la moindre parcelle de pouvoir en propre. Ils étaient vidés, inertes, comme les feuilles mortes que le vent amasse dans les coins : ils n'avaient pas cherché le salut dans la fuite.

Ils nous aperçurent et quelques-uns d'entre eux vinrent à notre rencontre avec un pas incertain d'automate. Ils nous demandèrent du pain : pas dans leur langue, bien entendu, mais en russe. Nous refusâmes car notre pain était précieux. Mais Daniele ne refusa pas, Daniele dont les Allemands avaient massacré la courageuse femme, le frère, les parents et pas moins de trente personnes de sa famille ; Daniele, le seul survivant de la rafle dans le ghetto de Venise, qui, depuis le jour de la libération, n'avait pour aliment que la douleur, tira un morceau de pain, le montra à ces larves et le déposa à terre. Mais il exigea qu'ils viennent le chercher en rampant à quatre pattes, ce qu'ils firent.

Que des groupes d'ex-prisonniers alliés se fussent

embarqués à Odessa quelques mois auparavant, comme certains Russes nous l'avaient dit, cela devait être vrai car la gare de Žmerinka, notre peu intime résidence du moment, en gardait encore les traces : un arc de triomphe en verdure, désormais flétri, qui portait l'inscription *Vive les Nations Unies,* d'énormes et horribles portraits de Staline, Roosevelt et Churchill avec des inscriptions à la gloire de leur victoire contre l'ennemi commun. Mais la brève période de concorde entre les trois grands alliés devait tirer à sa fin, car les portraits étaient décolorés par les intempéries et on les détacha pendant notre séjour. Un peintre arriva : il dressa un échafaudage le long de la façade de la gare et fit disparaître sous une couche d'enduit les mots *Prolétaires du monde entier, unissez-vous !*, et nous vîmes apparaître, lettre après lettre, une tout autre inscription qui nous glaça : *Vpered na Zapàd*, « En avant vers l'Occident ».

Le rapatriement des alliés était désormais terminé, mais d'autres convois arrivaient et repartaient vers le sud sous nos yeux. C'étaient des trains militaires russes mais bien différents des glorieux convois familiaux que nous avions vus en transit à Katowice. Ceux-ci transportaient les Ukrainiennes qui revenaient d'Allemagne. Il n'y avait que des femmes, les hommes étaient soldats ou partisans ou bien les Allemands les avaient tués.

Leur exil avait été différent du nôtre et de celui des prisonniers de guerre. Pas toutes, mais une grande partie, avaient quitté « volontairement » leur pays. Leur volonté avait été contrainte, manœuvrée, la proie du chantage et du mensonge de la propagande nazie, subtile et envahissante, qui lançait ses foudres ou ses promesses sur les affiches, dans les journaux, à la radio : il y avait eu cependant une volonté, un assentiment. C'étaient des femmes de seize à quarante ans, des centaines de milliers de femmes, paysannes, étudiantes, ouvrières qui avaient quitté les champs dévastés, les écoles fermées, les ateliers détruits pour le pain de l'envahisseur. Beaucoup d'entre elles avaient des enfants et c'était pour leur trouver du pain qu'elles étaient parties. En Allemagne, elles avaient trouvé du pain, les fils barbelés, un travail pénible, l'ordre allemand, l'esclavage et la honte : et c'est sous le poids de la honte qu'elles revenaient maintenant dans leur pays, sans joie comme sans espoir.

La Russie victorieuse n'avait pas d'indulgence pour elles. On les avait chargées sur des wagons de marchandises, souvent découverts, partagés horizontalement par des planches pour gagner de l'espace : soixante, quatre-vingts femmes par wagon. Elle n'avaient pas de bagages : rien que les vêtements usés et déteints qu'elles portaient sur le dos. Leurs corps étaient jeunes, solides encore et sains, mais leurs visages étaient fermés et amers, leur regard fuyant : une humiliation et une résignation de bêtes, bouleversantes ; aucune voix ne s'élevait de ces corps qui se dispersaient avec paresse lorsque les convois stationnaient. Personne ne les attendait, personne ne semblait s'apercevoir d'elles. Leur passivité fuyante, leur douloureux manque de pudeur étaient le fait d'animaux domestiqués et humiliés. Nous seuls assistions avec pitié et tristesse à leur passage, nouveau témoignage et nouvel aspect de la maladie pestilentielle qui avait accablé l'Europe.

Nous quittâmes Žmerinka à la fin de juin, lourds d'angoisse devant l'incertitude de notre destin qui trouvait une obscure résonance dans les scènes auxquelles nous venions d'assister.

Nous étions mille quatre cents, y compris les « Roumains ». On nous chargea sur une trentaine de wagons de marchandises qui furent accrochés à un convoi en direction du nord. Personne à Žmerinka ne sut ou ne voulut préciser notre destination, mais nous allions vers le nord, loin de la mer, loin de l'Italie, vers l'emprisonnement, la solitude, l'obscurité, l'hiver. Malgré tout nous jugeâmes bon signe qu'on ne nous eût point fourni de ravitaillement pour le voyage : il ne serait peut-être pas très long.

Nous roulâmes en effet pendant deux jours seulement et une nuit, avec très peu d'arrêts, dans un décor majestueux et monotone de steppes désertes, de forêts, de villages perdus, de lents et vastes cours d'eau. Nous roulions inconfortablement, entassés dans les wagons de marchandises : le premier soir, profitant d'un arrêt, Cesare et moi descendîmes nous dégourdir les jambes et trouver un meilleur arrangement. Nous remarquâmes en tête du train plusieurs wagons de voyageurs et un wagon-infirmerie : il semblait vide.

« Pourquoi ne pas y monter ? » proposa Cesare. « C'est interdit » répondis-je bêtement. Pourquoi interdit, et par qui ? Du reste nous avions déjà pu constater en diverses occasions que la religion occidentale (et allemande en particulier) des interdits n'avait pas de racines profondes en Russie.

Le wagon-infirmerie non seulement était vide mais offrait des raffinements de sybarites. Lavabos efficaces avec eau et savon ; suspension très douce qui amortissait les secousses dues aux roues ; merveilleux petits lits suspendus avec des ressorts réglables, draps immaculés et couvertures chaudes. Au chevet du lit que j'avais choisi, don imprévu du destin, je trouvai même un livre en italien : *Les garçons de la rue Paal* que je n'avais jamais lu dans mon enfance. Tandis que nos camarades nous portaient déjà disparus, nous passâmes une nuit de rêve.

Le train franchit la Bérésina à la fin du second jour de voyage, alors que le soleil, rouge comme un grenat, déclinait parmi les troncs avec une lenteur magique et revêtait d'une lumière sanglante les eaux, les bois et la plaine épique, parsemée encore de débris d'armes.

Le voyage se termina quelques heures plus tard, en pleine nuit, au plus fort d'un violent orage. On nous fit descendre sous le déluge, dans une obscurité absolue, interrompue parfois par des éclairs. Nous marchâmes pendant une demi-heure en file indienne, dans l'herbe et dans la vase, chacun agrippé comme un aveugle à celui qui le précédait et je ne sais qui guidait le chef de file. Nous abordâmes enfin, trempés jusqu'à la moelle, dans un énorme édifice sombre, à demi détruit par les bombardements. Il continuait à pleuvoir, le sol était boueux et trempé et de l'eau tombait par les interstices du toit : nous attendîmes le jour dans un demi-sommeil inerte et harassant.

Un jour magnifique se leva. Dehors, nous nous rendîmes compte que nous avions passé la nuit dans un théâtre et que nous nous trouvions dans un vaste ensemble de casernes soviétiques endommagées et abandonnées. Tous les édifices avaient été soumis à une dévastation et à un pillage méthodiques, bien allemands : les armées teutonnes en déroute avaient arraché tout ce qui était arrachable : les ferrures, les grilles, les rampes, les installations électriques et de chauffage, les conduites d'eau et jusqu'aux pieux de la palissade. Des murs, ils avaient arraché jusqu'au dernier clou. D'un raccord ferroviaire voisin, ils avaient enlevé les rails et les traverses : avec une machine spéciale, nous dirent les Russes.

Plus qu'une mise à sac : le génie de la destruction, de l'anti-création, ici comme à Auschwitz : la mystique du vide, au-delà de tout impératif guerrier ou désir de butin.

Mais ils n'avaient pu détacher les inoubliables fresques qui couvraient intérieurement les murs, œuvre de quelque poète-soldat anonyme, naïve, forte et rudimentaire. Trois cavaliers casqués gigantesques, armés d'épées et de massues, arrêtés sur une hauteur, promenant leur regard sur une étendue illimitée de terres vierges à conquérir. Staline, Lénine, Molotov, reproduits avec une affection respectueuse quant aux intentions, avec une audace sacrilège quant aux résultats et reconnaissables surtout, respectivement, aux moustaches, au bouc et aux lunettes. Une araignée immonde, au centre d'une toile grande comme la paroi, une mèche barrant le front, une croix gammée sur le derrière, et dessous l'inscription : *Mort aux envahisseurs hitlériens !* Un soldat soviétique enchaîné, grand, blond, dresse une main prise dans des menottes. Il accuse ses juges. Ceux-ci — des centaines — occupent les gradins d'un tribunal-amphithéâtre. Ce sont de répugnants hommes-insectes, aux faces livides grimaçantes et macabres et ils reculent en bloc, entassement de lémures fuyant la lumière, poussés dans le néant par le geste prophétique du héros prisonnier.

Des milliers d'étrangers, en transit comme nous, appartenant à toutes les nations d'Europe bivouaquaient là, partie dans ces casernes de cauchemar, partie en plein air, dans les vastes cours envahies par l'herbe.

La chaleur bénéfique du soleil commençait à pénétrer la terre humide et tout fumait autour de nous. Je m'éloignai du théâtre de quelques centaines de mètres, m'enfonçant dans un pré touffu où j'avais l'intention de me déshabiller et de me sécher au soleil : et au beau milieu du pré, qui vis-je sinon lui, Mordo Nahum, mon Grec, rendu presque méconnaissable par son embonpoint somptueux et par l'uniforme soviétique approximatif qu'il portait : et il me regardait de ses pâles yeux de hibou, perdus dans un visage rose, rond, agrémenté d'une barbe rousse.

Il m'accueillit avec une cordialité fraternelle, en ignorant ma question perfide au sujet des Nations Unies qui s'étaient si mal occupées des Grecs. Il me demanda comment j'allais : j'avais besoin de quelque chose ? de nourriture ? de vêtements ? Oui, je ne pouvais pas le nier, j'avais besoin de beaucoup de choses. « Je ne compte pas pour rien, ici... » Il se tut un instant et ajouta : « As-tu besoin d'une femme ? »

Je le regardai, interdit. Je craignis d'avoir mal compris, mais le Grec fit un large geste circulaire de la main : je m'aperçus alors qu'au milieu de l'herbe haute, allongées au soleil çà et là, il y avait une vingtaine de grasses filles ensommeillées. C'étaient des créatures blondes et roses, à l'échine puissante, à l'ossature robuste et au visage bovin, habillées de façon rudimentaire et incongrue. « Elles viennent de la Bessarabie, m'expliqua-t-il. Elles sont toutes à mes ordres. Les Russes les aiment comme ça, blanches et dodues. Avant moi, c'était une grande *pagaille* [1] ; mais depuis que j'ai pris la chose en main, tout marche à merveille : propreté, assortiment, discrétion et aucun problème pour l'argent. C'est aussi une bonne affaire : et parfois, *moi aussi j'y prends mon plaisir* [1]. »

Il me revint à l'esprit, sous un jour neuf, l'épisode de l'œuf dur et le défi dédaigneux du Grec : « Allons, cite-moi un article dont je n'aie jamais fait commerce ! » Non, je n'avais pas besoin de femme, tout au moins dans ce sens-là. Nous nous séparâmes après nous être entretenus cordialement. Et par la suite, apaisé le tourbillon qui avait bouleversé la vieille Europe, l'entraînant dans une sarabande sauvage de séparations et de retrouvailles, je n'ai jamais revu mon maître grec et n'ai plus entendu parler de lui.

1. En français dans le texte. N.D.T.

UNE « COURITZETTE »

Le camp de rassemblement où j'avais si inopinément retrouvé Mordo Nahum s'appelait Sloutsk. Qui chercherait sur une bonne carte de l'Union Soviétique le village qui porte ce nom, avec un peu de patience finirait par le trouver, en Russie Blanche, à une centaine de kilomètres au sud de Minsk. Mais sur aucune carte de géographie n'est signalé le village qui s'appelle Staryje Doroghi, notre ultime point de chute.

A Sloutsk, en juillet 1945, séjournaient dix mille personnes ; je les appelle personnes car tout autre terme plus restrictif serait impropre. Il y avait des hommes et bon nombre de femmes et d'enfants. Il y avait des catholiques, des juifs, des orthodoxes et des musulmans : il y avait des Blancs et des Jaunes et différents Noirs sous l'uniforme américain ; des Allemands, des Polonais, des Français, des Grecs, des Hollandais, des Italiens et d'autres encore ; il y avait aussi des Allemands qui se faisaient passer pour Autrichiens, des Autrichiens qui se prétendaient Suisses, des Russes qui se déclaraient Italiens, une femme travestie en homme et même, tranchant sur cette foule en guenilles, un général magyar en grand uniforme, bariolé, querelleur et bête comme un coq.

On était bien à Sloutsk. Il y faisait chaud, trop même ; on dormait par terre mais on n'avait pas à travailler et il y avait à manger pour tout le monde. La cantine était même merveilleuse ; les Russes en confiaient le soin chaque semaine, à tour de rôle, à chacune des principales nationalités représentées au camp. On mangeait dans un vaste local lumineux et propre ; chaque table comportait huit couverts, il suffisait d'arriver à l'heure et de s'asseoir, sans contrôle ni roulement ni attente, et l'on voyait s'avancer la procession des cuisiniers volontaires, avec des plats surprenants, du pain et du thé. Pendant le bref séjour que nous y fîmes, les Hongrois étaient au pouvoir : ils préparaient des fricandeaux qui emportaient la bouche et d'énormes portions de spaghettis au persil, ultracuits et incroyablement sucrés. En outre, fidèles à leurs idoles nationales, ils avaient mis sur pied un petit orchestre tzigane : six musiciens de campagne, en culottes de velours et pourpoint de cuir brodé, majestueux et suant à grosses gouttes, qui commençaient par l'hymne soviétique, l'hymne hongrois et la Hatikvà (en l'honneur des nombreux juifs hongrois) et continuaient par de frivoles et interminables czardas, jusqu'à ce que le dernier commensal ait déposé ses couverts.

Le camp n'était pas clos. Il consistait en des baraquements croulants, à un ou deux étages, qui bordaient les quatre côtés d'une vaste place herbeuse, probablement l'ancienne place d'armes. Sous le soleil ardent du chaud été russe, cette place était jonchée de dormeurs, de gens en train de s'épouiller, de raccommoder leurs habits, de cuisiner sur des feux de fortune ; elle était animée par des groupes plus actifs qui jouaient au ballon ou aux quilles. Au centre, trônait une énorme baraque en bois, basse, carrée, avec trois entrées du même côté. Sur les trois architraves, en gros caractères cyrilliques, tracés au minium d'une main incertaine, on voyait écrits les trois mots : *Mužskaja, Ženskaja, Ofitserskaja*, c'est-à-dire « Hommes », « Femmes », « Officiers ». C'étaient les latrines du camp et son originalité principale. A l'intérieur, il n'y avait qu'un plancher disjoint et cent trous carrés, dix par dix, comme une gigantesque et rabelaisienne table de multiplication. Il n'y avait pas de séparation entre les compartiments destinés aux trois sexes ou, s'il y en avait eu, elles avaient disparu.

L'administration russe s'occupait si peu du camp qu'on aurait douté de son existence : mais elle devait bien exister puisqu'on mangeait tous les jours. En d'autres termes, c'était une bonne administration.

Nous passâmes une dizaine de jours à Sloutsk. Journées vides, sans rencontres, sans événements saillants. Nous essayâmes un jour de sortir du rectangle des casernes et de nous aventurer dans la plaine pour ramasser des herbes comestibles : après une demi-heure de marche, nous eûmes l'impression d'être au milieu de la mer, au centre de l'horizon, sans un arbre, sans une hauteur, sans une maison à choisir comme but. A nous, Italiens, habitués au décor de montagnes et de collines et à la plaine remplie de présences humaines, l'espace russe immense, héroïque nous donnait une sensation de vertige, alourdissait notre cœur de souvenirs douloureux. Nous tentâmes ensuite de faire cuire les herbes que nous avions ramassées, mais sans grand résultat.

Moi, j'avais trouvé dans un grenier un traité d'obstétrique en allemand, avec de belles illustrations en couleurs, en deux forts volumes ; comme j'ai le vice de lire tout ce qui est imprimé et que j'en étais privé depuis plus d'un an, je passais mes journées à lire, sans méthode, ou bien à dormir au milieu de l'herbe sauvage.

Un matin, avec une rapidité foudroyante et mystérieuse, la nouvelle se répandit que nous allions devoir quitter Sloutsk, à pied, pour Staryje Doroghi, à soixante-dix kilomètres, dans un camp réservé aux seuls Italiens. Les Allemands, dans des circonstances analogues, auraient constellé les murs d'affiches bilingues, clairement imprimées et y auraient spécifié l'heure du départ, l'équipement prescrit, les horaires de marche et la peine de mort pour les réfractaires. Les Russes, eux, laissèrent l'ordre se répandre de lui-même et le transfert s'organiser tout seul.

La nouvelle provoqua une certaine émotion. En dix jours, nous nous étions habitués tant bien que mal à Sloutsk et par-dessus tout, nous craignions d'abandonner la fabuleuse abondance de ses cuisines pour on ne savait quelle misérable condition. De plus, soixante-dix kilomètres, c'est beaucoup ; aucun d'entre nous n'était entraîné pour une marche aussi longue et bien peu disposaient de chaussures adéquates. Nous essayâmes en vain d'obtenir des précisions du commandant russe ; tout ce que nous pûmes en tirer, c'est que nous devions partir le 20 juillet au matin et nous eûmes l'impression qu'il n'y avait guère de Commandement russe, à proprement parler.

Le 20 juillet au matin nous nous trouvâmes rassemblés sur la grand-place, comme une immense caravane de bohémiens. Au dernier moment, on avait appris qu'il existait un raccord ferroviaire entre Sloutsk et Staryje Doroghi : toutefois le voyage en train ne fut accordé qu'aux femmes et aux enfants en plus des habituels protégés et des non moins habituels débrouillards. Pour circonvenir la faible bureaucratie dont dépendaient nos destinées, il n'y avait pas besoin d'une astuce exceptionnelle : mais le fait est que peu d'entre nous s'en étaient aperçus à cette époque-là.

L'ordre de départ fut donné vers dix heures et aussitôt après, un contrordre. Il s'ensuivit de nombreux faux départs si bien que nous nous ébranlâmes vers midi, sans avoir mangé.

Actuellement une grande autoroute passe par Sloutsk et Staryje Doroghi, la même qui relie Varsovie à Moscou. A cette époque-là la route était dans un état d'abandon complet : elle consistait en deux voies latérales de terre battue destinées aux chevaux et en une voie centrale jadis recouverte d'asphalte mais défoncée alors par les bombardements et les chenilles des engins blindés et, de ce fait, assez semblable aux deux autres. Elle traverse une plaine sans fin, à peu près dépourvue de centres habités et n'est qu'une suite d'immenses tronçons rectilignes : entre Sloutsk et Staryje Doroghi il y avait un seul tournant à peine sensible.

Nous étions partis avec une certaine assurance : le temps était splendide, nous étions assez bien nourris et l'idée d'une longue marche au cœur de cette région légendaire, les marais du Pripet, avait en elle-même un certain charme. Mais nous changeâmes bien vite d'avis.

En aucun autre pays d'Europe, je crois, il ne peut arriver de marcher pendant dix heures et de se trouver toujours à la même place, comme dans un cauchemar ; d'avoir toujours devant soi la route toute droite jusqu'à l'horizon, à ses côtés la steppe et la forêt, et derrière soi la route jusqu'à l'horizon opposé, comme le sillage d'un navire ; et pas un village, pas une maison, pas une fumée, pas une borne pour signaler qu'on a tout de même gagné un peu de terrain, pas âme qui vive si ce n'est quelques corneilles ou quelques faucons dérivant paresseusement dans le vent.

Après quelques heures de marche, notre colonne, compacte au début, s'étirait sur deux ou trois kilomètres. Une charrette militaire fermait la marche, tirée par deux chevaux et conduite par un sous-officier courroucé et monstrueux : il avait perdu à la guerre ses deux lèvres et, du nez au menton, son visage n'était qu'une tête de mort terrifiante. Sa tâche devait être, je pense, de ramasser ceux qui étaient épuisés. Il était au contraire très occupé à récupérer au fur et à mesure les bagages qui étaient abandonnés par des gens qui, de fatigue, renonçaient à les porter plus loin. Pendant quelque temps nous eûmes l'illusion qu'il nous les rendrait à l'arrivée : mais le premier qui s'arrêta et attendit la charrette fut accueilli par des hurlements, des claquements de fouet et des menaces inarticulées. Ainsi finirent les deux volumes d'obstétrique qui constituaient, de loin, la partie la plus lourde de mon bagage personnel.

Au coucher du soleil, notre groupe s'était isolé des autres. A côté de moi, marchaient le doux et patient Leonardo, Daniele boitillant et rendu furieux par la soif et la fatigue, Monsieur Unverdorben avec un de ses amis triestins, et Cesare, naturellement.

Nous nous arrêtâmes pour reprendre souffle à l'unique tournant qui interrompait la farouche monotonie du chemin ; il y avait une cabane sans toit, peut-être l'unique vestige visible d'un village balayé par la guerre. Derrière, nous découvrîmes un puits où nous nous désaltérâmes avec volupté. Nous étions fatigués et avions les pieds gonflés et en sang. J'avais perdu depuis longtemps mes chaussures d'archevêque et j'avais hérité de Dieu sait qui d'une paire de chaussures de cycliste, légères comme des plumes ; mais si justes que j'étais obligé de les enlever de temps en temps et de marcher pieds nus.

Nous tînmes un rapide conseil : et si cet individu nous faisait marcher toute la nuit ? Il n'y aurait rien eu d'étonnant. Une fois, à Katowice, les Russes nous avaient fait décharger des bottes d'un train pendant vingt-quatre heures d'affilée et eux aussi travaillaient avec nous. Pourquoi ne pas prendre le maquis ? Nous arriverions tout tranquillement à Staryje Doroghi le lendemain, le Russe n'avait sûrement pas de listes pour faire l'appel, la nuit s'annonçait tiède, il y avait de l'eau, et à six nous arriverions bien à avoir quelque chose pour le dîner. La cabane était en ruine mais il y avait un bout de toit pour nous protéger de la rosée.

— Très bien, dit Cesare. D'accord. Ce soir, je veux me procurer une poule à rôtir.

Nous nous cachâmes dans le bois jusqu'à ce que la charrette avec le squelette fût passée, nous attendîmes que les derniers retardataires eussent quitté le puits et nous prîmes possession des lieux. Nous étendîmes par terre les couvertures, ouvrîmes les sacs, allumâmes le feu et commençâmes à préparer le dîner avec du pain, de la *kacha* de millet et une boîte de petits pois.

— En voilà un dîner, dit Cesare. Des petits pois ! Vous ne m'avez pas bien compris. Je veux me régaler ce soir et me procurer une poule à rôtir.

Cesare est un homme indomptable ; j'avais déjà pu m'en apercevoir en faisant avec lui le tour des marchés de Katowice. En vain nous lui fîmes remarquer que trouver un poulet la nuit, au milieu des marais du Pripet, sans connaître le russe et sans un sou pour le payer était un projet insensé. En vain nous lui offrîmes double ration de *kacha* pour qu'il reste tranquille. — Gardez-la votre *kachette* : moi je m'en vais tout seul me chercher ma poule et vous ne me reverrez plus. Je vous tire ma révérence à vous, aux Russes et à la baraque. Je m'en vais et je retourne en Italie tout seul, en passant par le Japon, s'il le faut.

Ce fut alors que je m'offris à l'accompagner. Pas tant pour la poule ou à cause des menaces que parce que j'aime bien Cesare, et le voir au travail.

— Bravo, Lapé, me dit Cesare.

Lapé, c'est moi. C'est ainsi que m'a baptisé Cesare en des temps reculés, et qu'il m'appelle encore maintenant, pour la raison suivante : comme chacun sait, au camp, nous avions les cheveux rasés ; à la libération, après une année de rasage, le cheveux de tout le monde et particulièrement les miens avaient repoussé curieusement lisses et doux. En ce temps-là, les miens étaient encore très courts et Cesare soutenait qu'ils lui rappelaient le pelage des lapins. Or « lapin », ou mieux, « peau de lapin », dans le jargon commercial que Cesare connaît bien, se dit justement *lapé*. Daniele, au contraire, avec sa barbe, ses sourcils froncés, ses cheveux hérissés, Daniele assoiffé de vengeance et de justice comme un prophète antique, s'appelait Coralli parce que, disait Cesare, s'il pleut des perles de verre [1], tu pourras toutes les enfiler.

— Bravo, Lapé, me dit-il. Et il m'exposa son plan. Cesare est un homme aux projets insensés mais capable de les poursuivre avec beaucoup de sens pratique. Il n'avait pas rêvé de la poule : près de la cabane, en direction du nord, il avait repéré un sentier bien battu, et donc récent. Il était probable qu'il conduisait à un village : or, s'il y avait un village, il y avait aussi des poules. Nous sortîmes. Il faisait désormais presque nuit et Cesare avait raison. Sur le rebord d'une ondulation imperceptible du terrain, à deux kilomètres de distance, entre les troncs d'arbres, on voyait briller une lumière. Nous partîmes donc, butant dans les broussailles, poursuivis par des essaims de moustiques voraces ; nous emportions la seule monnaie d'échange dont notre groupe était disposé à se séparer : nos six assiettes de poterie grossière que les Russes en leur temps nous avaient distribuées.

Nous marchions dans l'obscurité, en faisant attention à ne pas perdre de vue le sentier, et nous criions de temps en temps. Du village, pas de réponse. Lorsque nous fûmes arrivés à une centaine de mètres, Cesare s'arrêta, prit sa respiration et cria : « Hé là ! Hé, les moujiks ! Alis. Italienski. Vous auriez une poulette à vendre ? » Cette fois, la réponse arriva : un éclair dans l'obscurité, un coup sec et le miaulement d'une balle, à quelques mètres au-dessus de nos têtes. Je me couchai par terre, tout doucement pour ne pas casser les assiettes ; mais Cesare furieux, resta debout : « Que le diable vous emporte ! Je vous l'ai dit : nous sommes des amis. *Enfants de salauds,* laissez-nous donc parler. C'est une poule que nous voulons. On n'est pas des bandits, on n'est pas des *doitche* : on est Italienski ! » Il n'y eut pas d'autres coups de fusil et on entrevoyait déjà des silhouettes humaines sur la hauteur. Nous nous avançâmes

1. Perles de verre : *coralline.* N.D.T.

avec précaution, Cesare en tête qui continuait son discours persuasif, et moi derrière, prêt à me jeter par terre une nouvelle fois.

Nous arrivâmes enfin au village. Il n'y avait pas plus de cinq ou six maisons en bois autour d'une place minuscule et sur cette place toute la population, pour la plupart de vieilles paysannes, des enfants, des chiens, nous attendait, visiblement en émoi. Un grand vieillard barbu émergeait de la foule, l'homme au fusil, avec son arme encore fumante.

Cesare considérait son rôle comme terminé. Il en avait fini avec la partie stratégique et me rappela à mes devoirs. « A ton tour, maintenant. Qu'est-ce que tu attends ? Allez, explique-leur que nous sommes italiens, que nous ne leur voulons pas de mal et que nous voulons acheter une poule à faire rôtir. »

Ces gens nous regardaient avec une curiosité méfiante. Ils semblaient s'être persuadés que, bien qu'habillés comme deux évadés, nous ne devions pas être dangereux. Les petites vieilles avaient fini de piailler et les chiens eux-mêmes paraissaient calmés. Le vieillard au fusil nous posait des questions que je ne comprenais pas : je ne connais qu'une centaine de mots russes et aucun d'eux ne s'adaptait à la situation, à l'exception de « italienski ». Je répétai donc « italienski » plusieurs fois jusqu'à ce que le vieillard se mît à son tour à dire « italienski » au bénéfice des assistants.

Cependant Cesare, plus pratique, avait tiré les assiettes du sac et en avait disposé cinq par terre, bien en vue comme au marché, et il tenait la sixième à la main en lui donnant sur le bord de petits coups avec l'ongle pour faire entendre qu'elle sonnait juste. Les paysannes regardaient amusées et intriguées. « *Tarelki* », dit l'une d'elles. « *Tarelki, da !* », repris-je, ravi d'avoir appris le nom de la marchandise que nous offrions : sur ce l'une d'elles tendit une main hésitante vers l'assiette que Cesare était en train de montrer.

— Hé, qu'est-ce que vous croyez ? dit-il en la retirant vivement. On n'en fait pas cadeau. Et il se tourna vers moi, furibond. Bon sang, qu'est-ce que j'attendais pour demander la poule en échange ? A quoi donc servaient mes études ?

J'étais très embarrassé. Le russe, dit-on, est une langue indo-européenne et les poulets devaient être connus de nos ancêtres communs à une époque certainement antérieure à leur subdivision en différentes familles ethniques modernes. « *His fretus* », fort de cette belle théorie, j'essayai de dire « poulet » et « oiseau » de toutes les façons que je connaissais mais je n'obtins aucun résultat visible.

Cesare aussi était perplexe. Cesare, au fond, n'avait jamais pu se convaincre que les Allemands parlent allemand et les Russes russe, autrement que par une extravagante malignité ; et il était persuadé dans l'intime de lui-même que ceux-ci prétendaient ne pas comprendre l'italien seulement par un raffinement de cette même malignité. Malignité, ou extrême et scandaleuse ignorance ? Barbarie évidente ! Il n'y avait pas d'autres possibilités. Aussi, sa perplexité se muait-elle rapidement en fureur.

Il grommelait et jurait. Etait-ce si difficile de comprendre ce que c'est qu'une poule et que nous voulons l'échanger contre six assiettes ? Une poule comme celles qui se promènent en becquetant, en grattant la terre et en faisant *coccodé*. Et sans beaucoup d'entrain, torve et renfrogné, il se produisit en une imitation exécrable des habitudes gallinacées, s'accroupissant, raclant la terre d'un pied puis de l'autre, et becquetant çà et là, les doigts réunis en coin. Entre deux imprécations, il faisait aussi *coccodé*. Mais c'est là comme chacun sait, une interprétation hautement conventionnelle du cri de la poule ; elle circule exclusivement en Italie et n'a pas cours ailleurs.

Aussi le résultat fut-il nul. Ils nous regardaient avec ahurissement et sûrement nous prenaient pour des fous.

Pourquoi, dans quel but, étions-nous arrivés des confins de la terre accomplir de mystérieuses bouffonneries sur leur place ? Maintenant furibond, Cesare s'efforça même de pondre un œuf tout en les insultant de façon fantaisiste, rendant ainsi plus obscur le sens de son exhibition. A ce spectacle saugrenu, le caquètement des commères monta d'une octave et se transforma en une rumeur de guêpier dérangé.

Quand je vis qu'une des petites vieilles s'approchait du barbu et lui parlait nerveusement en regardant de notre côté, je me rendis compte que la situation était compromise. Je fis relever Cesare de sa position non naturelle, le calmai et m'approchai avec lui de l'homme. Je lui dis : « S'il vous plaît... Je vous en prie... » et le conduisis près d'une fenêtre où une lanterne éclairait assez bien un rectangle de terrain. Là, douloureusement conscient de beaucoup de regards soupçonneux, je dessinai par terre une poule, pourvue de tous ses attributs, y compris un œuf, par excès de précision. Puis je me relevai et dis : « Vous, les assiettes. Nous, manger. »

Une brève consultation s'ensuivit ; puis une petite vieille aux yeux pétillants de joie et de malice jaillit du groupe. Elle fit deux pas en avant et d'une voix stridente prononça : « *Koura ! Kouritsa !* »

Elle était très fière et contente d'avoir été la seule à résoudre l'énigme. De tous côtés éclatèrent les rires et les applaudissements et les cris « kouritsa, kouritsa ! » Nous aussi battîmes des mains, entraînés par le jeu et par l'enthousiasme général. La vieille femme s'inclina, comme une actrice lorsque le rideau tombe ; elle disparut puis réapparut quelques minutes après avec une poule toute plumée à la main. Elle la balança sous le nez de Cesare, comme preuve ; et lorsqu'elle vit que celui-ci réagissait positivement, elle lâcha prise, ramassa les assiettes et les emporta.

Cesare, qui s'y connaît parce qu'en son temps il a tenu boutique à Porta-Portese, m'assura que la *courit-*

zette était assez grasse et valait nos six assiettes. Nous la rapportâmes dans la baraque, nous réveillâmes nos camarades qui s'étaient déjà endormis, allumâmes à nouveau le feu, cuisinâmes le poulet et le mangeâmes à la main, car les assiettes, nous ne les avions plus.

VIEILLES ROUTES

La poule et la nuit passée en plein air nous firent autant de bien que des médicaments. Après un sommeil réparateur, bien que nous eussions dormi à même le sol, nous nous réveillâmes le matin en excellente forme et d'excellente humeur. Nous étions contents parce qu'il y avait du soleil, parce que nous nous sentions libres, à cause de la bonne odeur qui montait de la terre et aussi parce qu'à deux kilomètres il y avait des gens qui ne nous voulaient pas de mal mais qui étaient vifs et rieurs ; ils avaient commencé par nous tirer dessus il est vrai, mais ensuite nous avaient bien accueillis et même vendu un poulet. Nous étions contents parce que ce jour-là (demain, nous ne savions pas ; mais ce qui peut arriver le lendemain n'a pas toujours d'importance) nous pouvions faire des choses dont nous étions privés depuis très longtemps, comme boire l'eau d'un puits, nous étendre au soleil au milieu de l'herbe haute et vigoureuse, humer l'air de l'été, allumer un feu et cuisiner, aller dans les bois pour chercher des fraises et des champignons, fumer une cigarette en regardant loin au-dessus de nos têtes un ciel purifié par le vent.

Nous pouvions faire tout cela et nous le fîmes avec une joie puérile. Mais nos réserves tiraient à leur fin : on ne vit pas seulement de fraises et de champignons et aucun de nous (pas même Cesare, policé et citoyen romain « depuis Néron ») n'était moralement et techniquement équipé pour la vie précaire du vagabondage et du vol agricole. Le choix était net : ou le retour immédiat dans le sein de la société, ou le jeûne. De la société, c'est-à-dire du mystérieux camp de Staryje Doroghi, trente bons kilomètres d'une vertigineuse route rectiligne nous séparaient ; il nous fallait les faire d'une traite et peut-être arriverions-nous à temps pour la soupe ; ou bien bivouaquer encore une fois en plein air, en liberté mais l'estomac vide.

Nous fîmes rapidement le compte de notre avoir. Ce n'était pas lourd : huit roubles à nous tous. Il était difficile d'évaluer leur pouvoir d'achat, en ce temps et en ce lieu : nos précédentes expériences monétaires avec les Russes avaient été incohérentes et absurdes. Certains acceptaient sans difficulté des devises de n'importe quel pays, même allemandes ou polonaises ; d'autres, craignant qu'on ne les roule, n'acceptaient que des échanges en nature ou en pièces de monnaie. Parmi ces dernières il en circulait d'invraisemblables : pièces de l'époque tsariste, exhumées de leurs cachettes ancestrales ; livres sterlings, couronnes scandinaves, jusqu'à de vieilles monnaies de l'empire austro-hongrois. En revanche nous avions vu à Žmerinka une des latrines de la gare aux murs constellés de marks allemands, soigneusement collés un par un avec un matériau innommable.

De toutes façons, huit roubles, ce n'était pas grand-chose : la valeur d'un ou deux œufs. Il fut décidé à l'unanimité que Cesare et moi-même, désormais accrédités comme ambassadeurs, nous remonterions au village et verrions sur place ce que l'on pouvait acheter avec huit roubles.

Nous partîmes et, chemin faisant, il nous vint une idée : pas de marchandises mais des services. L'investissement le meilleur serait de louer à nos amis russes un cheval et une charrette jusqu'à Staryje Doroghi. La somme était peut-être insuffisante mais nous pourrions essayer d'offrir une pièce d'habillement. Aussi bien, il faisait très chaud. C'est ainsi que nous nous présentâmes sur la place du village, accueillis par les saluts affectueux et les rires complices des petites vieilles et les aboiements furieux des chiens. Quand le silence fut revenu, fort de mon *Michel Strogoff* et d'autres lectures lointaines, je dis : « *Téléga.* Staryje Doroghi », et je montrai les huits roubles.

Un murmure confus s'ensuivit. Aussi étrange que cela paraisse, personne n'avait compris. Toutefois ma tâche semblait moins ardue que celle de la veille ; dans un coin de la place, sous un auvent, j'avais découvert une charrette à quatre roues, longue et étroite, avec des rebords en V — une téléga, en somme. Je la touchai du doigt, un peu impatienté par l'esprit borné de ces gens : n'était-ce pas une téléga ?

— *Tjéljéga !* corrigea le barbu, avec une sévérité paternelle, scandalisé par ma prononciation barbare.

— Da. *Tjéljéga* na Staryje Doroghi. Nous payer. Huit roubles.

L'offre était dérisoire : l'équivalent de deux œufs pour trente plus trente kilomètres, douze heures de route. Mais le barbu empocha les roubles, disparut dans l'étable, revint avec un mulet, l'attela dans les brancards, nous fit signe de monter, chargea quelques sacs, toujours en silence et nous partîmes vers la route principale. Cesare s'en fut appeler les autres, devant lesquels nous ne manquâmes pas de nous faire valoir. Nous allions faire un voyage très confortable en téléga, mieux, en tjéljéga, et une entrée triomphale à Staryje Doroghi, le tout pour huit roubles : c'est ce qui s'appelait connaître la langue et les ficelles diplomatiques.

En réalité, nous nous aperçûmes (et nos camarades s'en aperçurent aussi, hélas !) que les huit roubles avaient été à peu près inutiles : le barbu devait aller de toute façon à Staryje Doroghi, pour ses affaires, et peut-être nous aurait-il chargés pour rien.

Nous partîmes vers midi, étendus sur les sacs pas très moelleux du barbu. Mais c'était toujours mieux que d'aller à pied : nous pouvions, entre autres, jouir à notre aise du paysage.

Il était pour nous insolite et magnifique. La plaine qui la veille nous avait oppressés de son vide solennel n'était plus rigoureusement plate. Elle était ridée de légères et à peine perceptibles ondulations, peut-être d'anciennes dunes, de quelques mètres de haut mais suffisantes pour rompre la monotonie, reposer l'œil, créer un rythme, une mesure. Entre ces ondulations s'étendaient des étangs et des marais, grands et petits. Le terrain découvert était sablonneux et hérissé çà et là de touffes d'arbustes sauvages. Ailleurs il y avait des arbres hauts, mais rares et isolés. Des deux côtés de la route gisaient d'informes débris rouillés, canons, chars, fil barbelé, casques, bidons les restes des deux armées qui s'étaient affrontées pendant tant de mois dans ces lieux. Nous étions entrés dans la région des marais du Pripet.

La route et la campagne étaient désertes, mais peu avant le coucher du soleil nous remarquâmes que quelqu'un nous suivait : un homme, noir sur le blanc de la poussière de la route, qui marchait vigoureusement dans notre direction. Il gagnait du terrain lentement mais sûrement. Bientôt il fut à portée de voix et nous reconnûmes en lui le Maure, Avesani d'Avesa, le grand vieillard. Il avait lui aussi passé la nuit dans quelque cachette et maintenant il marchait sur Staryje Doroghi d'un pas fougueux, les cheveux blancs au vent, les yeux injectés de sang, droit devant lui. Il avançait régulièrement et puissamment, comme une machine à vapeur ; il avait lié sur son dos son énorme et fameux baluchon, et, suspendue à ce dernier, brillait la hache, comme la faux de Kronos.

Il s'apprêtait à nous dépasser comme s'il ne nous voyait pas ou ne nous reconnaissait pas. Cesare l'appela et l'invita à monter à côté de nous. « Honte de l'humanité ! Vieux porcs inhumains ! » répondit promptement le Maure, entamant la litanie blasphématoire qui occupait constamment son esprit. Il nous dépassa, et poursuivit sa marche mythique vers l'horizon opposé à celui d'où il avait surgi.

Monsieur Unverdorben en savait beaucoup plus long que nous sur le Maure. En cette occasion nous apprîmes que le Maure n'était pas (ou n'était pas seulement) un vieux fou. Le paquet avait sa raison d'être, ainsi que la vie errante du vieux. Veuf depuis de nombreuses années, il avait une fille unique, d'une cinquantaine d'années à présent, paralysée, incurable. Sa fille était sa raison de vivre : il lui écrivait chaque semaine des lettres destinées à ne jamais lui parvenir ; pour elle il avait travaillé toute sa vie et il était devenu noir comme le noyer et dur comme la pierre. Pour elle seule, vagabondant de par le monde, le Maure raflait tout ce qui lui tombait sous la main, tout ce qui pouvait présenter la plus petite chance d'être utilisable ou échangé.

Nous ne fîmes pas d'autres rencontres humaines jusqu'à Staryje Doroghi.

Staryje Doroghi fut une surprise. Ce n'était pas un village ; ou plutôt il existait un minuscule village, au milieu des bois, tout près de la route, mais nous ne l'apprîmes que plus tard, comme nous apprîmes que son nom signifiait « Vieilles routes ». Mais le logement qui nous était destiné, à nous les mille quatre cents Italiens, était un unique et gigantesque édifice, isolé au bord de la route, au milieu de champs incultes et des premiers arbres de la forêt. Il s'appelait Krasnyj Dom, la Maison Rouge, et elle était en effet, sans lésiner, rouge, dedans comme dehors.

C'était une construction singulière, à la vérité, qui avait poussé sans ordre dans toutes les directions, comme une coulée volcanique. On ne savait pas très bien si c'était l'œuvre de plusieurs architectes en désaccord, ou d'un seul mais fou. Le noyau le plus ancien, désormais écrasé et étouffé par des ailes et des corps de bâtiment disparates et plus tardifs, consistait en un bloc à trois étages, subdivisé en petites chambres, sans doute d'ex-bureaux militaires ou administratifs. Autour il y avait de tout : une salle de conférences ou de réunions, une série de salles de classe, des cuisines, des lavoirs, un théâtre de mille places au moins, une infirmerie, une salle de gymnastique ; à côté de la porte principale, un débarras avec de mystérieux supports que nous prîmes pour un dépôt de skis. Mais là aussi, comme à Sloutsk, rien ou presque rien du mobilier ou des installations n'avait été laissé ; non seulement l'eau manquait mais les canalisations elles-mêmes avaient été arrachées ainsi que les fourneaux des cuisines, les chaises du théâtre, les bancs, les rampes des escaliers.

Dans la Maison Rouge, les escaliers étaient l'élément le plus obsédant. On en trouvait abondamment dans l'immense édifice : escaliers emphatiques et prolixes qui menaient à d'absurdes cagibis pleins de poussière et de bric-à-brac : d'autres, étroits et irréguliers, interrompus à moitié par une colonne dressée avec les moyens du bord et destinée à soutenir un plafond croulant ; des fragments d'escaliers boiteux, bicéphales, monstrueux, qui raccordaient des bâtiments aux niveaux variés. Mémorable entre tous, le long d'une des façades montait un escalier cyclopéen, de quinze mètres de haut, au milieu d'une cour envahie par l'herbe, avec des marches larges de trois mètres et qui ne conduisait nulle part.

Autour de la Maison Rouge il n'y avait aucune clôture, même symbolique, comme à Katowice. Il n'y avait même pas un service de surveillance proprement dit ; devant l'entrée on voyait souvent un soldat russe, d'une extrême jeunesse la plupart du temps, mais il n'avait aucune consigne en ce qui concernait les Italiens. Sa tâche consistait seulement à empêcher les autres Russes de venir la nuit importuner les Italiennes dans leurs dortoirs.

Les Russes, officiers et soldats, logeaient dans une baraque en bois à quelques pas de là, et d'autres, de passage, y faisaient étape de temps en temps, mais ils s'occupaient rarement de nous. Ceux qui s'occupaient de nous, c'étaient quelques officiers italiens, ex-prisonniers de guerre, plutôt hautains et grossiers ; ils étaient on ne peut plus pénétrés de leur condition de militaires, affichaient du mépris et de l'indifférence envers nous, civils, et, ce qui ne laissa pas de nous étonner, ils entretenaient d'excellents rapports avec leurs collègues soviétiques de la baraque d'à côté. Ils jouissaient même d'une situation privilégiée non seulement par rapport à nous mais par rapport à la troupe soviétique elle-même : ils mangeaient au mess des officiers russes, portaient des uniformes russes tout neufs (sans grades) et de solides bottes militaires, et dormaient sur des lits de campagne avec draps et couvertures.

Nous non plus, nous n'avions aucun motif de nous plaindre. Nous étions traités exactement comme les soldats russes pour le vivre et le couvert et nous n'étions astreints à aucune discipline particulière. Quelques-uns d'entre nous travaillaient : ceux qui s'étaient offerts spontanément pour faire la cuisine, s'occuper des bains ou du groupe électrogène ; en outre, Leonardo comme médecin et moi comme infirmier ; mais avec la belle saison les malades se raréfiaient et notre charge était une sinécure.

Ceux qui le voulaient, pouvaient s'en aller. Quelques-uns le firent, certains par pur ennui ou par esprit d'aventure, d'autres pour essayer de passer la frontière et de retourner en Italie ; mais tous revinrent après quelques semaines ou quelques mois de vagabondage : car si le camp n'était pas surveillé, les lointaines frontières l'étaient, elles, et fortement.

Il n'y avait du côté russe aucune velléité de pression idéologique, et même aucune tentative de discrimination entre nous. Notre communauté était trop compliquée : ex-militaires de l'ARMIR, ex-partisans, ex-déportés d'Auschwitz, ex-collaborateurs de la Todt, ex-condamnés de droit commun et prostituées de San Vittore, communistes ou monarchistes ou fascistes que nous étions, à notre égard s'exerçait de la part des Russes la plus impartiale des indifférences. Nous étions Italiens, un point c'est tout : le reste était *vsjò ravnò,* dans le même sac.

Nous dormions sur des planches en bois couvertes de paillasses : soixante centimètres par homme. Nous protestâmes tout d'abord parce que cela nous semblait peu : mais le Commandement russe nous fit aimablement remarquer que nos réclamations étaient sans fondement. A l'extrémité de chaque planche on pouvait lire, gribouillés au crayon, les noms des soldats soviétiques qui avaient occupé ces places avant nous : nous n'avions qu'à voir, il y avait un nom tous les cinquante centimètres.

On pouvait dire la même chose de la nourriture. Nous recevions un kilo de pain par jour, du pain de seigle, presque sans levain, humide et acide : mais c'était beaucoup et c'était leur pain. Et la *kacha* quotidienne était leur *kacha* : un petit bloc compact de lard, de millet, de haricots blancs, de viande et d'épices, nourrissant mais terriblement indigeste que nous apprîmes à rendre comestible après plusieurs jours d'expériences, en le faisant bouillir pendant des heures.

Trois ou quatre fois par semaine, on nous distribuait le poisson, *ryba.* C'était du poisson de rivière, d'une fraîcheur douteuse, plein d'arêtes, gros, cru, non salé. Qu'en faire ? Peu d'entre nous se résignèrent à le manger tel quel (à l'instar d'un grand nombre de Russes) : pour le cuire, il nous manquait les récipients, l'assaisonnement, le sel, et l'art. Nous comprîmes en peu de temps que la meilleure chose à faire était de le revendre aux Russes eux-mêmes, aux paysans du village, ou aux soldats qui passaient : un nouveau métier pour Cesare qui en peu de temps le porta au plus haut degré de perfection technique.

Le matin des jours de poisson, Cesare faisait le tour des dortoirs, muni d'un morceau de fil de fer. Il recueillait la ryba, l'embrochait sur son fil, enfilait en bandoulière la guirlande odorante et disparaissait. Il revenait plusieurs heures plus tard, parfois le soir, et distribuait équitablement entre ses clients des roubles, du fromage, des quarts de poulet et des œufs, au bénéfice de tout le monde et principalement du sien.

Avec les premiers gains de son commerce il s'acheta une balance, ce dont son prestige professionnel s'accrut notablement. Mais pour réaliser parfaitement un de ses projets, il lui fallait un autre instrument d'une utilité moins évidente : une seringue. Il n'y avait aucun espoir d'en trouver une au village, aussi vint-il me voir à l'infirmerie et me demanda si je pouvais lui en prêter une.

— Qu'est-ce que tu veux en faire ? lui demandai-je.

— Qu'est-ce que ça peut te foutre ? Une seringue. Vous en avez plein ici.

— De quel format ?

— La plus grosse que vous ayez. Ça ne fait rien si elle n'est pas en très bon état.

Il y en avait une en effet, de vingt centimètres cubes, ébréchée et pratiquement inutilisable. Cesare l'examina soigneusement et déclara qu'elle faisait son affaire.

— Mais à quoi ça te servira, lui demandai-je encore une fois. Cesare me regarda d'un œil torve, choqué par mon manque de tact. Il me dit que c'était ses oignons, une idée à lui, une expérience et que ça pouvait finir bien ou mal et que de toute façon j'avais un certain toupet de vouloir m'occuper à tout prix de ses affaires privées. Il enveloppa avec soin la seringue et s'en alla comme une reine offensée.

Toutefois le secret de la seringue fut rapidement éventé : la vie à Staryje Doroghi laissait trop de loisirs pour qu'on n'y vît pas proliférer les commérages et l'immixtion dans les affaires d'autrui. Les jours suivants, la Letizia vit Cesare aller chercher de l'eau avec un seau et le porter dans le bois ; la Stellina l'aperçut dans le bois, assis par terre, son seau au milieu d'une couronne de poissons auxquels « il semblait donner à manger » ; et finalement Rovati, son concurrent, le rencontra au village : il n'avait plus de seau et vendait des poissons mais c'était des poissons très étranges, gras, durs et ronds et non pas plats et flasques comme ceux qu'on nous distribuait.

Comme il advient pour beaucoup de découvertes scientifiques, l'idée de la seringue avait jailli d'un échec et d'une observation fortuite. Quelques jours auparavant, Cesare avait marchandé du poisson au village contre une poule vivante. Il était revenu à la Maison Rouge, persuadé d'avoir fait une excellente affaire : pour deux poissons seulement on lui avait donné une belle poularde, plus très jeune et l'air un peu mélancolique, mais extraordinairement grasse et grosse. Mais après l'avoir tuée et plumée il s'était aperçu que quelque chose n'allait pas ; la poule était dissymétrique, elle avait le ventre tout d'un côté et offrait au toucher quelque chose de dur, de mobile et d'élastique. Ce n'était pas un œuf mais une grosse tumeur aqueuse.

Cesare naturellement avait paré au plus pressé et avait réussi à vendre immédiatement l'animal à Rovi en personne, en y gagnant par surcroît : mais après, comme un héros stendhalien, il avait médité là-dessus. Pourquoi ne pas imiter la nature ? Pourquoi ne pas essayer avec les poissons ?

D'abord il avait essayé de les remplir d'eau avec une paille, par la bouche, mais l'eau était rejetée. Alors il avait pensé à la seringue. Avec la seringue, dans beaucoup de cas il enregistrait un certain progrès qui dépendait cependant du point où l'on pratiquait l'injection : selon ce point, l'eau ressortait tout de suite ou peu après, ou bien restait indéfiniment. Alors Cesare avait disséqué divers poissons avec un petit couteau et avait pu établir que l'injection, pour avoir un effet permanent, devait être faite dans la vessie natatoire.

De cette façon les poissons, que Cesare vendait au poids, rapportaient 20 à 30 % de plus que les poissons normaux et avaient en outre un aspect plus attrayant. Certes, on ne pouvait vendre deux fois de suite la *ryba* qui avait subi un tel traitement ; mais on pouvait très bien la vendre aux soldats russes démobilisés qui passaient sur la route en direction de l'est et qui ne s'apercevraient de cette histoire d'eau qu'à plusieurs kilomètres.

Mais un jour il revint le visage sombre ; il était sans poisson, sans argent et sans marchandise : « Je me suis fait avoir... » Pendant deux jours il n'y eut pas moyen de lui adresser la parole, il restait recroquevillé sur sa paillasse, hérissé comme un porc-épic et ne descendait que pour les repas. Il lui était arrivé une aventure différente des autres.

Il me la raconta plus tard, pendant une très longue soirée tiède, en me recommandant de ne pas la colporter car son honorabilité commerciale en aurait souffert. En effet le poisson ne lui avait pas été arraché par un Russe féroce, comme il avait essayé d'abord de le faire croire : la vérité était tout autre. Le poisson, il en avait fait cadeau, m'avoua-t-il, plein de honte.

Il était allé au village et pour éviter des clients roulés précédemment, il ne s'était pas fait voir dans la rue principale mais avait emprunté un sentier qui s'enfonçait dans le bois ; après quelques centaines de mètres il avait vu une petite maison isolée, une baraque en briques et en tôle, plutôt. Dehors il y avait une femme maigre, vêtue de noir, et trois enfants pâles assis sur le seuil. Il s'était approché et lui avait offert le poisson ; la femme lui avait fait comprendre que le poisson elle en voulait bien, mais qu'elle n'avait rien à lui donner en échange et que ses enfants et elle n'avaient rien mangé depuis deux jours. Elle l'avait fait entrer dans la baraque, et dans la baraque il n'y avait rien : des litières de paille, comme dans un chenil.

A ce moment les enfants l'avaient regardé avec des yeux tels que Cesare avait jeté le poisson et s'était sauvé comme un voleur.

LE BOIS ET LA ROUTE

Nous restâmes à Staryje Doroghi, dans cette Maison Rouge pleine de mystères et d'embûches comme un château enchanté, pendant deux longs mois : du 15 juillet au 15 septembre 1945.

Ce furent des mois d'oisiveté et de bien-être relatif et donc pleins d'une nostalgie pénétrante. La nostalgie est une souffrance fragile et douce, radicalement différente, car plus intime et plus humaine, des autres peines qui nous avaient été infligées : coups, froid, faim, terreur, dégradation, maladie. C'est une douleur limpide et pure mais lancinante : elle envahit chaque minute, ne laisse pas de place pour d'autres pensées et provoque un désir d'évasion.

C'est peut-être pour cela que la forêt autour du camp exerçait sur nous une attirance profonde. Sans doute parce qu'elle offrait à celui qui le recherchait le don inestimable de la solitude dont nous étions privés depuis si longtemps ! Ou bien parce qu'elle nous rappelait d'autres bois, d'autres solitudes, ceux de notre existence antérieure ; ou, au contraire, parce qu'elle était plus solennelle, plus austère et plus intacte que tous les décors que nous avions connus.

Au nord de la Maison Rouge, de l'autre côté de la route, s'étendait un terrain composite fait de maquis, de clairières et de pinèdes, coupé de marécages et de fines langues de sable blanc. Parfois un sentier tortueux et à peine tracé menait à de lointaines masures. Mais vers le sud, à quelques centaines de pas de la Maison Rouge, toute trace humaine disparaissait, ainsi que toute trace de vie animale si l'on excepte l'éclair fauve d'un écureuil ou l'œil fixe et sinistre d'une couleuvre d'eau, enroulée autour d'un tronc pourri. Il n'y avait pas de sentiers, pas de traces de forestiers, rien : silence, abandon et des troncs dans toutes les directions, troncs pâles des bouleaux, troncs roux des conifères, élancés verticalement vers un ciel invisible ; le sol aussi était invisible, recouvert par une épaisse couche de feuilles mortes et d'aiguilles de pin et par des buissons sauvages qui arrivaient à la ceinture.

La première fois que j'y pénétrai, j'appris à mes dépens, avec surprise et frayeur, que le risque de « se perdre dans les bois » n'existe pas seulement dans les contes. J'avais marché pendant une heure environ, m'orientant le mieux possible sur le soleil, visible par endroits, là où les branches étaient le moins denses ; puis le ciel se couvrit et se mit à la pluie : quand je voulus revenir sur mes pas je me rendis compte que je ne retrouvais plus le nord. De la mousse sur les troncs ? Il y en avait de tous les côtés. Je pris la direction que je croyais être la bonne, mais après une marche longue et pénible à travers ronces et fourrés je me retrouvai en un point aussi indéfini que celui que je venais de quitter.

Je marchai encore pendant des heures, de plus en plus las et inquiet, presque jusqu'au coucher du soleil ; et déjà je pensais que même si mes camarades étaient partis à ma recherche ils ne m'auraient jamais trouvé, ou qu'ils ne me trouveraient que plusieurs jours plus tard, mourant de faim, mort peut-être. Quand la lumière du jour commença à pâlir, des essaims de gros moustiques affamés et d'autres insectes indéfinissables, gros et durs comme des balles de fusil, se levèrent et commencèrent à zigzaguer entre les troncs, me frappant au visage. Alors je décidai de partir devant moi, *grosso modo* vers le nord (c'est-à-dire en laissant sur ma gauche une traînée de ciel plus lumineuse qui devait correspondre au couchant), et de marcher sans m'arrêter jusqu'à ce que je rencontre la grand-route ou un sentier, ou une trace quelconque. J'avançai ainsi dans l'interminable crépuscule de l'été septentrional jusqu'à la nuit noire, en proie désormais à la panique, à la frayeur ancestrale des ténèbres, de la forêt, du vide. Malgré ma fatigue, j'éprouvais le désir violent de me mettre à courir droit devant moi, dans une direction quelconque, jusqu'à épuisement de mes forces.

J'entendis tout à coup le sifflement du train : j'avais donc la voie de chemin de fer sur ma droite alors que, d'après la représentation que je m'en étais faite, elle aurait dû être très loin sur ma gauche. J'allais donc dans la direction opposée. En suivant le bruit du train, j'atteignis la voie ferrée avant la nuit et, en suivant les rails brillants en direction de la Petite Ourse réapparue entre les nuages, j'arrivai sain et sauf à Staryje Doroghi, puis à la Maison Rouge.

Mais il y en avait qui s'étaient installés dans la forêt et qui y vivaient : le premier avait été Cantarella, un des « Roumains » qui s'était découvert une vocation d'ermite. Cantarella était un marin calabrais de très haute stature et d'une maigreur ascétique, taciturne et misanthrope. Il s'était construit une cabane de troncs et de feuillage à une demi-heure du camp et il vivait là, dans une solitude sauvage, vêtu seulement d'un pagne. C'était un contemplatif, mais pas un oisif : il exerçait une curieuse activité sacerdotale.

Il possédait un marteau et une sorte d'enclume grossière qu'il avait tirée d'un résidu de guerre et encastrée dans un bloc de bois : avec ces instruments et de vieilles boîtes de conserve, il fabriquait des marmites et des poêles avec une grande habileté et une diligence religieuse.

Il les fabriquait sur commande, pour les nouveaux couples. Quand, dans notre communauté hétéroclite, un homme et une femme décidaient de vivre ensemble et sentaient donc le besoin d'un minimum d'objets pour monter leur ménage, ils allaient trouver Cantarella en se tenant par la main. Lui, sans poser de questions, se mettait au travail et en un peu plus d'une heure, avec de savants coups de marteau, pliait et aplatissait la tôle selon la forme désirée par les époux. Il ne demandait rien en échange mais il acceptait les dons en nature, le pain, le fromage, les œufs ; ainsi le mariage était célébré et Cantarella avait de quoi vivre.

Il y avait d'autres habitants dans le bois : je m'en aperçus un jour en suivant au hasard un sentier rectiligne et bien tracé qui s'enfonçait vers l'ouest et que je n'avais pas remarqué jusqu'alors. Il conduisait dans une partie du bois particulièrement dense, empruntait une vieille tranchée et aboutissait à la porte d'une cabane de rondins, presque entièrement enterrée ; du sol ne dépassaient que le toit et une cheminée. Je poussai la porte qui céda : il n'y avait personne mais le lieu était habité. Sur le sol de terre battue, mais balayé et propre, un petit poêle, des plats, une gamelle militaire ; dans un coin, une litière de foin ; suspendus au mur, des vêtements féminins et des photographies masculines.

Je revins au camp et je découvris que j'étais le seul à ne pas connaître l'endroit : dans la casemate, au vu et au su de tous, vivaient deux Allemandes. C'étaient deux auxiliaires de la Wehrmacht qui n'avaient pas réussi à suivre les Allemands en déroute et étaient restées seules dans l'immensité des espaces russes. Elles avaient peur des Russes et ne s'étaient donc pas livrées. Elles avaient vécu de façon précaire pendant des mois, de menus larcins, d'herbes et à l'occasion de prostitution clandestine au bénéfice des Anglais et des Français qui avaient occupé avant nous la Maison Rouge, jusqu'à ce que la garnison italienne leur eût apporté sécurité et prospérité.

Les femmes de notre colonie étaient peu nombreuses, pas plus de deux cents, et presque toutes avaient vite trouvé à s'établir : elles n'étaient plus disponibles. Aussi, pour un nombre non précisé d'Italiens, aller « chez les filles du bois » était devenu une habitude et l'unique alternative au célibat. Une alternative riche d'un charme complexe : parce que l'entreprise était secrète et vaguement périlleuse (beaucoup plus pour les femmes que pour eux en vérité), parce qu'elles étaient étrangères et devenues à demi sauvages, parce qu'elles étaient dans le besoin et qu'on avait donc l'impression exaltante de les « protéger » ; et à cause du décor exotique et enchanté de ces rencontres.

En dehors de Cantarella, le bois avait aussi permis à l'homme de Velletri de se retrouver. L'expérience qui consiste à transplanter dans la civilisation un « sauvage » a été tentée plusieurs fois, souvent avec plein succès, pour démontrer l'unité fondamentale de l'espèce humaine ; chez l'homme de Velletri c'était l'expérience inverse qui se réalisait car, originaire des rues surpeuplées du Trastevere, il s'était métamorphosé en sauvage avec une étonnante facilité.

En réalité, il n'avait jamais dû être très civilisé.

Juif d'une trentaine d'années, rescapé d'Auschwitz, il avait dû poser un problème au fonctionnaire du camp affecté aux tatouages car des dessins antérieurs recouvraient totalement ses avant-bras musclés : les noms de ses femmes, m'expliqua Cesare qui le connaissait depuis longtemps et qui me précisa que son surnom ne correspondait à rien et qu'il n'était même pas né à Velletri mais y avait été mis en nourrice.

Il ne couchait presque jamais à la Maison Rouge : il vivait dans la forêt, pieds nus et à peine vêtu. Il vivait comme nos lointains ancêtres ; il tendait des pièges aux lièvres et aux renards, grimpait sur les arbres pour dénicher les œufs, abattait les tourterelles à coups de pierres, ne dédaignait pas les poulaillers des habitations les plus éloignées ; il cueillait des champignons et des baies qu'on n'estimait pas comestibles et le soir il n'était pas rare de le rencontrer dans les parages du camp, accroupi sur ses talons devant un grand feu, en train de faire rôtir la proie de la journée, en chantant d'une voix rude. Puis il dormait par terre, à côté de ses braises. Mais comme il était tout de même un enfant d'homme, il poursuivait à sa manière la vertu et la connaissance et il perfectionnait de jour en jour ses dons et ses instruments : il se fabriqua un couteau puis une sagaie et une hache et, s'il en avait eu le temps, je ne doute pas qu'il eût redécouvert l'agriculture et l'élevage.

Quand la journée était bonne, il devenait liant et sociable : à travers Cesare, qui le présentait volontiers comme un phénomène de foire et racontait ses légendaires aventures, il nous invitait tous à des festins pantagruéliques de viandes grillées et, si quelqu'un refusait, il devenait méchant et tirait son couteau.

Après quelques jours de pluie, de soleil et de vent, il y eut une grande quantité de myrtilles et de champignons dans les bois. L'intérêt n'était plus seulement bucolique et sportif mais utilitaire. Une fois prises les précautions qu'il fallait pour ne pas s'égarer sur le chemin du retour, nous passions des journées entières à la cueillette. Les myrtilles, dont les arbustes s'élevaient beaucoup plus haut que ceux de chez nous, étaient aussi grosses que des noisettes et extrêmement savoureuses. Nous en rapportions des kilos au camp et nous tentâmes même, mais en vain, d'en faire fermenter le jus et d'en tirer du vin. Quant aux champignons, on en trouvait de deux espèces : les uns étaient des cèpes normaux, savoureux, sûrement comestibles ; les autres, semblables aux premiers comme forme et comme odeur mais plus gros, ligneux et de couleurs un peu différentes.

Aucun de nous n'était certain qu'ils fussent comestibles ; d'autre part, pouvait-on les laisser pourrir dans le bois ? Impossible : nous étions tous mal nourris et, en outre, le souvenir de la faim d'Auschwitz était trop récent. Il s'était mué en un violent stimulant mental qui nous obligeait à nous remplir l'estomac à outrance, et nous interdisait absolument de renoncer à une occasion quelconque de manger. Cesare ramassa une bonne quantité de cèpes et les fit bouillir selon des prescriptions et des précautions qui m'étaient inconnues, ajoutant au tout de la vodka et de l'ail achetés au village, qui « tuent tous les poisons ». Puis il en mangea lui-même, mais peu, et en offrit en petite quantité à beaucoup de monde de façon à limiter les risques et à disposer d'un grand éventail de cas le jour suivant. Le lendemain il fit le tour des dortoirs. Jamais il n'avait été aussi cérémonieux et empressé : « Comment allez-vous, madame Elvira ?... Et vous monsieur Vincenzo ?... Vous avez bien dormi ?... Vous avez passé une bonne nuit ?... » tout en les regardant d'un œil clinique. Tous allaient parfaitement bien. On pouvait manger les étranges champignons.

Pour les plus paresseux et les plus riches, il n'était pas nécessaire d'aller dans les bois pour se procurer des « extras » alimentaires. Bien vite les contacts commerciaux entre le village de Staryje Doroghi et la Maison Rouge devinrent intenses. Tous les matins arrivaient des paysannes avec leurs paniers et leurs seaux : elles s'asseyaient par terre et restaient immobiles pendant des heures dans l'attente des clients. S'il y avait une averse, elles ne bougeaient pas mais rabattaient simplement leurs jupes sur la tête. Les Russes firent deux ou trois tentatives pour les chasser, ils affichèrent deux ou trois avis bilingues qui menaçaient les contrevenants de peines d'une sévérité insensée puis, comme d'habitude, ils se désintéressèrent de la chose et les marchandages continuèrent tranquillement.

C'étaient des paysannes vieilles et jeunes : les premières avec le costume traditionnel : veste et jupes rembourrées, capitonnées, et foulard noué sur la tête ; les secondes en robes de coton légères, les pieds nus la plupart du temps, franches, hardies et le rire prompt mais jamais effrontées. Outre les champignons, les myrtilles et les framboises, elles vendaient du lait, du fromage, des œufs, des poulets, des légumes, des fruits et acceptaient en échange du poisson, du pain, du tabac et n'importe quelle pièce d'habillement ou bout de tissu, même le plus élimé et déchiré ; des roubles aussi, naturellement, pour ceux qui en avaient encore.

Cesare, en peu de temps, les connut toutes, les jeunes particulièrement. J'allais souvent avec lui pour assister à leurs intéressants marchandages. Je n'entends certes pas nier qu'en affaires il faille parler la même langue mais, par expérience, je peux affirmer que cette condition n'est pas strictement nécessaire : chacun des deux sait bien ce que l'autre désire, il ne connaît pas au début l'intensité d'un tel désir, que ce soit de vendre ou d'acheter, mais il le déduit parfaitement des mimiques de l'autre, de ses gestes et du nombre de ses répliques.

Voici Cesare qui se présente de bon matin au marché avec un poisson. Il cherche et trouve Irina, qui a le même âge et qui est son amie : il a gagné sa sympathie il y a longtemps en la baptisant « Greta Garbo » et en lui faisant cadeau d'un crayon. Irina a une vache et vend du lait, *moloko* ; et même souvent le soir, en revenant des prés, elle s'arrête devant la Maison Rouge et trait le lait directement dans les récipients de sa clientèle. Ce matin, il s'agit d'apprécier combien de lait vaut le poisson de Cesare. Cesare montre une marmite de deux litres (c'est une de celles de Cantarella, et Cesare l'a récupérée d'un *« ménage »* [1] qui s'est défait pour incompatibilité d'humeur), et montre, de sa main tendue, paume baissée, qu'il la veut pleine. Irina rit et

1. En français dans le texte, N.D.T.

répond avec des paroles vives et harmonieuses, probablement des injures ; elle éloigne d'une claque la main de Cesare et indique avec deux doigts la paroi de la marmite à mi-hauteur.

C'est au tour de Cesare de s'indigner : il brandit le poisson (non trafiqué), le soulève par la queue à grand-peine, comme s'il pesait vingt kilos et dit : « C'est une ryba du tonnerre ! » puis il le fait passer sous le nez d'Irina sur toute sa longueur tout en fermant les yeux, et il fait une longue inspiration comme s'il était enivré par le parfum du poisson. Profitant du moment où Cesare a les yeux fermés, rapide comme un chat, Irina lui arrache le poisson, en détache d'un coup la tête de ses dents blanches et envoie dans la figure de Cesare le corps flasque et mutilé, de toute la force, non négligeable, dont elle dispose. Puis pour ne pas gâcher l'amitié et compromettre les pourparlers, elle touche la marmite aux trois quarts de sa hauteur : un litre et demi. Cesare, à demi étourdi sous le coup, marmonne d'une voix caverneuse : « Qu'est-ce que ça doit être au lit ! », et il ajoute d'autres galanteries obscènes propres à rétablir son honneur viril ; mais il accepte l'offre d'Irina et lui laisse le poisson qu'elle dévore séance tenante.

Nous devions retrouver la vorace Irina plus tard, à diverses reprises, dans un contexte plutôt embarrassant pour nous, Latins, et tout à fait normal pour elle.

Dans une clairière, à mi-distance du village et du camp, il y avait un bain public, comme dans tous les villages russes. A Staryje Doroghi il fonctionnait alternativement pour les Russes et pour nous. C'était un hangar en bois, avec deux bancs de pierre à l'intérieur et, un peu partout des baignoires en zinc de différentes tailles. Au mur, des robinets avec de l'eau froide et de l'eau chaude à volonté. Mais ce n'était pas le cas du savon qui était distribué avec une grande parcimonie dans le vestiaire. Le fonctionnaire affecté à la distribution du savon était Irina.

Elle était assise devant une petite table avec un pain de savon grisâtre et malodorant et tenait un couteau à la main. On se déshabillait, on confiait ses habits à la désinfection et on se mettait en file complètement nus, devant la table d'Irina. Dans ses fonctions officielles la jeune fille était très sérieuse et incorruptible ; le front plissé par l'attention et la langue serrée puérilement entre les dents, elle coupait une petite tranche de savon pour chaque aspirant au bain, un peu plus mince pour les maigres, un peu plus épaisse pour les gros, sans qu'on sût si elle suivait des instructions ou si elle était mue par une exigence inconsciente de justice dans la distribution. Pas un muscle de son visage ne bougeait aux impertinences des clients les plus grossiers.

Après le bain il fallait récupérer ses vêtements dans la chambre de désinfection, et c'était là une autre surprise que nous réservait le régime de Staryje Doroghi. La chambre était chauffée à 120° : quand on nous dit la première fois qu'il fallait y entrer pour en retirer nos affaires nous nous regardâmes, perplexes : les Russes sont de bronze, nous l'avions remarqué en maintes occasions, mais nous, non, et nous aurions été rôtis. Puis l'un de nous essaya et l'on s'aperçut que l'entreprise n'était pas aussi terrible qu'elle en avait l'air, à condition de prendre les précautions suivantes : entrer bien mouillé, savoir à l'avance le numéro de son portemanteau, prendre profondément sa respiration avant de passer la porte et puis ne plus respirer, ne toucher aucun objet de métal et surtout se dépêcher.

Les habits désinfectés présentaient des phénomènes intéressants : cadavres de poux explosés, étrangement déformés ; des stylos d'ébonite oubliés dans les poches de quelque propriétaire aisé, tout tordus et avec leur capuchon soudé ; des bouts de bougies fondus et absorbés par le tissu ; un œuf laissé dans une poche à titre expérimental, tout fendillé et desséché en une masse cornée mais encore comestible. Mais les deux employés russes entraient et sortaient de la fournaise avec indifférence comme les salamandres de la légende.

Les journées à Staryje Doroghi passaient ainsi, dans une indolence interminable, somnolente et bénéfique comme une longue vacance, rompue seulement de temps à autre par la pensée douloureuse de la maison lointaine et par l'enchantement de ces retrouvailles avec la nature. Il était vain de s'adresser aux Russes du Commandement pour savoir pourquoi nous n'étions pas rapatriés, quand nous le serions, de quelle façon, quel avenir nous attendait ; ils n'en savaient pas plus que nous ou bien, avec une candeur courtoise, nous gratifiaient des réponses les plus fantastiques, terrifiantes ou insensées. Qu'il n'y avait pas de trains, ou que la guerre allait éclater avec l'Amérique, ou qu'on allait bientôt nous envoyer travailler dans les kolkhozes, ou qu'on attendait de nous échanger contre des prisonniers russes en Italie... Ils nous annonçaient ces énormités sans haine et sans dérision et même avec une sollicitude quasi affectueuse, comme on parle aux enfants qui posent trop de questions, pour qu'ils se tiennent tranquilles. En réalité, ils ne comprenaient pas notre hâte à retourner chez nous : n'avions-nous pas le vivre et le couvert ? Que nous manquait-il à Staryje Doroghi ? Nous n'avions même pas à travailler ; et eux, alors, soldats de l'Armée Rouge qui avaient fait la guerre pendant quatre ans et qui l'avaient gagnée, se lamentaient-ils de n'être pas encore retournés dans leurs foyers ?

Ils revenaient en effet chez eux par petits paquets, lentement et, d'après les apparences, dans un désordre extrême. Le spectacle de la démobilisation russe que nous avions déjà admiré à Katowice se poursuivait maintenant sous une autre forme, jour après jour, sous nos yeux ; il n'y avait plus de chemin de fer, mais sur la route devant la Maison Rouge, on voyait passer d'ouest en est des lambeaux de l'armée victorieuse, en détachements compacts ou épars à toute heure du jour ou de la nuit. Des hommes passaient à pied, souvent avec leurs chaussures sur l'épaule pour économiser les semelles car la route était longue ; en uniforme ou sans uniforme, avec ou sans armes, certains chantant allègrement, d'autres blafards et épuisés. Certains portaient sur le dos des sacs ou des valises ; d'autres les objets le plus disparates, une chaise rembourrée, un lampadaire, des marmites en cuivre, une radio, une pendule.

D'autres défilaient sur des charrettes ou à cheval, d'autres encore en moto, par groupes, ivres de vitesse, dans un fracas infernal. Des autocars Dodge de fabrication américaine passaient bourrés d'hommes jusque sur le coffre et sur les garde-boue. D'autres traînaient une remorque tout aussi bondée. Nous vîmes une de ces remorques rouler sur trois roues : à la place de la quatrième on avait mis un pin, en position oblique, de façon qu'une extrémité appuie sur le sol en y glissant. Au fur et à mesure qu'elle s'usait, on poussait le tronc un peu plus bas pour maintenir le véhicule en équilibre. Juste avant la Maison Rouge, un des trois pneus survivants s'affaissa ; les occupants, une vingtaine, descendirent, basculèrent la remorque sur le bord du chemin et s'entassèrent à leur tour sur l'autocar déjà bondé qui repartit dans un nuage de poussière tandis que tous criaient *hourra*.

Puis, d'autres véhicules insolites, tous surchargés. Des tracteurs agricoles, des fourgons postaux, des autobus allemands anciennement affectés à des lignes urbaines qui portaient encore des plaques avec les noms des terminus de Berlin ; et d'autres au moteur en panne, remorqués par des engins motorisés ou par des chevaux.

Vers les premiers jours d'août, cette migration multiple commença à changer sensiblement de nature. Petit à petit, les chevaux commencèrent à l'emporter sur les moyens de traction mécanique. Une semaine plus tard il n'y avait plus qu'eux : la route leur appartenait. Ce devaient être tous les chevaux de l'Allemagne occupée, par dizaines de milliers chaque jour. Ils passaient interminablement, dans une nuée de mouches et de taons, dans une odeur forte, las, en sueur, affamés ; poussés et stimulés par les cris et les coups de fouet de jeunes filles, une par cent chevaux et plus, à cheval elles aussi sans selle, jambes nues, rouges et échevelées. Le soir, elles poussaient les chevaux dans les prairies et dans les bois sur le bord des routes pour qu'ils puissent paître en liberté et se reposer jusqu'à l'aube. Il y avait des chevaux de trait, des chevaux de course, des mulets, des juments avec leurs poulains qui tétaient, de vieilles haridelles ankylosées, des ânes ; nous nous aperçûmes bien vite que non seulement ils n'étaient pas comptés mais que leurs gardiennes ne se souciaient pas le moins du monde des bêtes qui quittaient la route fatiguées, malades ou estropiées, ou qui se perdaient durant la nuit. Il y avait tant et tant de chevaux ! Quelle importance s'il en arrivait à destination un de plus ou un de moins ?

Mais pour nous, à peu près privés de viande depuis dix-huit mois, un cheval de plus ou de moins avait une énorme importance. Le premier à ouvrir la chasse ce fut, naturellement, l'homme de Velletri. Il vint nous réveiller un matin, ensanglanté de la tête aux pieds et tenant encore à la main l'arme élémentaire dont il s'était servi, un éclat d'obus attaché par des courroies au bout d'un bâton à deux pointes.

De l'enquête que nous menâmes (car il ne s'expliquait pas bien oralement) il résulta qu'il avait donné le coup de grâce à un cheval probablement mourant : le pauvre animal avait un aspect plutôt louche : ventre gonflé qui résonnait comme un tambour, bave à la bouche ; il devait avoir rué tout la nuit, en proie à Dieu sait quels tourments car, couché sur le côté, il avait creusé avec ses sabots dans l'herbe deux profonds demi-cercles de terre brune. Mais nous le mangeâmes tout de même.

Par la suite plusieurs couples de chasseurs-bouchers se constituèrent, qui ne se contentaient plus d'abattre les chevaux malades ou égarés, mais qui choisissaient les plus gras, les faisaient délibérément sortir du troupeau et les abattaient ensuite dans le bois. Ils agissaient de préférence aux premières lueurs de l'aube ; l'un couvrait d'un morceau de tissu les yeux de l'animal et l'autre lui assenait le coup mortel (quand il l'était) sur la nuque.

Ce fut une période d'absurde abondance : il y avait de la viande de cheval pour tout le monde, sans aucune limitation, gratuitement. Tout au plus les chasseurs demandaient-ils pour un cheval abattu deux ou trois rations de tabac. Partout dans la forêt et, quand il pleuvait, dans les couloirs et sous les escaliers de la Maison Rouge on voyait des hommes et des femmes occupés à cuire d'énormes biftecks de cheval aux champignons sans lesquels, nous autres qui revenions d'Auschwitz, aurions tardé encore bien des mois à retrouver nos forces.

Les Russes du Commandement ne se soucièrent pas le moins du monde de ce pillage. Il y eut une seule intervention et une seule punition : vers la fin du passage des chevaux, lorsque déjà la viande devenait plus rare et que les prix tendaient à monter, un des hommes de la « congrégation de San Vittore » eut le toupet d'ouvrir une véritable boucherie dans un des nombreux réduits de la Maison Rouge. Cette initiative déplut aux Russes, on ne sut pas très bien si c'était pour des raisons hygiéniques ou morales. Le coupable fut réprimandé publiquement, déclaré *« č »* (diable), *parazít, spjekulànt,* et flanqué en prison.

Ce n'était pas une punition bien sévère : en prison, pour des raisons obscures, peut-être par tradition bureaucratique d'un temps où cette prison n'hébergeait que trois prisonniers, trois rations alimentaires étaient distribuées par jour. Que les détenus fussent neuf, un, ou qu'il n'y en eût aucun, peu importait : il y avait toujours trois rations. Au bout de dix jours de suralimentation, après avoir purgé sa peine, le boucher abusif sortit de prison gras comme un porc et plein de joie de vivre.

VACANCE

Comme toujours, la disparition de la faim mit au jour une faim plus profonde. Plus que le retour dans nos foyers, en quelque sorte escompté et projeté dans le futur, nous désirions, de façon plus immédiate et plus urgente, des contacts humains, un travail physique et mental, de la nouveauté et de la variété.

La vie à Staryje Doroghi, à peu près idéale si on l'entendait comme une parenthèse de vacances au milieu d'une existence active, commençait à nous peser par l'oisiveté totale à laquelle elle nous contraignait. Dans ces conditions, plusieurs s'en allèrent, en quête d'aventures. Il aurait été impropre de parler d'évasions car le camp n'était ni clos ni surveillé et les Russes ne nous comptaient pas ou nous comptaient mal : certains dirent simplement au revoir à leurs amis et prirent la clef des champs. Ils eurent ce qu'ils cherchaient : ils virent du pays et des gens, ils poussèrent très loin, jusqu'à Odessa et à Moscou, d'autres jusqu'aux frontières ; ils connurent les chambres de sûreté de villages perdus, l'hospitalité biblique des paysans, des amours de rencontre, les interrogatoires naturellement stupides de la police, la faim de nouveau, et la solitude. Ils revinrent presque tous à Staryje Doroghi, car, si autour de la Maison Rouge il n'y avait pas l'ombre d'un fil barbelé, ils avaient trouvé hermétiquement close la légendaire frontière vers l'Occident qu'ils tentaient de forcer.

Ils revinrent, ils se firent à ce régime de limbes. Les journées de l'été nordique étaient interminables : il faisait jour à trois heures du matin et le coucher du soleil se traînait, infatigable, jusqu'à neuf ou dix heures du soir. Les excursions dans le bois, les repas, le sommeil, les bains risqués dans les marais, les conversations constamment reprises, les projets d'avenir, ne suffisaient pas à abréger le temps de cette attente et à en alléger le poids qui croissait de jour en jour.

Nous tentâmes avec peu de succès de nous rapprocher des Russes. Envers nous les plus évolués (qui parlaient allemand ou anglais) se montraient courtois et indifférents et souvent interrompaient net un dialogue comme s'ils se sentaient en faute ou surveillés. Avec les plus simples, les soldats de dix-sept ans du Commandement et avec les paysans des alentours, les obstacles de langue nous obligeaient à des rapports tronqués et élémentaires.

Il est six heures du matin mais depuis longtemps la lumière du jour a fait fuir le sommeil. Avec une marmite de pommes de terre dénichées par Cesare, je me dirige vers un petit bois où coule un filet d'eau. Comme il y a de l'eau et du bois, c'est là mon endroit préféré pour les opérations culinaires et aujourd'hui je suis chargé de laver la vaisselle et de faire cuire les pommes de terre. J'allume le feu entre trois pierres ; voilà un Russe petit mais musclé, à l'épais faciès asiatique occupé aux mêmes préparatifs que moi. Il n'a pas d'allumettes : il s'approche de moi et, à ce qu'il me semble, me demande du feu. Il est torse nu et ne porte que des pantalons militaires ; son aspect n'est pas très rassurant. Il porte sa baïonnette à la ceinture.

Je lui tends un brandon allumé. Le Russe le prend et reste là à me regarder avec une curiosité soupçonneuse. Il pense peut-être que mes pommes de terre sont volées ? Ou bien il médite de me les prendre, lui ? Ou bien il m'a pris pour quelqu'un dont la tête ne lui revient pas ?

Mais non, il y a autre chose qui le trouble. Il s'est aperçu que je ne parle pas russe et ça le contrarie. Le fait qu'un homme adulte et normal ne parle pas russe et donc ne parle pas, lui semble être une attitude arrogante et insolente, comme si je refusais ouvertement de lui répondre. Il n'est pas mal intentionné, il est même disposé à me donner un coup de main pour me tirer de mon état d'ignorance coupable : le russe est si facile, tout le monde le parle, même les enfants qui ne savent pas encore marcher. Il s'assied à côté de moi ; je continue à craindre pour les pommes de terre et je l'ai à l'œil, mais lui, de toute évidence, n'a d'autre désir que celui de m'aider à rattraper le temps perdu. Il ne comprend pas, il n'admet pas mon refus : il veut m'enseigner sa langue.

Malheureusement, il n'est pas très doué pour l'enseignement : il lui manque de la méthode, de la patience, et en outre il part du principe erroné que je peux suivre ses explications et ses commentaires. Tant qu'il ne s'agit que de mots, ça va encore assez bien et le jeu, au fond, ne me déplaît pas. Il m'indique une pomme de terre et dit : *« Kartòfel »,* puis il me saisit par l'épaule de sa patte puissante, me met un doigt sous le nez, tend l'oreille et attend. Je répète : *« Kartòfel ».* Il prend un air dégoûté : ma prononciation ne va pas, pas même la prononciation ! Il essaie encore deux ou trois fois puis il en a assez et change de mot. *« Ogon »,* dit-il en montrant le feu. Là ça va mieux, il semble satisfait. Il regarde autour de lui, en quête d'autres objets pédagogiques, puis il me fixe avec intensité, se lève lentement en me fixant toujours comme s'il voulait m'hypnotiser, et tout à coup, vif comme l'éclair il sort sa baïonnette et la brandit en l'air.

Je bondis sur mes pieds et me sauve du côté de la Maison Rouge. Tant pis pour les pommes de terre. Mais après quelques pas j'entends résonner derrière moi un énorme éclat de rire : il a réussi son coup.

« Britva », me dit-il en faisant briller la lame au soleil. Et je répète, pas très à mon aise. Lui, avec un coup de spadassin, tranche net une branche d'arbre et me la montre en disant : *« Derevo ».* Je répète : *« Derevo. »*

— *Ja rússkij soldàt.* Je répète de mon mieux : *« Ja rússkijsoldàt ».* Un autre éclat de rire qui a l'air méprisant : lui est un soldat russe, moi pas, et ça fait une belle différence. Il m'explique ça confusément, dans un torrent de paroles, en indiquant tantôt ma poitrine tantôt la sienne en faisant oui et non de la tête. Il doit me juger un très mauvais élève, un cas désespéré d'idiotie. A mon grand soulagement, il retourne à son feu et m'abandonne à ma Barbarie.

Un autre jour mais à la même heure et au même endroit, je tombe sur un spectacle inhabituel. Il y a un groupe d'Italiens autour d'un marin russe, très jeune, grand, aux gestes vifs et rapides. Il est en train de « raconter » un épisode de guerre ; et comme il sait que sa langue n'est pas comprise, il s'exprime comme il peut, d'une façon qui lui semble aussi spontanée sinon plus que la parole : il s'exprime avec tous ses muscles, avec les rides précoces qui marquent son visage, avec l'éclair de ses yeux et de ses dents, avec des bonds et avec des gestes et il en résulte une danse solitaire pleine de charme et de fougue.

C'est la nuit, *noc.* Il tourne lentement ses mains autour de lui, la paume renversée. Tout est silencieux. Il émet un long *sst* avec l'index parallèle au nez. Il cligne des yeux et indique l'horizon : là-bas, loin, loin, il y a les Allemands, *niemzy.* Combien ? Cinq, montre-t-il avec ses doigt : *« Finef »,* ajoute-t-il en yiddisch, pour plus de sûreté. Il creuse de la main une petite fosse ronde dans le sable et y dépose cinq bouts de bois couchés qui sont les Allemands ; et puis un sixième bout planté obliquement, c'est la *masina*, la mitrailleuse. Que font les Allemands ? Là, ses yeux ont un éclair de joie sauvage *« spats »,* ils dorment (et il ronfle lui-même tranquillement, un instant) ; ils dorment, les insensés, et ne savent pas ce qui les attend.

Qu'a-t-il fait ? Il s'est approché prudemment, sous le vent, comme un léopard. Puis, comme un ressort il a bondi dans le nid en tirant son couteau, et il répète, tout entier ravi désormais dans son extase scénique, ses gestes du moment. L'embuscade et la mêlée foudroyante et atroce, les voilà devant nos yeux : l'homme au visage transfiguré par un rictus tendu et sinistre devient un tourbillon : il saute en avant et en arrière, donne des coups imaginaires devant lui, sur les côtés, en haut, en bas, dans une explosion d'énergie meurtrière ; mais c'est une fureur lucide, son arme (un long couteau qu'il a tiré de sa botte) pénètre, pourfend, éventre avec une précision terrible, à un mètre de nos visages.

Tout à coup le marin s'arrête, se redresse lentement, le couteau lui glisse des mains. Il halète, son regard est éteint. Il regarde par terre, comme stupéfait de ne pas y découvrir des cadavres et du sang, puis il regarde autour de lui, égaré, vidé ; il s'aperçoit de notre présence et nous adresse un timide sourire puéril. *« Kontcheno »,* dit-il : c'est fini. Et il s'éloigne d'un pas lent.

Le tas du lieutenant était très différent et il est resté mystérieux. Le lieutenant (jamais, et peut-être n'était-ce pas par hasard, nous ne pûmes connaître son nom), jeune Russe fluet au teint olivâtre, perpétuellement maussade, parlait à la perfection italien, avec un accent si léger qu'il pouvait presque passer pour une intonation dialectale italienne ; mais à notre endroit, à la différence de tous les autres Russes du Commandement, il manifestait peu de cordialité et de sympathie. Il était le seul auquel nous pouvions nous adresser : comment se faisait-il qu'il parlait italien ? Pourquoi était-il parmi nous ? pourquoi nous rete-nait-on en Russie quatre mois après la fin de la guerre ? Nous étions des otages ?

nous avions été oubliés ? Pourquoi ne pouvions-nous pas écrire en Italie ? quand serions-nous rapatriés ?... Mais à toutes ces questions, lourdes comme du plomb, le lieutenant répondait de façon tranchante et évasive, avec une assurance et une autorité qui s'accordaient mal avec son grade, peu élevé. Nous remarquâmes que ses supérieurs le traitaient avec une étrange déférence, comme s'ils le craignaient.

Il gardait avec les Russes et avec nous ses distances. Il ne riait jamais, ne buvait pas, n'acceptait pas les invitations et même pas les cigarettes ; il parlait peu, avec des paroles prudentes qu'il semblait soupeser une à une. La première fois, il nous sembla tout naturel de songer à lui comme à notre interprète et délégué auprès du Commandement russe mais nous nous aperçûmes bien vite que ses fonctions (si toutefois il en avait et si son comportement n'était pas seulement une façon compliquée de se donner de l'importance) devaient être autres et nous préférâmes nous taire en sa présence. D'après quelques-unes de ses phrases réticentes, nous nous aperçûmes qu'il connaissait bien la topographie de Turin et de Milan. Il était allé en Italie ? Non, répondit-il sèchement, et il ne donna pas d'autres explications.

Notre santé était excellente et les clients de l'infirmerie peu nombreux et toujours les mêmes : quelques-uns avec des furoncles, les habituels malades imaginaires, un peu de gale, un peu de colite. Un jour, une femme se présenta qui accusait des malaises variés : nausées, mal au dos, vertiges, bouffées de chaleur. Leonardo la visita : elle avait des bleus un peu partout mais elle dit de ne pas y faire attention, qu'elle était tombée dans les escaliers. Avec les moyens dont nous disposions il était difficile d'établir un diagnostic très approfondi, mais, par élimination et étant donné les nombreux précédents parmi nos femmes, Leonardo déclara à la patiente qu'il s'agissait probablement d'une grossesse de trois mois. La femme ne manifesta ni joie ni angoisse, ni surprise ni indignation : elle accepta, remercia mais ne s'en alla pas. Elle revint s'asseoir sur le banc du couloir, silencieuse et tranquille, comme si elle attendait quelqu'un.

Elle était petite et brune et avait vingt-cinq ans environ, avec un air de bonne ménagère soumise et ahurie : son visage, ni très séduisant ni très expressif, ne m'était pas nouveau, non plus que son langage aux douces inflexions toscanes.

Je devais sûrement l'avoir vue quelque part mais pas à Staryje Doroghi. J'éprouvais la sensation vague d'un décalage, d'une transposition, d'une importante inversion de rapports que je ne réussissais d'ailleurs pas à définir. De façon vague et cependant insistante, je rattachais à ce visage féminin un nœud de sentiments intenses : d'admiration humble et lointaine, de reconnaissance, de frustration, de peur et même de désir abstrait, mais principalement d'angoisse profonde et imprécise.

Comme elle était toujours assise sur le banc, immobile et tranquille, sans donner aucun signe d'impatience, je lui demandai si elle avait besoin de quelque chose, si elle avait encore besoin de nous : les consultations étaient terminées, il n'y avait pas d'autres patients, on allait fermer. « Non, non, répondit-elle. Je vais m'en aller. »

Flora ! La réminiscence nébuleuse prit corps tout à coup et se figea en un tableau précis, défini, riche en détails de temps et de lieu, d'états d'âme rétrospectifs, d'atmosphère, d'odeurs. C'était Flora, l'Italienne des caves de Buna, la femme du camp, objet des rêves d'Alberto et des miens pendant plus d'un mois, symbole inconscient de la liberté perdue et jamais plus espérée. Flora, rencontrée un an plus tôt — j'eusse dit cent ans !

Flora était une prostituée de province qui avait échoué en Allemagne avec l'Organisation Todt. Elle ne savait pas l'allemand et ne connaissait aucun métier, on l'avait mise à balayer le sol de l'usine de Buna. Elle balayait toute la journée, mollement, sans échanger un mot avec quiconque, sans lever les yeux de son balai et de son travail sans fin. Personne ne semblait s'occuper d'elle, et elle, comme si elle avait craint la lumière du jour, montait le moins possible aux étages supérieurs : elle balayait interminablement les caves de fond en comble, puis elle recommençait comme une somnambule.

C'était la seule femme que nous voyions depuis des mois, elle parlait notre langue, mais à nous détenus il était interdit de lui adresser la parole. Alberto et moi-même la trouvions très belle, mystérieuse, immatérielle. Malgré l'interdiction qui d'une certaine façon décuplait l'enchantement de nos rencontres en y ajoutant la saveur de l'illégalité, nous échangeâmes avec Flora quelques phrases furtives : nous nous fîmes reconnaître comme Italiens et nous lui demandâmes du pain. Nous le demandâmes un peu à contrecœur, conscients de nous avilir et d'avilir aussi ce délicat contact humain ; mais la faim, avec laquelle il est difficile de transiger, nous imposait de ne pas laisser passer l'occasion.

Flora nous apporta du pain à plusieurs reprises et nous le remit d'un air égaré, dans les coins sombres du souterrain, en reniflant ses larmes. Elle avait pitié de nous et aurait voulu nous aider davantage, mais elle ne savait pas comment et elle avait peur. Peur de tout, comme un animal sans défense. Peut-être même de nous, pas directement mais en tant que personnages de ce monde étranger et incompréhensible qui l'avait arrachée à son pays, lui avait mis un balai dans les mains et l'avait reléguée sous terre à balayer des sols cent fois balayés.

Nous étions tous les deux bouleversés, reconnaissants et pleins de honte. Nous avions brusquement pris conscience de notre aspect misérable et nous en souffrions. Alberto, qui découvrait les choses les plus curieuses car il se promenait toute la journée les yeux rivés au sol comme un limier, trouva, Dieu sait où, un peigne, et nous en fîmes cadeau en grande pompe à Flora qui avait gardé ses cheveux ; après quoi nous nous sentîmes liés à elle par un lien suave et pur et nous rêvions d'elle la nuit. Aussi éprouvâmes-nous un malaise aigu, un absurde et impuissant mélange de jalousie et de déception lorsque force nous fut de constater que Flora avait des entrevues avec d'autres hommes. Où, comment, et avec qui ? Au camp même et de la façon la plus prosaïque : pas très loin, dans le foin d'une cabane à lapins clandestine, montée dans un recoin par une coopérative de Kapos allemands et polonais. Il suffisait de peu de chose : un clin d'œil, un signe impérieux de la tête et Flora déposait son balai et suivait docilement l'homme du moment. Elle revenait seule quelques minutes plus tard ; elle rajustait ses vêtements et se remettait à balayer en évitant notre regard. Après cette triste découverte, le pain de Flora eut un goût de sel [1] pour nous ; mais nous n'en continuâmes pas moins de l'accepter et de le manger.

Je ne me fis pas reconnaître de Flora, par charité envers elle et envers moi-même. Devant ces phantasmes, devant l'homme que j'étais à Buna, devant la femme du souvenir et sa réincarnation, je me sentais changé, intensément *autre,* comme un papillon devant une chrysalide. Dans les limbes de Staryje Doroghi je me sentais sale, déguenillé, lourd, exténué par l'attente et cependant jeune, plein de promesses et tourné vers l'avenir. Flora, au contraire, n'avait pas changé. Elle vivait maintenant avec un savetier bergamasque, non pas comme une épouse mais comme une esclave. Elle lavait et faisait la cuisine pour lui et le suivait d'un regard humble et soumis : l'homme, taurin et simiesque, surveillait chacun de ses pas et la battait sauvagement au plus léger soupçon. De là les bleus dont elle

1. Allusion à un vers de Dante (*Divine Comédie*, Par. XVII, 58). N.D.T.

était couverte ; elle était venue à l'infirmerie en cachette et hésitait maintenant à affronter la colère de son seigneur et maître.

A Staryje Doroghi personne n'exigeait rien de nous, rien ne nous sollicitait, aucune force n'agissait sur nous, nous n'avions à nous défendre de rien : nous reposions, inertes, tassés au sol, comme les sédiments d'une alluvion. Dans notre vie engourdie et sans événements saillants, l'arrivée de la camionnette du cinéma militaire soviétique marqua une date mémorable. Ce devait être une unité itinérante, qui avait d'abord fonctionné pour les troupes du front ou de l'arrière et qui était maintenant elle aussi sur le chemin du retour ; elle comprenait un projecteur, un groupe électrogène, un assortiment de films et le personnel de service. Elle s'arrêta à Staryje Doroghi pendant trois jours et donna une séance tous les soirs.

Les projections avaient lieu dans la salle de théâtre. Elle était très vaste et les chaises enlevées par les Allemands avaient été remplacées par des bancs rustiques, en équilibre instable sur le sol qui montait de l'écran au balcon. Le balcon, incliné lui aussi par une idée de génie des mystérieux et fantasques architectes de la Maison Rouge, avait été cloisonné et partagé en une série de petites chambres sans air ni lumière, dont les portes s'ouvraient vers la scène. Les femmes seules de notre colonie y habitaient.

Le premier soir on projeta un vieux film autrichien, médiocre en soi et d'un faible intérêt pour les Russes mais riche en émotions pour nous autres, Italiens. C'était un film de guerre et d'espionnage, muet et avec des sous-titres allemands ; c'était plus précisément un épisode de la première guerre mondiale sur le front italien. On y trouvait la même candeur et le même arsenal rhétorique que dans les films analogues de production alliée : honneur militaire, frontières sacrées, combattants héroïques mais à la larme facile comme de jeunes vierges, attaques à la baïonnette menées avec un enthousiasme peu probable. Seulement, tout était renversé : les Austro-hongrois, officiers et soldats, étaient de nobles et robustes personnages, valeureux et chevaleresques, visages sensibles et spirituels de guerriers stoïques, visages rudes et honnêtes de paysans qui inspiraient la sympathie au premier regard. Les Italiens étaient de vulgaires lourdauds, tous marqués par des défauts corporels ridicules : obèses, les yeux qui louchaient, les épaules tombantes, les jambes arquées, le front bas et fuyant. Ils étaient lâches et cruels, sournois et brutaux, les officiers avec des visages veules et vicieux, écrasés sous la masse incongrue du « chaudron » qui nous était familière par les portraits de Cadorna et de Diaz ; les soldats, aux faciès de porcs et de singes que faisait ressortir le casque de nos pères, enfoncé de travers ou sur les yeux pour dissimuler, de façon sinistre, le regard.

Le félon des félons, espion italien à Vienne, était une étrange chimère mi-D'Annunzio et mi-Victor-Emmanuel. Ridiculement petit, il était obligé de regarder tout le monde de bas en haut ; il portait un monocle et un nœud papillon et déambulait sur l'écran avec l'arrogance d'un jeune coq. De retour dans les lignes italiennes, il procédait avec une abominable cruauté à l'exécution de dix civils tyroliens innocents.

Nous autres Italiens, peu habitués à nous voir dans la peau de « l'ennemi », odieux par définition, consternés à l'idée d'être haïs par quiconque, tirâmes du film un plaisir complexe, uni à un certain malaise, et une source de réflexions salutaires.

On annonça pour le soir suivant un film soviétique et l'atmosphère commença à se réchauffer chez nous, Italiens, car c'était le premier que nous voyions, et chez les Russes, car le titre promettait un épisode de guerre, plein de mouvement et de fusillades. Le bruit s'en était répandu : des soldats russes de garnisons proches ou lointaines arrivèrent à l'improviste et se pressèrent devant les portes du théâtre. Quand les portes s'ouvrirent, ils se précipitèrent à l'intérieur comme un fleuve en crue, en escaladant bruyamment les bancs et en jouant des coudes.

Le film était naïf et linéaire. Un avion militaire soviétique était obligé d'atterrir pour cause d'avaries dans un endroit indéterminé d'un territoire montagneux de la frontière ; c'était un petit biplace, avec le seul pilote à bord. Une fois la panne réparée, au moment où il décollait, un notable de l'endroit s'avançait, un *cheik* enturbanné à l'air extrêmement suspect, qui, avec des révérences obséquieuses et des génuflexions à la turque, suppliait d'être accueilli à bord. Même un imbécile aurait compris qu'il s'agissait d'un dangereux bandit, probablement un contrebandier, un chef dissident ou un agent étranger. Cependant, le pilote exauçait ses prolixes supplications avec une longanimité insensée, et l'accueillait sur le siège arrière de l'appareil.

On assistait au décollage et à quelques excellentes séquences de chaînes de montagnes scintillantes de glaciers (je pense qu'il s'agissait du Caucase). Puis le cheik, avec des mouvements sournois de serpent, tirait d'entre les plis de sa gandoura un gros revolver à barillet qu'il pointait dans le dos du pilote et lui intimait l'ordre de changer de route. L'autre, sans même se retourner, réagissait avec une décision foudroyante : il cabrait l'appareil et exécutait un périlleux looping. Le cheik s'affalait sur son siège, en proie à la panique et au mal au cœur ; le pilote au lieu de le mettre hors de combat poursuivait tranquillement son chemin vers la destination prévue. Quelques minutes plus tard — et après quelques admirables scènes de haute montagne — le bandit reprenait ses esprits, rampait vers le pilote, levait à nouveau son pistolet et répétait sa tentative. Cette fois l'avion se mettait en piqué et plongeait pendant des milliers de mètres dans un paysage infernal de pics escarpés et d'abîmes ; le cheik s'évanouissait et l'avion reprenait de l'altitude. Le vol se poursuivait ainsi pendant plus d'une heure, avec des agressions réitérées de la part du musulman et de nouvelles acrobaties de la part du pilote jusqu'à ce que, après une dernière intimidation du cheik qui semblait comme les chats avoir neuf vies, l'avion descendît en vrille, dans un grand tournoiement de nuages et de montagnes et de glaciers, et se posât sain et sauf sur le champ d'atterrissage prévu. On mettait les menottes au cheik inanimé. Le pilote, frais comme une rose, au lieu d'être soumis à une enquête, avait droit à des poignées de main de graves supérieurs, à une promotion et à un chaste baiser d'une jeune fille qui semblait l'attendre depuis longtemps.

Les soldats russes avaient suivi avec une passion bruyante cette gauche histoire, applaudissant le héros et insultant le traître. Mais ce ne fut rien en comparaison du troisième soir.

Ce troisième soir on annonça *Ouragan* (*Hurricane*), un assez bon film américain des années trente. Un marin polynésien, version moderne du « bon sauvage », homme simple, fort et doux, grossièrement provoqué dans une taverne par un groupe de Blancs ivres, en blesse légèrement un. La raison est évidemment de son côté mais personne ne témoigne en sa faveur ; il est arrêté, passe en justice, et malgré son incompréhension pathétique est condamné à un mois de prison. Il n'y reste pas longtemps : un besoin quasi animal de liberté l'emporte, le refus des entraves et surtout le sentiment, la certitude que les Blancs et non pas lui ont violé la justice ; si telle est la justice des Blancs, alors la loi est injuste. Il abat un gardien et s'évade au milieu d'une pluie de balles.

Maintenant le doux marin est devenu un criminel achevé. On lui fait la chasse dans tout l'archipel mais il est inutile de le chercher bien loin : il est rentré tout tranquillement dans son village. Repris, on le relègue dans un pénitencier d'une île lointaine : travail et coups de fouet. Il s'enfuit à nouveau, se jette à la mer d'une falaise vertigineuse, vole un canot et pendant des jours, sans manger, sans boire, vogue vers son pays ; il y aborde épuisé tandis que l'ouragan promis par le titre menace, puis se déchaîne furieusement. L'homme, en bon héros américain, lutte seul contre les éléments et sauve non seulement sa fiancée mais l'église, le pasteur et les fidèles qui s'y étaient réfugiés en croyant y trouver un abri. Ainsi réhabilité, une jeune fille à ses côtés, il va vers un avenir heureux, sous le soleil qui apparaît parmi les derniers nuages en fuite.

Cette histoire typiquement individualiste, élémentaire et pas trop mal racontée, déchaîna chez les Russes un enthousiasme sismique. Une heure avant le début, une foule bruyante (attirée par l'affiche qui représentait la jeune Polynésienne, splendide et fort peu vêtue) se pressait contre les portes ; il s'agissait presque uniquement de soldats très jeunes, en armes. Il était clair que dans le « salon incliné » pourtant grand, il n'y avait pas de place pour tout le monde, pas même debout ; c'est pourquoi ils luttaient avec acharnement, à coups de coude, pour entrer de vive force. L'un d'eux tomba, fut piétiné et vint le jour suivant à l'infirmerie ; nous pensions le trouver en bouillie mais il n'avait que quelques contusions : race solide. Rapidement les portes furent enfoncées, réduites en morceaux et les débris employés comme masses d'armes. Ainsi avant la projection, la foule pressée debout dans la salle était déjà fortement excitée et belliqueuse.

Pour eux les personnages du film étaient non pas des ombres, mais des amis ou des ennemis en chair et en os, à portée de main. Le marin était acclamé à chacune de ses entreprises et salué par des *hourras* retentissants et par des mitraillettes dangereusement brandies au-dessus des têtes. Les policiers et les geôliers étaient copieusement injuriés et accueillis aux cris de « Va-t'en ! », A mort ! », « A bas ! », « Laisse-le tranquille ! ». Lorsque, après la première évasion, le fugitif épuisé et blessé est à nouveau fait prisonnier et, de plus, raillé et bafoué par le masque sardonique et asymétrique de John Carradine, un vacarme infernal se déchaîna. Le public se souleva en hurlant pour prendre généreusement la défense de l'innocent ; une vague vengeresse se dirigea vers l'écran, retenue et insultée à son tour par des éléments moins passionnés ou plus désireux de voir comment l'histoire allait finir. Contre la toile de l'écran allèrent s'écraser des cailloux, des mottes de terre, des débris de portes et même une chaussure militaire, lancée avec une furieuse précision entre les deux yeux haïssables du grand ennemi qui trônait dans un énorme premier plan.

Quand on en vint à la longue et vigoureuse séquence de l'ouragan, le tumulte prit des allures de sabbat. On entendit les cris aigus des quelques femmes restées prisonnières dans la cohue. Un poteau fit son apparition, puis un autre, passés de mains en mains au-dessus de nos têtes parmi des clameurs assourdissantes. Au début on ne comprit pas à quoi ils devaient servir, puis le projet fut clair, un projet probablement prémédité par les exclus qui tempêtaient à l'extérieur. On tentait l'escalade du balcon-gynécée.

Les poteaux furent dressés et appuyés contre le balcon et divers énergumènes, après avoir ôté leurs bottes, commencèrent à grimper comme à des mâts de cocagne dans les foires. A partir de ce moment le spectacle de l'escalade ôta tout intérêt à celui qui se déroulait sur l'écran. A peine un des prétendants réussissait-il à s'élever au-dessus de la marée humaine, qu'il était tiré par les pieds et ramené à terre par dix ou vingt mains à la fois. Des groupes de supporters et d'adversaires se formèrent ; un audacieux réussit à se dégager de la foule et à monter à la force des bras, un autre le suivit le long du poteau. Presque au niveau du balcon ils luttèrent entre eux quelques minutes, celui d'en bas tirant celui d'en haut par les pieds et l'autre se défendant avec des coups de pied donnés à l'aveuglette. En même temps on vit au balcon les têtes d'un détachement d'Italiens, monté en toute hâte par les escaliers tortueux de la Maison Rouge, pour protéger les femmes assaillies ; le poteau, repoussé par les défenseurs oscilla, resta un bon moment en position verticale puis s'écroula sur la foule comme un pin abattu par les bûcherons, les deux hommes y étant toujours accrochés. A ce moment-là, hasard ou sage intervention de l'autorité, la lampe du projecteur s'éteignit, tout fut plongé dans l'obscurité, les clameurs du parterre atteignirent une intensité impressionnante et tous se précipitèrent dehors, au clair de lune, parmi les hurlements, les jurons et les acclamations.

Au grand regret de tous, la caravane du cinéma partit le matin suivant. Le soir d'après on constata une nouvelle et téméraire tentative d'invasion des quartiers féminins de la part des Russes, cette fois par les toits et les gouttières, à la suite de quoi des volontaires italiens établirent un service de surveillance nocturne. En outre, pour plus de sûreté, les femmes délogèrent et rejoignirent le gros de la population féminine dans un dortoir collectif : arrangement moins intime mais plus sûr.

THÉÂTRE

Vers la mi-août, toutefois, nous trouvâmes avec les Russes un terrain d'entente. Malgré le secret dont ils s'étaient entourés, tout le camp finit par savoir que les « Roumains », avec l'assentiment et l'appui des autorités, étaient en train d'organiser une revue : les répétitions avaient lieu dans le « salon incliné » dont les portes, rafistolées, étaient surveillées par des piquets qui en interdisaient l'accès aux étrangers. Parmi les numéros de la revue il y en avait un de claquettes ; le spécialiste, un marin très consciencieux, s'exerçait tous les soirs dans un petit cercle de connaisseurs et de conseillers. Or cet exercice est bruyant par sa nature même. Le lieutenant passa par là, entendit le tapage rythmique, força le barrage par un abus de pouvoir évident, et entra. Il assista à deux ou trois séances, à la gêne des assistants, sans sortir de sa réserve habituelle ni adoucir sa figure revêche et hermétique ; puis, inopinément, il fit savoir au comité d'organisation qu'à ses heures de liberté il était un fervent de la danse et que depuis longtemps il désirait précisément apprendre les claquettes. Le danseur était donc invité et même tenu à lui donner une série de leçons.

Le spectacle de ces leçons m'intéressait tellement que je trouvai moyen d'y assister en me glissant dans les méandres étranges de la Maison Rouge et en me blottissant dans un coin obscur. Le lieutenant était le meilleur élève que l'on pût imaginer : extrêmement sérieux, plein de bonne volonté, tenace et physiquement bien doué. Il dansait en uniforme, avec ses bottes ; une heure d'horloge par jour, sans accorder un instant de répit au maître ni à lui-même. Il faisait des progrès foudroyants.

Quand on joua la revue une semaine plus tard, le numéro de claquettes fut une surprise pour tout le monde : le maître et l'élève se produisirent, impeccablement, en un parallélisme et des mouvements parfaitement synchronisés, le maître, en clignant de l'œil et en souriant avec, sur le dos, un costume gitan de fantaisie, arrangé par les femmes ; le lieutenant, le nez en l'air et les yeux rivés au sol, funèbre comme s'il exécutait une danse rituelle. En uniforme naturellement, les médailles au grand complet sur sa poitrine et l'étui de son revolver dansant avec lui.

On les applaudit. On applaudit aussi d'autres numéros pas très originaux : quelques chansons napolitaines du répertoire classique ; *Les pompiers de Viggiú* : un sketch où l'on voyait un amoureux conquérir le cœur de sa belle, avec un bouquet non pas de fleurs, mais de ryba, notre malodorant poisson quotidien ; *La Montanara* chantée en chœur, sous la baguette de Monsieur Unverdorben. Mais ce qui remporta un succès enthousiaste et mérité, ce furent deux numéros moins connus.

A un moment donné entrait en scène, d'un pas embarrassé, les jambes écartées, un personnage gros et gras, masqué, lourdement emmitouflé et semblable au célèbre *Bibendum* des pneus Michelin. Il saluait le public à la façon des athlètes, en serrant les mains au-dessus de sa tête. Pendant ce temps deux valets faisaient rouler à grand-peine, à côté de lui, un énorme appareil composé d'une barre et de deux roues, du genre de ceux qu'utilisent les champions de poids et haltères.

Il se courbait en deux, saisissait la barre, tendait tous

ses muscles. Rien, la barre ne bougeait pas. Alors il enlevait son manteau, le pliait soigneusement, l'étendait par terre et s'apprêtait à faire une nouvelle tentative. Comme cette fois-là encore le poids ne bougeait pas d'un centimètre, il enlevait un second manteau, en le déposant à côté du premier ; et ainsi de suite de manteaux en manteaux, civils et militaires, imperméables, soutanes, houppelandes. L'athlète diminuait de volume à vue d'œil, la scène se remplissait de vêtements et le poids semblait s'être enraciné au sol.

Après la série des manteaux, il commençait à enlever des vestes de tout genre (dont une rayée de détenu, en hommage à notre minorité), puis des chemises en abondance, et toujours, après chaque pièce qu'il déposait, il essayait avec une gravité têtue de soulever l'engin et il y renonçait sans donner le moindre signe d'impatience ou de surprise. Mais au moment où il enlevait la quatrième ou cinquième chemise, il s'arrêtait tout à coup. Il regardait la chemise avec attention, d'abord à bout de bras, puis de plus près ; il fouillait le col et les coutures avec de souples mouvements de singe et voilà qu'il en extirpait, entre le pouce et l'index, un pou imaginaire. Il l'examinait avec des yeux dilatés d'horreur, le posait délicatement sur le sol, traçait tout autour un petit cercle à la craie, se retournait, arrachait la barre d'une seule main, barre qui était devenue pour la circonstance légère comme une plume, et écrasait le pou d'un coup sec et précis.

Puis, après cette rapide parenthèse, il recommençait à s'enlever chemises, pantalons, bas et caleçons avec gravité et à essayer en vain de soulever le poids. A la fin, il restait en caleçon, au milieu d'une montagne de vêtements : il enlevait son masque et le public reconnaissait en lui le sympathique et populaire cuisinier Gridacucco, petit, sec, sautillant et affairé, surnommé fort à propos *Scannagrillò* [1] par Cesare. Les applaudis-

1. « La terreur des grillons ». N.D.T.

sements fusaient ; *Scannagrilló* jetait un regard égaré autour de lui, puis, comme envahi brusquement par la peur du public, il ramassait le poids, qui était probablement en carton, le fourrait sous son bras et filait à toutes jambes.

L'autre grand succès fut la chanson *Le Chapeau à quatre bosses.* C'est une chanson qui ne veut strictement rien dire et qui consiste en un unique quatrain constamment répété (« *Mon chapeau a quatre bosses — Quatre bosses a mon chapeau — Et s'il n'avait pas quatre bosses — Ça ne serait pas mon chapeau* »). L'air en est tellement rebattu et usé par l'habitude que personne n'en connaît plus l'origine. A chaque répétition, on supprime un mot du quatrain que l'on remplace par un geste : la main recourbée sur la tête pour « chapeau », un coup de poing sur la poitrine pour « mon », les doigts qui se referment en montant et indiquent la superficie d'un cône, pour « bosses », et ainsi de suite jusqu'à ce que la strophe se réduise à un balbutiement tronqué d'articles et de conjonctions inexprimables par signes ou, d'après une autre version, au silence total scandé par des gestes rythmiques.

Dans le groupe hétérogène des « Roumains », il devait y avoir quelqu'un qui avait le théâtre dans le sang : dans leur interprétation, cette bizarrerie puérile devint une pantomime sinistre, vaguement allégorique, pleine de résonances symboliques et inquiétantes.

Un petit orchestre, dont les Russes avaient fourni les instruments, attaquait le leitmotiv usé dans les tonalités basses et sourdes. Tanguant lentement sur le rythme, trois sinistres personnages entraient en scène : enveloppés dans des capes noires avec des capuchons noirs sur la tête ; des capuchons émergeaient trois visages d'une pâleur cadavérique, sillonnés de rides profondes. Ils entraient sur un pas de danse hésitant, tenant à la main trois longs cierges éteints. Arrivés au milieu de la rampe, toujours en suivant le rythme, ils s'inclinaient vers le public avec un effort sénile, en inclinant tout doucement leurs reins ankylosés, par petits à-coups exténuants : pour se courber et se relever ils mettaient bien deux minutes qui étaient des minutes d'angoisse pour les spectateurs. Ils retrouvaient péniblement la position verticale, l'orchestre se taisait et les trois larves commençaient à chanter la strophe absurde d'une voix chevrotante et cassée. Ils chantaient, et à chaque répétition, au fur et à mesure que les trous étaient remplacés par des gestes mal assurés, on avait l'impression que la vie comme la voix les quittait. Scandée par la pulsation hypnotique d'un seul tambour en sourdine, la paralysie progressait, lente et irréparable. La dernière reprise, dans le silence absolu de l'orchestre, des chanteurs et du public, était une déchirante agonie, un effort de moribonds.

Une fois la chanson terminée, l'orchestre se remettait à jouer lugubrement : les trois apparitions, dans un effort extrême, les membres tout tremblants, répétaient leur salut. Ils arrivaient contre toute attente à se relever, et leur cierge vacillant, avec une hésitation horrible et macabre, mais toujours en suivant le rythme, ils disparaissaient pour toujours derrière les coulisses.

Le numéro du *Chapeau à quatre bosses* coupait le souffle, accueilli chaque soir avec un silence plus éloquent que des applaudissements. Pourquoi ? Peut-être parce qu'on y percevait, sous l'apparat grotesque, le souffle pesant d'un rêve collectif, du rêve qui naît de l'exil et de l'oisiveté, quand cessent le travail et la peine, et que rien ne s'interpose entre l'homme et lui-même ; peut-être parce qu'on y découvrait l'impuissance et la nullité de notre vie comme de toute vie, ainsi que le profil bossu et tordu des monstres engendrés par le sommeil de la raison.

L'allégorie du spectacle organisé par la suite était plus inoffensive et même puérile et farfelue. Le titre déjà, l'annonçait : *Le Naufrage des abouliques* ; les abouliques, c'étaient nous, les Italiens égarés sur le chemin du retour, traînant une existence d'inertie et d'ennui ; l'île déserte c'était Staryje Doroghi ; et les cannibales, c'étaient eux, les bons Russes du Commandement. C'étaient des cannibales à part entière ; ils apparaissaient sur scène nus et tatoués, baragouinaient un jargon primitif et inintelligible, se nourrissaient de chair humaine crue et sanglante. Leur chef habitait une cabane de branchages, avait pour escabeau un esclave blanc perpétuellement à quatre pattes et tenait suspendu sur sa poitrine un gros réveil qu'il consultait, non pour savoir l'heure mais pour en tirer des auspices quant aux décisions de son gouvernement. Le camarade colonel, responsable de notre camp, devait être un homme d'esprit, ou de très bonne composition, ou idiot pour avoir autorisé une caricature aussi acerbe de sa personne et de sa charge. Ou peut-être s'agissait-il une fois encore de la bénéfique et séculaire incurie russe, de la négligence oblomovienne qui affleurait à tous les niveaux, en cette période heureuse de l'histoire de la Russie.

En réalité, une fois au moins nous fûmes pris du soupçon que le Commandement n'avait pas digéré la satire ou s'en était repenti. Après la première du *Naufrage,* en pleine nuit, un vacarme infernal se déchaîna dans la Maison Rouge : cris dans les dortoirs, coups de pied dans les portes, ordres en russe, en italien et en mauvais allemand. Nous qui venions de Katowice et avions assisté à un cataclysme analogue, ne nous effrayâmes qu'à moitié ; les autres perdirent la tête (les « Roumains », en particulier qui étaient responsables du scénario), le bruit de représailles de la part des Russes se répandit immédiatement et les plus craintifs pensaient déjà à la Sibérie.

Les Russes, par l'intermédiaire du lieutenant qui en cette circonstance semblait plus sombre et revêche qu'à l'ordinaire, nous firent lever, habiller en toute hâte et mettre en rangs dans un des méandres de l'édifice. Une demi-heure passa, puis une heure, et rien n'arrivait. La queue dont j'occupais une des dernières places, on ne comprenait pas où elle aboutissait ; et personne n'avançait d'un pas. Outre le bruit de représailles pour les « Abouliques », les hypothèses les plus hasardeuses couraient de bouche en bouche : les Russes s'étaient décidés à dénicher les fascistes ; ils cherchaient les deux filles du bois ; ils nous faisaient passer la visite pour la blennorragie ; ils recrutaient des travailleurs pour les kolkhozes ; ils cherchaient des spécialistes, comme les Allemands... Puis l'on vit passer un Italien qui, tout joyeux, disait : « Ils donnent de l'argent ! » et agitait un petit paquet de roubles. Personne ne le crut. Mais il en vint un second, puis un troisième, qui confirmèrent la nouvelle. L'histoire ne fut jamais bien comprise mais d'ailleurs, qui comprit clairement pourquoi nous étions à Staryje Doroghi et ce que nous étions censés y faire ? L'interprétation la plus sage nous fit admettre que, pour certains bureaux soviétiques, nous étions sur le même plan que des prisonniers de guerre et donc nous avions droit au paiement de nos journées de travail. Mais selon quel critère ces journées étaient calculées (presque aucun de nous n'avait jamais travaillé pour les Russes, ni à Staryje Doroghi, ni avant), pourquoi on rétribuait même les enfants et surtout pourquoi la cérémonie devait se dérouler tumultueusement entre deux et six heures du matin, tout cela resta obscur.

Les Russes nous allouèrent des indemnités variant de trente à quatre-vingts roubles par tête, d'après des barèmes impénétrables, ou au hasard. Sommes non point énormes mais qui nous firent plaisir à tous : elle nous permettraient quelques « extras ». Nous regagnâmes nos lits à l'aube, avec des commentaires variés sur l'événement ; et personne ne comprit qu'il s'agissait d'un bon présage, du prélude au rapatriement.

Dès lors, bien que sans annonce officielle, les signes allèrent se multipliant. Signes fragiles, incertains, timides, mais ils suffirent à donner l'impression que quelque chose bougeait, devait arriver. Vint un détachement de jeunes soldats russes imberbes et dépaysés. Ils venaient d'Autriche et nous dirent qu'ils devaient repartir en escortant un convoi d'étrangers, mais ils ne savaient pas où. Le Commandement, après des mois de pétitions inutiles, distribua des chaussures à tous ceux qui en avaient besoin. Enfin, le lieutenant disparut comme volatilisé dans les airs.

Tout était extrêmement vague et assez ambigu. Même si l'on admettait l'imminence d'un départ, qui nous assurait qu'il s'agissait d'un rapatriement et non d'un transfert Dieu sait où ? La longue expérience que nous avions désormais des façons d'agir russes nous conseillait de tempérer nos espoirs d'un salutaire coefficient de doute. La saison elle-même contribuait à notre inquiétude : dans la première décade de septembre, le soleil et le ciel se voilèrent, l'air devint froid et humide et les premières pluies tombèrent, nous rappelant la précarité de notre condition.

Les routes, les prés et les champs devinrent un marécage désolé. L'eau suintait abondante des toits de la Maison Rouge et coulait impitoyablement la nuit sur nos lits de camp ; de l'eau entrait aussi par les fenêtres dépourvues de carreaux. Aucun de nous n'avait d'habits chauds. Au village on vit les paysans rentrer de la forêt avec des fagots ; d'autres calfeutraient leurs habitations, réparaient les toits de chaume ; tous, y compris les femmes, mirent des bottes. Le vent apportait des maisons une odeur nouvelle, alarmante : l'âcre fumée du bois humide qui brûle, l'odeur de l'hiver qui vient. Un autre hiver, le troisième. Et quel hiver !

Mais l'annonce arriva, enfin : l'annonce du retour, du salut, de la fin de notre errance. Elle arriva de deux façons nouvelles et insolites, de deux côtés à la fois, et fut convaincante, évidente et dissipa toute anxiété. Elle arriva au théâtre, par le théâtre et elle arriva le long de la route boueuse, apportée par un messager illustre et étrange.

Il faisait nuit, il pleuvait, et dans le « Salon Incliné » bondé (que pouvait-on faire d'autre le soir avant de s'enfiler dans des couvertures humides ?) on était en train de redonner *Le Naufrage des abouliques* pour la neuvième ou dixième fois. Ce *Naufrage* était une bouillie informe mais pleine de fantaisie et de vie à cause des allusions facétieuses et bon enfant à notre vie de tous les jours. Nous étions de toutes les séances et nous le connaissions maintenant par cœur : la scène où un Cantarella, plus sauvage encore que l'original, construisait une énorme marmite en fer-blanc sur ordre des Russes anthropophages qui avaient l'intention d'y cuire les principaux notables abouliques nous faisait de moins en moins rire ; et la scène finale où arrivait le navire nous serrait de plus en plus le cœur.

Car il y avait, et il devait y avoir une scène où apparaissait une voile à l'horizon et tous les naufragés, riant et pleurant, accouraient sur la plage inhospitalière. Or, tandis que le plus vieux d'entre eux, chenu et courbé à cause de l'interminable attente, tendait un doigt vers la mer en criant : « Un navire ! » et que nous nous préparions tous, le cœur serré, au *happy end* de la dernière scène et à nous retirer dans nos tanières, un fracas soudain se fit entendre et l'on vit le chef des cannibales, véritable *Deus ex machina*, tomber verticalement sur la scène, comme du ciel. Il arracha le réveil de son cou, l'anneau de son nez, le casque à plumes de sa tête, et cria d'une voix tonnante : « Demain on part ! »

Nous fûmes saisis de surprise et tout d'abord ne comprîmes pas. C'était peut-être une plaisanterie ? Mais le sauvage insista : « C'est pour de vrai, ce n'est plus du théâtre, cette fois c'est la bonne ! Le télégramme est arrivé, demain on rentre ! » Cette fois c'est nous, les Italiens, acteurs, spectateurs et figurants, qui entraînâmes dans une danse frénétique les Russes stupéfaits qui n'avaient rien compris à cette scène, non prévue par le scénario. Nous sortîmes en désordre, avec un entrecroisement angoissé de questions sans réponses. Puis nous vîmes le colonel, au milieu d'un cercle d'Italiens, faire oui de la tête et comprîmes que l'heure était arrivée. Nous allumâmes des feux dans les bois et personne ne dormit ; le reste de la nuit se passa à chanter, à danser, à nous raconter nos aventures, à évoquer nos compagnons perdus. Car il n'est pas donné à l'homme de goûter des joies sans mélange.

Le lendemain matin, alors que déjà la Maison Rouge bourdonnait et grouillait de monde comme une ruche qui se prépare à essaimer, nous vîmes avancer sur la route une petite automobile. Il en passait très peu, aussi la chose nous intrigua-t-elle, d'autant plus que ce n'était pas un véhicule militaire. Elle ralentit devant le camp, vira et entra en tressautant sur la friche qui s'étendait devant la bizarre façade. Alors nous nous aperçûmes que le véhicule nous était familier, c'était une Fiat 500 A, une *Topolino* rouillée et en piètre état, aux ressorts pitoyablement déformés.

Elle s'arrêta devant la porte et fut immédiatement entourée d'une foule de curieux. Il en sortit à grand-peine un extraordinaire personnage. Il n'en finissait plus de sortir ; c'était un homme très grand, corpulent, rubicond, dans un uniforme que nous n'avions jamais vu auparavant : un général soviétique, un généralissime, un maréchal. Quand il fut tout entier hors de la portière, la minuscule carrosserie se souleva et les ressorts semblèrent respirer. L'homme était littéralement plus gros que la voiture et on ne comprenait pas comment il avait pu tenir dedans. Ses dimensions respectables furent ultérieurement accrues et soulignées : il tira de la voiture un objet noir et le déroula. C'était une cape qui pendait jusqu'à terre et commençait par deux épaulettes de bois rigides. D'un geste désinvolte qui trahissait une grande habitude, il la fit tournoyer et la fixa sur son dos, si bien que de ronde, sa silhouette devint anguleuse. Vu de dos, c'était un monumental rectangle noir d'un mètre sur deux qui avançait avec une majestueuse raideur en direction de la Maison Rouge, au milieu d'une haie de gens perplexes qu'il dépassait d'une bonne tête. Comment allait-il passer la porte, large comme il était ? Mais il replia en arrière ses épaulettes comme deux ailes, et entra.

Ce messager céleste qui, seul au milieu de la boue, voyageait dans une petite voiture déglinguée et vétuste, c'était le maréchal Timochenko en personne, Semion Konstantinovitch Timochenko, le héros de la révolution bolchevique, de la Carélie et de Stalingrad. Après l'accueil des Russes locaux, qui fut d'ailleurs singulièrement sobre et ne dura que quelques minutes, il sortit de l'édifice et s'entretint familièrement avec nous autres Italiens, semblable au rude Koutousov de *Guerre et paix*, sur le pré, au milieu des marmites où cuisait le poisson et du linge mis à sécher. Il parlait couramment roumain avec les « Roumains » (car il l'était ou mieux, est, originaire de la Bessarabie) et connaissait même un peu d'italien. Le vent humide agitait sa chevelure grise qui contrastait avec sa carnation sanguine et bronzée de soldat, gros mangeur et gros buveur ; il nous dit que oui, c'était vrai, que nous allions partir vite, très vite : « Guerre finie, tous à la maison » ; l'escorte était là, les vivres pour le voyage préparés, les papiers en règle. Dans quelques jours le train nous attendrait à la gare de Staryje Doroghi.

DE STARYJE DOROGHI À IASI

Que nous ne dussions pas attendre le départ pour « demain », comme l'avait dit le sauvage au théâtre, ne nous surprit pas. Déjà, en diverses occasions, nous avions pu constater que le terme russe correspondant, par un de ces glissements sémantiques qui ne sont jamais sans raison, exprimait quelque chose de beaucoup moins défini et péremptoire que notre « demain » et, en accord avec les habitudes russes, signifiait plutôt « un jour prochain », « un jour ou l'autre », « dans un avenir proche », en somme la rigueur de la détermination temporelle y est délicatement nuancée. Nous ne fûmes donc pas surpris ni affligés outre mesure. Quand le départ fut certain, nous nous aperçûmes, à notre grand étonnement, que cette terre sans fin, ces champs et ces bois qui avaient vu la bataille à laquelle nous devions notre salut, ces horizons vierges et primordiaux, ce peuple vigoureux et épris de la vie, nous y étions attachés, ils avaient pénétré en nous et ils y resteraient longtemps, images glorieuses et vivantes d'une période unique dans notre existence.

Donc pas le lendemain mais quelques jours après l'annonce, le 15 septembre 1945, nous quittâmes en caravane la Maison Rouge et rejoignîmes dans une grande allégresse la gare de Staryje Doroghi. Le train était là, il nous attendait, ce n'était pas une illusion de nos sens ; il y avait du charbon, de l'eau, et la locomotive, énorme et majestueuse comme le monument de soi-même, était du bon côté. Nous nous empressâmes de la toucher : hélas, elle était froide. Il y avait soixante wagons, wagons de marchandises plutôt disloqués, arrêtés sur une voie de garage. Nous en prîmes possession avec une fougue délirante et sans disputes. Nous étions mille quatre cents, c'est-à-dire de vingt à vingt-cinq hommes par wagon, ce qui, à la lumière de nos précédentes expériences ferroviaires, laissait présager un voyage commode et reposant.

Le train ne partit pas tout de suite, il ne partit même que le jour suivant ; et il s'avéra parfaitement inutile de poser des questions au chef de la minuscule gare car il ne savait rien. Quelques convois passèrent pendant ce temps et aucun ne s'arrêta ni même ne ralentit. Quand l'un d'eux s'approchait, le chef de gare l'attendait sur le quai en tendant à bout de bras une sorte de couronne de branchages où était suspendu un petit sac ; le machiniste se penchait hors de la locomotive en mouvement, le bras droit recourbé. Il attrapait la couronne au vol et tout de suite après en jetait une identique, pourvue elle aussi d'un petit sac : c'était là le service postal, l'unique contact de Staryje Doroghi avec le reste du monde.

Tout le reste était immobilité et silence. Autour de la gare légèrement surélevée, s'étendaient des prairies interminables limitées seulement à l'Ouest par la ligne noire du bois et sillonnées par le ruban vertigineux des voies du chemin de fer. De rares troupeaux y paissaient, très éloignés les uns des autres, et rompaient par leur présence l'uniformité de la plaine. Pendant notre longue veillée on entendait, modulés et ténus, les chants des bergers ; l'un d'eux préludait, un second répondait à des kilomètres, puis un autre et un autre encore de tous les points de l'horizon. C'était comme si la terre même chantait.

Nous nous préparâmes pour la nuit. Depuis tant de

mois et après tant de transferts, nous formions désormais une communauté organisée. Nous ne nous étions pas répartis au hasard dans les wagons mais selon des noyaux spontanés de cohabitation. Les « Roumains » occupaient une dizaine de wagons ; trois étaient le domaine des voleurs de San Vittore : ils ne voulaient personne et personne n'en voulait ; trois autres étaient pour les femmes seules ; quatre ou cinq contenaient les couples, légitimes ou non ; deux, partagés par une cloison horizontale et impressionnants par la masse de linge mise à sécher, appartenaient aux familles avec enfants. Celui qui attirait le plus les regards était le wagon-orchestre : la compagnie théâtrale du « Salon Incliné » y résidait au grand complet, avec tous ses instruments, y compris un piano, don gracieux des Russes au moment du départ. Le nôtre, sur l'initiative de Leonardo, avait été déclaré wagon-infirmerie : dénomination présomptueuse et velléitaire car Leonardo ne disposait que d'une seringue et d'un stéthoscope, et le plancher n'y était pas moins dur que dans les autres wagons ; d'autre part dans tout le convoi il n'y avait pas même un malade et aucun client ne se présenta pendant tout le voyage. Nous y étions une vingtaine parmi lesquels, naturellement, Cesare et Daniele et, moins naturellement, le Maure, monsieur Unverdorben, Giacomantonio et l'homme de Velletri : puis une quinzaine d'ex-prisonniers militaires.

Nous passâmes la nuit à sommeiller, inquiets, sur le plancher nu. Le jour vint. La locomotive fumait, le machiniste était à son poste et attendait avec un calme olympien que la pression augmente dans la chaudière. Vers le milieu de la matinée, la machine rugit, d'une profonde et merveilleuse voix métallique, s'ébroua, vomit une fumée noire, les attelages se tendirent et les roues commencèrent à tourner. Nous nous regardâmes les uns les autres, presque éperdus. Nous avions résisté, après tout, nous avions vaincu. Après l'année de camp, de peine et de patience ; après la vague de mort qui avait suivi la libération ; après le froid, la faim, le mépris et la farouche compagnie du Grec ; après les maladies et la misère de Katowice ; après les transferts insensés où nous nous étions sentis condamnés à graviter éternellement à travers les espaces russes, comme d'inutiles astres éteints ; après l'oisiveté et l'âpre nostalgie de Staryje Doroghi, nous remontions donc la pente, nous étions en marche vers nos foyers. Le temps, après deux années de paralysie, avait retrouvé vigueur et sens, il travaillait à nouveau pour nous et cela mettait un terme à la torpeur de ce long été, à la menace de l'hiver prochain et nous rendait impatients, avides de journées et de kilomètres.

Mais bien vite, dès les premières heures du voyage, nous dûmes nous rendre compte que l'heure de l'impatience n'avait pas encore sonné ; cet heureux itinéraire s'annonçait long et laborieux et non dépourvu de surprises : une petite odyssée ferroviaire à l'intérieur de notre grande odyssée. Il fallait encore nous armer de patience et encore de patience, pour un temps imprévisible.

Notre train avait plus d'un demi-kilomètre ; les wagons étaient en mauvais état, comme les rails ; la vitesse, dérisoire, ne dépassait pas quarante ou cinquante kilomètres à l'heure sur cette ligne à voie unique. Les gares disposant d'une voie de garage étaient peu nombreuses, souvent il fallait couper le convoi en deux ou trois tronçons et les pousser sur cette voie de garage par des manœuvres très lentes et très compliquées, afin de permettre le passage d'autres trains.

Il n'y avait pas d'autorités à bord, à l'exception du mécanicien et de l'escorte, constituée par sept soldats de dix-huit ans venus d'Autriche. Bien qu'armés jusqu'aux dents, c'étaient des créatures candides à l'esprit naïf et doux, vifs et insouciants comme des écoliers en vacances et totalement dépourvus d'autorité et de sens pratique. A chaque arrêt du train, on les voyait se promener de long en large sur le quai, avec leurs fusils en bandoulière, l'air fier et avantageux. Ils se donnaient beaucoup d'importance comme s'ils avaient escorté un chargement de dangereux bandits, mais ce n'était qu'apparence : nous nous aperçûmes vite que leurs inspections se concentraient de plus en plus autour des wagons des familles, vers le milieu du convoi. Ils n'étaient pas attirés par les jeunes femmes mais par l'atmosphère vaguement domestique qui s'exhalait de ces étranges demeures ambulantes et qui leur rappelait peut-être leur maison lointaine et leur enfance à peine terminée. Les enfants, surtout, les fascinaient ; après les premières étapes, ils élirent domicile pour la journée dans les wagons des familles et ne se retiraient dans celui qui leur était réservé que pour y passer la nuit. Courtois et serviables, ils aidaient volontiers les mères, puisaient de l'eau et fendaient du bois pour les poêles. Avec les petits Italiens, ils nouèrent une amitié curieuse et unilatérale, et apprirent d'eux différents jeux, comme celui du « circuit » : on y joue avec des billes que l'on pousse le long d'un parcours compliqué. En Italie il est comme une représentation allégorique du *Giro*, l'équivalent du Tour de France cycliste. L'enthousiasme des jeunes Russes pour ce jeu nous étonna : dans leur pays les bicyclettes sont rares et les courses cyclistes n'existent pas. De toute façon, ce fut pour eux une découverte. Au premier arrêt du matin il n'était pas rare de voir les sept Russes descendre de leur wagon-dortoir, courir aux wagons des familles, en ouvrir les portes d'autorité et déposer à terre les enfants encore tout endormis. Puis ils se mettaient à creuser le parcours avec leurs baïonnettes et se plongeaient dans le jeu en toute hâte, à quatre pattes, leur fusil dans le dos, anxieux de ne pas perdre une minute avant le sifflet du départ.

Nous arrivâmes le 16 au soir à Bobruisk et le 17 au soir à Ovruc ; et nous aperçûmes que nous étions en train de faire à rebours notre dernier trajet vers le nord, trajet qui nous avait menés de Žmerinka à Sloutsk et à Staryje Doroghi. Nous passions ces journées interminables, partie en dormant, partie en bavardant ou en assistant au déploiement de la steppe majestueuse et déserte. Dès les premières journées notre optimisme perdit un peu de sa splendeur : notre voyage, qui selon toute apparence s'annonçait comme le dernier, avait été organisé par les Russes de la façon la plus vague et la plus inexperte que l'on pût imaginer ; ou mieux, il semblait ne pas avoir été organisé du tout, mais décidé par Dieu sait qui, Dieu sait où, d'un simple trait de plume. Dans tout le convoi il n'existait que deux ou trois cartes géographiques que nous nous disputions sans relâche et sur lesquelles nous essayions péniblement de suivre nos problématiques progrès. Il était certain que nous voyagions vers le sud, mais avec une lenteur et une irrégularité exaspérantes, en faisant des détours ou des haltes incompréhensibles, parcourant parfois quelques dizaines de kilomètres seulement dans les vingt-quatre heures. Nous allions souvent interroger le mécanicien (inutile de parler de l'escorte : ils semblaient heureux par le seul fait de voyager en train et il leur importait peu de savoir où on était et où on allait) ; mais le machiniste qui émergeait, tel un dieu infernal, de son brûlant habitacle, ouvrait les bras, haussait les épaules, balayait de la main un demi-cercle d'est en ouest et répondait chaque fois : « Où irons-nous demain ? Je ne sais pas, mes très chers, je ne sais pas. Nous allons là où nous trouvons des rails. »

Celui d'entre nous auquel l'incertitude et l'oisiveté pesaient le plus était Cesare. Assis dans un coin du wagon, hypocondriaque et hérissé comme un animal malade, il n'accordait pas un regard au paysage, ni à nous. Mais c'était une inertie apparente : qui a besoin d'activité trouve partout des occasions. Tandis que nous parcourions une région parsemée de petits villages, entre Ovruc et Zitomir, son attention fut attirée par un petit anneau de laiton au doigt de Giacomantonio, son ex-associé peu recommandable sur la place de Katowice.

— Tu me le vends ? lui demanda-t-il.

— Non, répondit nettement Giacomantonio, à toutes fins utiles.

— Je te donne deux roubles.

— J'en veux huit.

Les tractations continuèrent longtemps ; il était clair que tous les deux y trouvaient une diversion et une agréable gymnastique mentale, et que l'anneau n'était qu'un prétexte, un point de départ pour une sorte de match amical, pour un marchandage d'entraînement, histoire de ne pas perdre la main. Mais il n'en était pas ainsi : Cesare, comme à son habitude, avait en tête un plan bien précis.

A notre étonnement à tous il céda assez vite et acheta l'anneau, auquel il semblait tenir beaucoup, quatre roubles, somme grossièrement disproportionnée à la valeur de l'objet. Puis il se retira dans son coin et se livra tout l'après-midi à de mystérieuses occupations, chassant avec de hargneux grognements tous les curieux et le plus insistant était Giacomantonio. Il avait tiré de ses sacoches des morceaux de tissu de différentes espèces et il polissait soigneusement l'anneau à l'intérieur et à l'extérieur, en soufflant dessus de temps en temps. Puis il tira un paquet de papier à cigarettes et il continua minutieusement son travail avec ce papier, sans plus toucher le métal de ses doigts : par moments, il élevait l'anneau devant la fenêtre et l'observait en le faisant lentement tourner, comme s'il eût été un diamant.

Enfin arriva ce que Cesare attendait : le train ralentit et s'arrêta à la gare d'un village, pas trop gros et pas trop petit ; l'arrêt promettait d'être bref car tout le convoi était resté sur la voie. Cesare descendit et commença à se promener de long en large sur le quai, l'anneau sur sa poitrine, sous sa veste. Avec un air de conspirateur, il s'approchait des paysans russes qui attendaient, le montrait à demi et susurrait nerveusement : « *Tovaritch, zoloto, zoloto !* (Or, or !) »

Au début les Russes ne prêtaient pas attention à lui. Puis un petit vieux regarda l'anneau de plus près et en demanda le prix. Cesare, sans hésiter, répondit : « Sto (cent) », prix modeste pour un anneau d'or, criminel pour un de laiton. Le petit vieux proposa quarante roubles, Cesare fit l'indigné et s'adressa à un autre. Il essaya ensuite plusieurs clients, en faisant traîner un peu les choses et en cherchant le plus offrant et pendant ce temps, il tendait l'oreille au sifflement de la locomotive pour conclure l'affaire et, aussitôt, sauter au vol dans le train.

Tandis que Cesare offrait l'anneau à droite et à gauche, on voyait les autres confabuler par petits groupes, soupçonneux et excités. Puis la locomotive siffla, Cesare abandonna l'anneau au dernier offrant, empocha une cinquantaine de roubles et remonta rapidement dans le train qui était déjà en marche. Le train parcourut un mètre, deux, dix mètres, puis ralentit et s'arrêta dans un grand crissement de freins.

Cesare avait refermé les portes coulissantes et lorgnait à travers la fente, d'abord triomphant, puis inquiet et enfin terrifié. L'homme à l'anneau était en train de montrer son acquisition à ses compatriotes, ceux-ci se le passaient de main en main, le tournaient en tous sens et hochaient la tête d'un air de doute et de désapprobation. Puis l'on vit l'imprudent acheteur, évidemment repenti, lever la tête et se mettre résolument en marche le long du convoi, à la recherche du refuge de Cesare, recherche bien facile car notre wagon était le seul à avoir des portes fermées.

Décidément l'affaire tournait mal : le Russe, qui n'avait rien d'un aigle, ne serait peut-être pas parvenu tout seul à identifier le wagon, mais déjà deux ou trois de ses camarades lui indiquaient avec vigueur la bonne direction. Cesare se retira brusquement de la fente ; il ne lui restait plus qu'à recourir aux solutions extrêmes :

il se tapit dans un coin du wagon et se fit recouvrir en hâte de toutes les couvertures disponibles. Il disparut bientôt sous un énorme tas de couvertures, couvre-pieds, sacs et vestes, d'où je crus entendre monter en tendant l'oreille, affaiblies, amorties et blasphématoires dans une telle situation, des paroles de prières.

On entendait les Russes vociférer autour du wagon et tambouriner sur la paroi quand le train démarra. Peu après Cesare émergea de sa cachette, pâle comme un mort, mais il reprit immédiatement ses esprits : « Ils peuvent bien me chercher, maintenant ! »

Le matin suivant, sous un soleil radieux, le train s'arrêta à Kazatin. Le nom me disait quelque chose. Où l'avais-je lu ou entendu ? Dans les bulletins de guerre, peut-être ? Le souvenir pourtant me semblait plus proche, plus actuel, comme si quelqu'un m'en avait parlé incidemment à une date récente, après et non pas avant la coupure d'Auschwitz, qui tranchait en deux le fil de mes souvenirs.

Et voici, debout sur le quai, juste au-dessous de notre wagon, le souvenir nébuleux soudain réincarné : la fille de Katowice, la traductrice-danseuse-dactylo de la Kommandantur, Galina de Kazatin. Je descendis la saluer, plein de joie, émerveillé de cette rencontre impensable : retrouver sa seule amie russe dans cet immense pays !

Je ne la trouvai guère changée : elle était un peu mieux habillée et se protégeait du soleil avec une ombrelle prétentieuse. Moi non plus je n'avais pas beaucoup changé, du moins extérieurement ; un peu moins sous-alimenté, un peu moins pauvre diable qu'alors, tout aussi loqueteux, mais riche d'une richesse nouvelle, le train derrière moi, la locomotive lente mais sûre, l'Italie chaque jour plus proche. Elle me souhaita un bon retour. Nous échangeâmes quelques phrases hâtives et embarrassées, dans cette langue qui n'était ni la mienne ni la sienne, la langue froide de l'envahisseur, et nous nous séparâmes tout de suite : le train repartait. Dans le wagon qui roulait en brinqueballant vers la frontière, je respirais sur ma main le parfum bon marché qu'avait laissé la sienne, heureux de l'avoir revue, triste en pensant aux heures passées avec elle, aux choses non dites, aux occasions perdues.

Nous passâmes de nouveau par Žmerinka, avec appréhension au souvenir des jours d'angoisse que nous y avions vécus quelques mois auparavant : mais le train poursuivit sa route sans encombre, et dans la soirée du 19 septembre, après avoir traversé promptement la Bessarabie, nous étions sur le Prout, à la frontière. Dans l'obscurité totale, la police frontalière soviétique exécuta en guise de congé, une inspection tumultueuse et désordonnée du convoi, à la recherche, nous dit-on, de roubles qu'il était interdit d'exporter : nous n'en avions plus un seul. Passé le pont, le train s'arrêta, et nous nous endormîmes bien qu'anxieux de découvrir à l'aube la terre de Roumanie.

Ce fut en effet une extraordinaire révélation. Quand au lever du jour nous ouvrîmes les portes, nos regards embrassèrent un décor incroyablement domestiqué. A la place de la steppe déserte, primitive, les collines verdoyantes de la Moldavie, avec des fermes, des meules de blé, des rangées de vigne ; à la place des énigmatiques inscriptions en caractères cyrilliques, une cabane de guingois, aux reflets vert-de-gris, qui annonçait bien clairement, juste en face de notre wagon : *Paine, Lapte, Vin, Carnaciuri de Purcel.* Et devant la cabane se tenait une femme, qui tirait par brassées d'un panier posé à ses pieds une immense saucisse, et la mesurait comme de la ficelle, en ouvrant les bras.

On voyait des paysans pareils aux nôtres, au visage brûlé, vêtus de noir, avec une veste, un gilet et la chaîne de montre sur le ventre ; des filles à pied ou à bicyclette, habillées presque comme chez nous, qu'on aurait pu prendre pour des Vénitiennes ou des paysannes des Abruzzes. Des chèvres, des moutons, des vaches, des cochons, des poules, mais pour nous garder de l'illusion prématurée d'être de retour, voici, arrêté à un passage à niveau, un chameau, qui nous redonnait notre distance d'exilés : un chameau usé, gris, laineux, chargé de sacs, au museau préhistorique de lièvre, qui respirait la morgue et la pompe vaine. Le langage de l'endroit n'était pas moins ambigu à nos oreilles : les racines et les désinences que nous reconnaissions s'enchevêtraient, se contaminaient avec d'autres aux consonances étrangères et sauvages, dans une coexistence millénaire. C'était un parler familier par sa musique, hermétique pour le sens.

A la frontière se déroula la cérémonie compliquée et pénible du passage de nos wagons disjoints conçus pour l'écartement des voies soviétiques à d'autres wagons tout aussi disjoints, avec l'écartement occidental. Et peu après nous entrions dans la gare de Iasi où le convoi fut divisé non sans mal en trois tronçons ; signe que l'étape allait durer plusieurs heures.

A Iasi se produisirent deux faits notables ; la réapparition mystérieuse des deux Allemandes du bois et la disparition de tous les « Roumains » en possession d'épouses. Le passage en fraude des deux Allemandes à la frontière soviétique avait dû être organisé avec beaucoup d'audace et d'habileté par un groupe de militaires italiens : on n'en sut jamais les détails, mais le bruit courut que la nuit critique du passage de la frontière, les deux filles étaient restées cachées sous le plancher du wagon, recroquevillées entre les essieux. Nous les vîmes se promener sur le quai, le matin suivant, désinvoltes et arrogantes, fagotées dans des vêtements militaires soviétiques et toutes sales de boue et de graisse. Elles se sentaient désormais en lieu sûr.

Simultanément, dans les wagons des « Roumains », explosèrent de violents conflits familiaux. Beaucoup d'entre eux, anciens membres du corps diplomatique, démobilisés par l'ARMIR ou par eux-mêmes, s'étaient établis en Roumanie et avaient épousé des Roumaines. A la fin de la guerre, ils avaient presque tous opté pour le rapatriement, et les Russes avaient organisé pour eux un train qui aurait dû les conduire à Odessa, pour y être embarqués. Mais à Žmerinka, à dessein ou par erreur, on les avait intégrés à notre misérable convoi, et ils avaient partagé notre destin.

Les épouses roumaines étaient furieuses contre leurs maris italiens ; elles en avaient assez des surprises, des aventures, des trains militaires et des campements. Maintenant qu'elles étaient de retour sur le territoire roumain, maintenant qu'elles étaient chez elles, elles voulaient y rester et il n'y avait pas moyen de leur faire entendre raison. Certaines discutaient et pleuraient, d'autres tentaient d'entraîner à terre leurs maris, les plus déchaînées jetaient par-dessus bord effets et bagages, tandis que les enfants effrayés couraient tout autour en hurlant. Les Russes de l'escorte étaient accourus mais ils se bornaient à regarder sans comprendre, inertes et indécis.

Comme l'arrêt à Iasi menaçait de durer toute la journée, nous sortîmes de la gare et nous déambulâmes dans les rues désertes, entre des maisons basses couleur de boue. Un unique tram, minuscule et archaïque, faisait la navette d'un bout à l'autre de la ville. A une tête de ligne se trouvait le contrôleur : il parlait yiddish, il était juif. Après quelques efforts, nous réussîmes à nous comprendre. Il m'informa que Iasi avait déjà vu défiler d'autres convois de rapatriés, de toutes les races, français, anglais, grecs, italiens, hollandais, américains. Parmi eux il y avait de nombreux juifs qui avaient besoin d'assistance et la communauté hébraïque de l'endroit avait organisé un centre de secours. Si nous avions une heure ou deux, il nous conseillait d'aller en délégation à ce centre, où nous recevrions aide et conseils. Et même, puisque son tram allait partir, nous n'avions qu'à monter, il nous ferait descendre au bon arrêt, et pour le billet, c'était son affaire.

A travers la ville morte, nous arrivâmes, Leonardo, Monsieur Unverdorben et moi-même, à un édifice lépreux, délabré, où portes et fenêtres avaient été provisoirement remplacées par des planches. Dans un bureau sombre et poussiéreux, deux patriarches âgés nous reçurent, dont l'aspect n'était guère plus florissant que le nôtre. Mais ils débordaient d'affabilité et de bonnes intentions, nous firent asseoir sur les trois seules chaises disponibles, nous comblèrent d'attentions et nous racontèrent d'une traite, en yiddish et en français, les épreuves terribles auxquelles ils étaient quelques-uns, peu nombreux, à avoir survécu. Ils étaient prompts à passer des larmes au rire. Au moment du départ, ils nous obligèrent à avaler avec eux une sorte d'alcool à brûler, et nous firent don d'un panier de raisin à partager entre les juifs du convoi. Ils réussirent même à glaner, en vidant tous les tiroirs et leurs propres poches, une somme en *lei* qui sur le moment nous parut astronomique. Mais, une fois le partage effectué, et compte tenu de l'inflation, nous nous aperçûmes que sa valeur était surtout symbolique.

DE IASI À LA LIGNE

A travers des campagnes encore estivales, à travers de petites villes et des bourgades aux noms étrangers et sonores, Ciurea, Scantea, Vaslui, Piscu, Braïla, Pogoanele, nous continuâmes notre voyage pendant plusieurs jours vers le sud, par étapes minuscules. Nous vîmes flamboyer, la nuit du 23 septembre, les puits de pétrole de Ploesti, après quoi notre mystérieux conducteur pointa vers l'ouest et le jour suivant, d'après la position du soleil, nous nous aperçûmes que notre direction avait changé : nous allions de nouveau vers le nord. Nous admirâmes, sans les reconnaître, les châteaux de Sinaïa, résidence royale.

Nous avions désormais épuisé notre argent liquide et vendu ou échangé tout ce qui pouvait avoir une valeur commerciale, même infime. A moins de coups de chance ou d'actes de banditisme, on ne mangeait que lorsque les Russes y pourvoyaient ; la situation n'était pas dramatique mais confuse et énervante.

Nous ne sûmes jamais vraiment qui pourvoyait aux approvisionnements ; sans doute les Russes de l'escorte qui prélevaient au hasard, à chaque dépôt militaire ou civil qu'ils rencontraient les denrées les plus disparates ou peut-être les seules disponibles. Quand le train s'arrêtait, chaque wagon envoyait deux délégués au wagon des Russes qui s'était petit à petit transformé en un bazar ambulant. Les Russes leur distribuaient, au mépris de toute règle, des vivres pour leurs wagons respectifs. Jeu de hasard quotidien pour ce qui est de la quantité : les rations étaient parfois faibles, parfois colossales, parfois inexistantes ; et pour ce qui est de la qualité, imprévisible, comme tout ce qui était russe. Nous reçûmes des carottes, des carottes et encore des carottes, pendant plusieurs jours d'affilée. Puis les carottes cédèrent aux haricots. C'étaient des haricots durs comme des cailloux, pour les préparer il fallait les attendrir, les faire tremper pendant des heures dans des récipients de fortune, gourdes, bidons, pots, suspendus au plafond du wagon. La nuit, quand le train freinait, cette forêt suspendue se mettait à osciller violemment, l'eau et les haricots pleuvaient sur les dormeurs et il s'ensuivait des bagarres, des éclats de rire et un tohu-bohu dans l'obscurité. Puis vinrent les pommes de terre, de la *kacha*, des concombres mais pas d'huile, puis de l'huile, une demi-gourde par tête, quand les concombres étaient finis. Puis des graines de tournesol, qui obligeaient à un exercice de patience. Nous reçûmes un jour du pain et de la saucisse en abondance et tout le monde respira, puis du grain pendant une semaine, comme si nous étions des poules.

Les wagons familiaux étaient les seuls à avoir des poêles, dans tous les autres on faisait la cuisine à même le plancher, sur des feux de fortune qu'on allumait en hâte dès l'arrêt du train et que le départ du convoi éteignait au milieu de la cuisson, parmi imprécations et disputes. On cuisinait tête baissée, avec fureur, l'oreille tendue vers le sifflet de la locomotive, et sans perdre de l'œil les vagabonds affamés qui accouraient en foule de la campagne, attirés par la fumée comme les chiens de chasse par l'odeur du gibier. Nous faisions la cuisine comme nos ancêtres, sur trois pierres ; mais elles manquaient souvent et chaque wagon finit par en avoir son lot particulier. Des broches et d'ingénieuses suspensions apparurent, et on revit les marmites de Cantarella.

Le problème de l'eau et du bois se posait avec acuité. La nécessité pousse à la simplification : les tas de bois rencontrés furent saccagés, les barrières anti-neige qu'on entasse dans ces pays pendant les mois d'été le long des voies, volées ; les palissades, les traverses de chemin de fer, arrachées, et une fois, en désespoir de cause, un wagon de marchandises sinistré dépecé en entier — dans notre wagon la présence du Maure et de sa célèbre hache fut providentielle. Pour l'eau, il fallait en premier lieu des récipients et chaque wagon dut se procurer un seau, grâce à un échange, à un vol, ou à un achat. Le nôtre, régulièrement acheté, se révéla troué à la première expérience ; nous le réparâmes avec le sparadrap de l'infirmerie et il supporta miraculeusement la cuisson jusqu'au Brenner où il se disloqua.

Il était en général impossible de faire provision d'eau aux gares : devant la petite fontaine, quand il y en avait une, une file interminable se formait en quelques secondes et seuls quelques seaux pouvaient être remplis. Certains rampaient jusqu'au tender qui contenait la réserve destinée à la locomotive : mais si le machiniste s'en apercevait, il devenait furieux et bombardait les téméraires de jurons et de charbons incandescents. Cependant nous réussîmes parfois à subtiliser de l'eau chaude du ventre même de la locomotive : c'était une eau gluante et jaune de rouille, inutilisable pour la cuisine mais assez bonne pour se laver.

Les puits de campagne étaient notre meilleure ressource. Souvent le train s'arrêtait en plein champ, devant un signal rouge, pendant quelques secondes ou pendant des heures, il était impossible de le prévoir. Alors tous enlevaient rapidement leurs ceintures que l'on attachait ensemble pour en faire une longue corde ; après quoi le plus rapide du wagon partait en courant, avec la corde et le seau, à la recherche d'un puits. J'étais le plus rapide et je réussis souvent dans cette entreprise. Mais une fois je risquai de manquer le convoi. J'avais déjà descendu le seau et j'étais en train de le hisser hors du puits lorsque j'entendis la locomotive siffler. Si j'avais abandonné seau et ceintures, précieuses propriétés communes, je me serais déshonoré pour toujours ; je tirai de toutes mes forces, saisis le seau, renversai l'eau et me précipitai en courant, trébuchant dans les ceintures emmêlées, vers le train qui déjà s'ébranlait. Une seconde de perdue pouvait être pour moi un mois de retard. Je courus de toutes mes forces avec l'énergie du désespoir, j'enjambai deux haies et une palissade et me précipitai sur les cailloux fuyants du ballast tandis que le train défilait sous mon nez. Mon wagon était déjà passé ; des wagons suivants des mains charitables se tendirent vers moi, saisirent les ceintures et le seau, d'autres mains m'empoignèrent par les cheveux, les épaules, les vêtements et me hissèrent sur le dernier wagon où je restai à moitié évanoui pendant une demi-heure.

Le train continuait sa route vers le nord. S'enfonçant dans les vallées de plus en plus étroites, il passa les Alpes de Transylvanie par le col de Predeal le 24 septembre, au milieu d'austères montagnes dénudées, dans un froid piquant, et redescendit sur Brasov. Là on détacha la locomotive. C'était la garantie d'une trêve et le cérémonial habituel commença : des gens à l'air sournois et farouche, la hachette à la main, erraient dans la gare et ses abords ; d'autres avec des seaux se disputaient le peu d'eau qu'il y avait ; d'autres volaient de la paille ou commerçaient avec les gens du lieu. Les enfants s'éparpillaient en quête de bêtises ou de menus larcins et des femmes lessivaient ou se lavaient publiquement, échangeaient des visites et des nouvelles de wagon à wagon, ranimaient les disputes ruminées pendant l'étape ou en allumaient de nouvelles. On fit aussitôt du feu et on commença à cuisiner.

A côté de notre convoi stationnait un train militaire soviétique, chargé de camionnettes, d'engins blindés et de bidons de carburant. Il était surveillé par deux vigoureuses soldates, bottées et casquées, fusil à l'épaule et baïonnette au canon ; elles avaient un âge indéfinissable et un aspect brut et revêche. Lorsqu'elles virent que nous allumions des feux tout près des bidons d'essence, elles s'indignèrent avec raison de notre inconscience et en criant « *Nelzjà ! Nelzjà* » nous enjoignirent de les éteindre.

Tous obéirent en jurant et en sacrant. A l'exception d'un petit groupe de chasseurs alpins, gens coriaces, vétérans de la campagne de Russie, qui avaient volé une oie et la faisaient rôtir. Ils se consultèrent brièvement, à voix basse, tandis que les deux femmes se déchaînaient. Puis deux d'entre eux, désignés à la majorité des voix, se dressèrent, le visage sévère et décidé de ceux qui se sacrifient pour le bien commun. Ils affrontèrent les deux femmes et leur parlèrent à mi-voix. Les pourparlers furent étonnamment brefs. Elles déposèrent leur casque et leurs armes et les quatre, sérieux et graves, s'enfoncèrent dans un sentier et disparurent à nos regards. Ils revinrent un quart d'heure plus tard, les femmes devant, un peu moins revêches et légèrement congestionnées, les hommes derrière, fiers et sereins. L'oie était à point : ils s'accroupirent tous les quatre avec les autres, l'oie fut découpée et répartie équitablement et après ce bref répit les Russes reprirent leurs armes et leur surveillance.

De Brasov nous nous dirigeâmes de nouveau vers l'ouest et la frontière hongroise. La pluie vint compliquer la situation : difficile d'allumer des feux, un seul vêtement mouillé sur le dos, de la boue partout. Le wagon n'était pas étanche : quelques mètres carrés seulement habitables, ailleurs l'eau dégoulinait sans pitié. D'où les disputes et des altercations sans fin au moment du coucher.

De tout temps on a remarqué que dans chaque groupe humain il existe une victime prédestinée : une tête de turc, dont tout le monde se moque, sur le compte duquel circulent des histoires stupides et malveillantes, sur qui, avec un mystérieux ensemble, tout le monde décharge sa mauvaise humeur et son désir de nuire. La victime de notre wagon c'était le Carabinier. Il serait ardu d'en découvrir la raison, si toutefois il y en avait une. Le Carabinier était un jeune soldat des Abruzzes, serviable, gentil, doux et d'aspect agréable. A peine obtus, plutôt sensible, il souffrait particulièrement de la persécution dont il était l'objet de la part des autres militaires du wagon. Mais justement, il était carabinier : et tout le monde sait qu'entre l'*Arme* — comme on dit par antonomase — et les autres, les rapports ne sont pas excellents. On reproche malignement aux carabiniers leur excès de discipline, leur sérieux, leur chasteté, leur honnêteté ; leur manque d'humour ; leur obéissance aveugle ; leurs habitudes ; leur uniforme. Des légendes fantastiques, grotesques et niaises, que l'on se transmet dans les casernes de génération en génération, courent sur leur compte : la légende du marteau, du serment. Je tairai la première trop connue et infâme ; d'après la seconde, à ce que j'appris, toute jeune recrue de l'*Arme* est tenue de prêter un serment abominable et secret par lequel, entre autres promesses, il s'engage solennellement à « tuer son père et sa mère » ; et chaque carabinier, ou bien les a tués, ou doit les tuer, sinon il ne monte pas en grade. Le malheureux ne pouvait pas ouvrir la bouche : « Tais-toi, toi qui as tué ton papa et ta maman ! » Mais il ne se rebella jamais : il encaissait l'avanie et cent autres humiliations avec la patience angélique d'un saint. Un jour il me prit à part en tant qu'élément neutre, et m'assura que « l'histoire du serment était fausse ».

Sous la pluie qui nous exaspérait et nous abattait, nous voyageâmes sans nous arrêter pendant trois jours, en faisant une petite halte de quelques heures dans un village plein de boue au nom glorieux de Alba Julia. Le soir du 26 septembre, après avoir parcouru plus de huit cents kilomètres en territoire roumain, nous étions à la frontière hongroise, près de Arad, dans un village appelé Curtici.

Je suis sûr que les habitants de Curtici se rappellent encore le fléau que fut notre passage. Je crois même qu'il fait partie maintenant des traditions locales et que l'on en parlera pendant des générations, au coin du feu, comme on parle ailleurs d'Attila ou de Tamerlan. Cet épisode de notre voyage fut peu clair : apparemment les autorités militaires ou ferroviaires roumaines ne voulaient plus de nous, ou s'étaient « déchargées » de nous tandis que les autorités hongroises ne voulaient pas nous accepter ou ne nous avaient pas pris en charge. Nous restâmes donc cloués à Curtici, nous, le train et escorte, pendant sept journées exténuantes et nous dévastâmes le pays.

Curtici était un gros bourg agricole, de mille habitants environ, qui offrait peu de ressources. Nous, nous étions mille quatre cents et avions besoin de tout. En sept jours nous vidâmes tous les puits, nous épuisâmes les provisions de bois et causâmes de grands dommages à tout ce que la gare contenait de combustible. Des latrines, il vaut mieux ne pas en parler. Nous provoquâmes une hausse effrayante des prix du lait, du pain, du maïs, de la volaille, après quoi, notre pouvoir d'achat réduit à zéro, on enregistra des vols nocturnes, puis diurnes. Les oies qui, à ce qu'il paraît, étaient la principale ressource de l'endroit et qui, au début, circulaient en liberté dans les ruelles fangeuses en solennelles escadrilles bien ordonnées, disparurent complètement, en partie capturées, en partie enfermées dans les basses-cours.

Tous les matins nous ouvrions les portes, avec l'espoir absurde que le train avait bougé à notre insu pendant notre sommeil. Mais rien n'avait changé, le ciel était toujours noir et pluvieux, les maisons terreuses, le train inerte comme un navire au plein ; et les roues, ces roues qui devaient nous amener chez nous, nous nous baissions pour les examiner. Mais elles n'avaient pas bougé d'un millimètre, elles semblaient soudées aux rails et la pluie les rouillait. Nous avions faim et froid et nous nous sentions oubliés et abandonnés.

Le sixième jour, plus énervé et exaspéré que les autres, Cesare nous quitta. Il déclara qu'il en avait par-dessus la tête de Curtici, des Russes, du train et de nous, qu'il ne voulait pas devenir fou, ni mourir de faim, ni être descendu par les habitants de Curtici ; que lorsqu'on est débrouillard on se tire mieux d'affaire tout seul. Il dit que si ça nous disait, nous pouvions le suivre. Mais ses conditions étaient nettes. Il en avait assez d'être un crève-la-faim, il était prêt à courir des risques, mais il voulait faire vite, gagner de l'argent et rentrer à Rome par avion. Aucun de nous ne se sentit le courage de le suivre et Cesare s'en alla. Il prit un train pour Bucarest, eut de nombreuses aventures et mena à bien son projet. Il rentra à Rome en avion, mais plus tard que nous. Mais ceci est une autre histoire, une histoire de *haulte graisse,* que je ne raconterai pas ou que je raconterai plus tard si Cesare m'en donne la permission.

Si j'avais éprouvé en Roumanie un délicat plaisir philologique à goûter des noms tels que Galati, Alba Julia, Turnu Severin, dès l'entrée en Hongrie nous tombâmes au contraire sur Békéscsaba, auquel succédèrent Hódmezövasàrhely et Kiskunfélegyhàz. La plaine magyare était imbibée d'eau, le ciel de plomb, et par-dessus tout l'absence de Cesare nous attristait. Il avait laissé un vide douloureux, en son absence personne ne savait de quoi parler, personne ne réussissait plus à vaincre l'ennui de ce voyage interminable, la fatigue de ces dix-neuf jours qui pesait désormais sur nous. Nous nous entre-regardions avec un vague sentiment de culpabilité : pourquoi l'avions-nous laissé partir ? Mais en Hongrie, en dépit de ces noms impossibles, nous nous sentions en Europe, sous l'aile d'une civilisation qui était la nôtre, à l'abri d'apparitions alarmantes comme celle du chameau en Moldavie. Le train se dirigeait vers Budapest mais il n'y entra pas : il s'arrêta à plusieurs reprises à Ujpest et dans d'autres stations périphériques le 6 octobre, en nous offrant des visions spectrales de ruines, de baraquements provisoires, de rues désertes. Puis il s'engagea à nouveau dans la plaine, sous des rafales de pluie et des voiles de brouillard automnal.

Le train fit halte à Szób, un jour de marché. Nous descendîmes tous nous dégourdir les jambes et dépenser le peu d'argent que nous avions. Moi je n'avais plus rien mais j'étais affamé, et j'échangeai la veste d'Auschwitz, que j'avais jalousement conservée jusqu'alors, contre un noble mélange de fromage fermenté et d'oignons dont l'arôme puissant avait eu raison de moi. Quand la locomotive siffla et que nous remontâmes sur le wagon, nous nous comptâmes et nous étions deux de plus.

De l'un, Vincenzo, personne ne s'étonna. Vincenzo était un garçon difficile, un berger calabrais de seize ans, échoué en Allemagne Dieu sait comment. Aussi sauvage que l'homme de Velletri mais de nature différente, aussi timide, renfermé et contemplatif que l'autre était violent et sanguin, il avait d'admirables yeux bleus, quasi féminins, et un visage fin, mobile, lunaire. Il ne parlait presque jamais. Nomade dans l'âme, inquiet, attiré à Staryje Doroghi par la forêt comme par des démons invisibles, dans le train il n'avait pas de wagon attitré mais il les faisait tous. Nous comprîmes les raisons de cette instabilité dès que le train quitta Szób : Vincenzo s'écroula, les yeux révulsés et la mâchoire serrée, comme de pierre. Il rugissait comme un fauve et se débattait, plus fort que les quatre chasseurs alpins qui le maintenaient : une crise d'épilepsie. Il en avait sûrement eu d'autres à Staryje Doroghi et avant ; mais chaque fois qu'il sentait l'approche de la crise, Vincenzo, avec une fierté sauvage, s'était réfugié dans la forêt pour que personne ne connût son mal, ou peut-être fuyait-il devant celui-ci comme les oiseaux devant la tempête. Pendant le long voyage, ne pouvant descendre ou rester à terre, il changeait de wagon lorsqu'il sentait venir l'attaque. Il resta peu de jours avec nous, et disparut. Nous le retrouvâmes juché sur le toit d'un autre wagon. Pourquoi ? Il répondit que de là-haut on voyait mieux le paysage.

L'autre arrivant s'avéra lui aussi un cas difficile, pour des raisons différentes. Personne ne le connaissait. C'était un robuste et jeune garçon, vêtu d'une veste et de pantalons de l'Armée Rouge, et nu-pieds. Il ne parlait que hongrois et aucun de nous n'arrivait à le comprendre. Le Carabinier nous raconta que, tandis qu'il mangeait du pain, à l'étape, le garçon s'était approché, la main tendue. Il lui avait cédé la moitié de sa nourriture et, à partir de ce moment-là, n'avait plus réussi à s'en défaire : le garçon avait dû le suivre sans que personne s'en aperçût, quand tout le monde avait repris sa place dans le train.

Il fut bien accueilli : une bouche de plus à nourrir ne nous inquiétait pas. C'était un garçon intelligent et gai : dès que le train fut en marche, il se présenta avec beaucoup de dignité. Il s'appelait Pista et avait quatorze ans. Ses parents ? Là, il était plus difficile de se faire comprendre. Je trouvai un bout de crayon et un morceau de papier, je dessinai un homme, une femme, et un enfant entre eux. J'indiquai l'enfant en disant : « Pista », puis j'attendis. Il prit un air grave et fit un dessin d'une terrible évidence : une maison, un avion, une bombe en train de tomber. Puis il effaça la maison et dessina à côté un gros tas fumant.

Mais il n'était pas en veine de tristesse ; il roula cette feuille en boule, en demanda une autre et dessina un tonneau, avec une singulière précision. Le fond en perspective, et chaque douve bien visible. Nous nous regardâmes, interdits. Le sens de ce message ? Pista riait, heureux. Puis il se dessina lui-même à côté, avec un marteau dans une main et une scie dans l'autre.

Nous n'avions pas encore compris ? C'était son métier : tonnelier.

Tout le monde se prit bientôt d'affection pour lui. Du reste, il tenait à se rendre utile, balayait le sol tous les matins, lavait les gamelles avec enthousiasme, puisait l'eau et n'était jamais si heureux que lorsqu'on l'envoyait faire les courses auprès de ses compatriotes, aux différentes étapes. Au Brenner, il se faisait déjà comprendre en italien. Il chantait de belles chansons de son pays, que personne ne comprenait, et essayait de nous les traduire par gestes, en faisant rire tout le monde et riant lui-même le premier, de grand cœur. Il s'était attaché au Carabinier comme à un frère aîné, et il en lava peu à peu la tache originelle. Celui-ci avait sans doute tué père et mère, mais au fond ce devait être un brave type, du moment que Pista l'avait suivi. Il combla le vide laissé par Cesare. Nous lui demandâmes ce qu'il était venu chercher en Italie, mais nous ne réussîmes pas à le savoir, en partie par la difficulté de la langue et surtout parce qu'il ne semblait pas lui-même le savoir. Depuis des mois il vagabondait comme un chien perdu et avait suivi la première créature humaine qui l'avait regardé avec miséricorde.

Nous espérions passer de Hongrie en Autriche sans complications de frontière mais il en alla autrement : le 7 octobre au matin, après vingt et un jours de convoi, nous étions à Bratislava, en Slovaquie, en vue des monts Beschides, les montagnes mêmes qui barraient le lugubre horizon d'Auschwitz. Autre langue, autre monnaie, autre chemin. Allions-nous fermer la boucle ? Katowice était à deux cents kilomètres. Allions-nous recommencer une autre course vaine, exténuante, à travers l'Europe ? Mais le soir même nous entrions en territoire allemand, et le 8 nous avions échoué dans la gare de marchandises de Leopoldau, faubourg de Vienne, et nous nous sentions presque chez nous.

La banlieue de Vienne était laide et anonyme comme les banlieues familières de Milan et de Turin et, comme elles, broyée et bouleversée par les bombardements. Les passants étaient peu nombreux, femmes, enfants, vieillards, pas un homme. Paradoxalement, leur langage m'était familier ; certains comprenaient même l'italien. A tout hasard nous changeâmes notre argent contre de la monnaie du pays mais ce fut inutile comme à Cracovie en mars, tous les magasins étaient fermés ou ne vendaient que des denrées rationnées. « Mais que peut-on acheter à Vienne sans carte ? » demandai-je à une fillette d'une dizaine d'années. Elle était vêtue de haillons mais, maquillée d'une façon voyante, portait des chaussures à talons hauts : *« Überhaupt nichts* [1] », me répondit-elle cyniquement.

Nous rejoignîmes le train pour y passer la nuit, pendant laquelle, au milieu des secousses et des grincements de roues nous parcourûmes quelques kilomètres et nous nous trouvâmes dans une autre gare, Vienne-Jedlersdorf. A côté de nous émergeait de la brume un autre convoi, ou plutôt le cadavre torturé d'un convoi ; verticale, absurde, la locomotive pointait le museau vers le ciel comme si elle voulait s'y élancer, et les wagons étaient carbonisés. Nous nous approchâmes, mus par l'instinct du pillage et par une curiosité narquoise : nous escomptions une satisfaction maligne à fouiller dans ces ruines de choses allemandes. Mais à la dérision répondit la dérision : un des wagons contenait de vagues débris métalliques qui avaient dû être des instruments de musique brûlés, et des centaines d'ocarinas de terre cuite, seuls survivants ; un autre, des pistolets d'ordonnance fondus et rouillés ; le troisième, un enchevêtrement de sabres recourbés que le feu et la pluie avaient soudés dans leurs fourreaux pour les siècles à venir. Vanité des vanités, et la froide saveur de la défaite.

Nous nous éloignâmes et, en errant à l'aventure, nous nous trouvâmes sur un quai du Danube. Le fleuve était

1. « Absolument rien. » N.D.T.

en crue, trouble, jaune et lourd de menace. A cet endroit son cours est presque rectiligne et on voyait, l'un derrière l'autre, dans une perspective de cauchemar, sept ponts, tous brisés exactement en leur centre, tous avec leurs moignons plongés dans l'eau tourbillonnante. Tandis que nous revenions vers notre demeure ambulante, nous fûmes frappés par le bruit d'un tram, unique chose vivante. Il courait vertigineusement sur les rails disjoints, le long des allées désertes, sans s'arrêter. Nous entrevîmes le conducteur à son poste, pâle comme un spectre ; derrière lui, délirants d'enthousiasme il y avait les sept Russes de notre escorte et aucun passager ; c'était le premier tram de leur vie. Tandis que les uns se penchaient hors des fenêtres en criant « Hourrah ! Hourrah ! », les autres encourageaient et menaçaient le conducteur pour qu'il aille plus vite.

Sur une grande place se tenait le marché, un marché spontané et illégal, une fois de plus, mais bien plus furtif et misérable que les marchés polonais que j'avais fréquentés avec le Grec et Cesare. En revanche, il nous rappelait un autre spectacle, la Bourse du camp, gravée dans nos mémoires. Pas de comptoirs, mais par petits groupes des gens debout, frileux, inquiets, prêts à prendre la fuite avec sacs et valises, et les poches gonflées. On échangeait là des babioles, des pommes de terre, des tranches de pain, des cigarettes au détail, tout un bric-à-brac domestique menu et usagé.

Nous regagnâmes nos wagons le cœur lourd, n'ayant éprouvé aucune joie à voir Vienne détruite et les Allemands battus. Plutôt de la peine. Non pas de la compassion, mais une peine plus vaste qui se confondait avec notre propre misère, avec la sensation lourde et menaçante d'un mal irréparable et définitif, omniprésent, tapi comme une gangrène dans les viscères de l'Europe et du monde, source de mal à venir.

Le train donnait l'impression de ne pouvoir se détacher de Vienne. Après trois jours d'arrêt et de manœuvres, le 10 octobre nous étions à Nussdorf, un autre faubourg, trempés, affamés et tristes. Mais le 11 au matin, comme s'il avait retrouvé tout à coup une piste perdue, le train pointa avec décision vers l'ouest. Avec une rapidité inaccoutumée il traversa Saint-Pölten, Loosdorf, Amstetten et le soir, sur la route qui courait parallèlement à la voie de chemin de fer, apparut un signe, prodigieux à nos yeux comme ces oiseaux qui annoncent aux navigateurs la proximité de la terre. C'était un véhicule inconnu de nous, une auto militaire trapue et disgracieuse, plate comme une boîte, qui portait peinte sur le côté une étoile blanche et non rouge : bref, une *jeep.* Un Nègre était au volant ; un des occupants faisait de grands gestes dans notre direction et hurlait en napolitain : « On va à la maison, les gars ! »

La ligne de démarcation était donc proche ; nous l'atteignîmes à Saint-Valentin, à quelques kilomètres de Linz. Là on nous fit descendre, nous saluâmes les jeunes barbares de l'escorte et le vaillant machiniste et nous passâmes sous l'égide américaine.

Les camps de transit sont d'autant plus mal organisés que la durée moyenne de séjour y est plus courte. On ne s'arrêtait que quelques heures à Saint-Valentin, un jour au maximum et pour cette raison le camp était très sale et rudimentaire. Il n'y avait ni lumière, ni chauffage, ni lits : on dormait à même le sol, dans des baraquements dangereusement branlants, au milieu de la boue en couche épaisse. Le seul équipement efficace était celui des bains et de la désinfection : ce fut sous cet aspect de purification et d'exorcisme que l'Occident prit possession de nous.

Quelques G.I's étaient chargés de cette mission sacerdotale. Gigantesques, taciturnes, sans armes mais pourvus d'une foule de *gadgets* dont la signification et l'emploi nous échappaient. Pour le bain tout alla parfaitement : il y avait une vingtaine de cabines en bois avec douches tièdes et des serviettes de bain, luxe que nous avions oublié. Après le bain, on nous introduisit dans un vaste local en maçonnerie, coupé en deux par un câble d'où pendaient une dizaine d'instruments bizarres, qui avaient une vague ressemblance avec des marteaux-piqueurs ; au-dehors on entendait fonctionner un compresseur. On nous entassa, tous les mille quatre cents que nous étions, d'un côté de la pièce, hommes et femmes ensemble. Apparurent dix fonctionnaires, à l'aspect martien, enveloppés dans des survêtements blancs, avec un casque et un masque à gaz. Ils empoignèrent les premiers du troupeau et sans plus de façons leur enfilèrent les petits tuyaux des instruments en question par toutes les ouvertures de leurs vêtements : dans le col, dans la ceinture, dans les poches, sous les pantalons, sous les jupes. C'étaient des espèces de soufflets pneumatiques qui injectaient de l'insecticide en poudre — du DDT, nouveauté absolue pour nous, comme les jeeps, la pénicilline et la bombe atomique dont nous apprîmes l'existence peu après.

Avec des jurons ou des éclats de rire sous l'effet des chatouilles, tous se soumirent à ce traitement jusqu'à ce qu'arrivât le tour d'un officier de marine et de sa très belle fiancée. Quand les encapuchonnés portèrent une main chaste mais rude sur elle, l'officier s'interposa énergiquement. C'était un jeune homme robuste et décidé ; gare à qui oserait toucher à sa belle.

Le parfait mécanisme s'arrêta net. Les encapuchonnés se consultèrent rapidement, avec des sons nasillards et inarticulés, puis l'un d'eux enleva son masque et sa combinaison et se planta devant l'officier les poings serrés, en garde. Les autres firent cercle en bon ordre, et un match de boxe en règle commença. Après quelques minutes de lutte silencieuse et chevaleresque, l'officier tomba à terre, le nez en sang ; la jeune fille pâle et bouleversée fut enfarinée de tous côtés selon les prescriptions, mais sans colère ni volonté de représailles, et tout rentra dans l'ordre américain.

LE RÉVEIL

L'Autriche touche l'Italie et Saint-Valentin n'est pas à plus de trois cents kilomètres de Tarvisio, et pourtant le 15 octobre, trente et unième jour de notre voyage, nous passions une nouvelle frontière et nous entrions dans Munich, en proie à une lassitude ferroviaire irrémédiable, à un dégoût définitif des rails, des cahots, des sommeils précaires sur des planches, des gares, si bien que les odeurs familières, communes à tous les chemins de fer du monde, l'odeur pénétrante des traversines imprégnées, des freins chauds, du charbon en combustion, nous écœuraient profondément. Nous étions las de tout, et en particulier, las de traverser des frontières inutiles.

Mais d'autre part, le fait de sentir pour la première fois sous nos pieds un morceau d'Allemagne, pas de Haute-Silésie ou d'Autriche mais d'Allemagne, ajoutait à notre fatigue un état d'âme complexe, fait d'impatience, de frustration et de tension. Nous avions l'impression d'avoir quelque chose à dire, des choses énormes à dire à chaque Allemand, et que chaque Allemand devait nous en dire ; nous sentions l'urgence de tirer des conclusions, de demander, d'expliquer et de commenter, comme des joueurs d'échecs en fin de partie. Connaissaient-ils, eux, l'existence d'Auschwitz, le massacre quotidien et silencieux à leur porte ? Si oui, comment pouvaient-ils marcher dans la rue, revenir chez eux et regarder leurs enfants, franchir le seuil d'une église ? Si non, nous devions, je devais, c'était un devoir sacré, leur apprendre, sur-le-champ, toute la vérité : je sentais le numéro tatoué sur mon bras crier comme une plaie.

En errant dans les rues de Munich pleines de ruines, autour de la gare où notre train était une fois de plus enlisé, j'avais l'impression de me promener au milieu de débiteurs insolvables, comme si chacun me devait quelque chose et refusait de me payer. J'étais parmi eux, dans le camp d'Agramante, au milieu des seigneurs. Mais les hommes étaient peu nombreux, beaucoup mutilés, beaucoup déguenillés comme nous. Il me semblait que chacun d'eux aurait dû nous interroger, déchiffrer notre identité sur notre visage et écouter humblement notre récit. Mais personne ne nous regardait dans les yeux, personne n'acceptait le débat ; ils étaient sourds, aveugles, muets, retranchés dans leurs ruines comme dans une forteresse d'oubli volontaire, encore forts, encore capables de haine et de mépris, encore prisonniers de l'antique nœud d'orgueil et de faute.

Je me surpris à chercher parmi eux, dans cette foule anonyme de visages fermés, d'autres visages, bien définis, souvent liés à un nom — les visages de ceux qui ne pouvaient pas ne pas savoir, ne pas se rappeler, ne pas répondre, de ceux qui avaient commandé et obéi, tué, humilié, corrompu. Vaine et stupide tentative : ce n'était pas à eux, mais au petit nombre des justes de répondre pour tous.

Si à Szób nous avions embarqué un hôte, après Munich nous nous aperçûmes que nous hébergions une nichée tout entière : nos wagons n'étaient plus soixante mais soixante et un. En queue du train un nouveau wagon nous accompagnait en Italie, plein de jeunes juifs des deux sexes en provenance de tous les pays de l'Europe orientale. Aucun d'eux ne devait avoir dépassé vingt ans mais ils étaient extrêmement sûrs d'eux-mêmes et résolus ; de jeunes sionistes qui allaient en Israël, en passant par où ils pouvaient, en s'ouvrant une route comme ils le pouvaient. Un navire les attendait à Bari, quant au wagon, ils l'avaient acheté et tout simplement attaché à notre train, sans demander la permission de personne. Ils accueillirent ma stupéfaction par un éclat de rire : « Est-ce qu'Hitler n'est pas mort ? » me dit leur chef, au regard intense de faucon. Ils se sentaient incommensurablement libres et forts, maîtres du monde et de leur destin.

Par Garmisch-Partenkirchen, nous arrivâmes le soir au camp-étape de Mittenwald, à la frontière autrichienne, qui s'étendait au milieu des montagnes en un fabuleux désordre. Nous y passâmes la nuit, notre dernière nuit de gel. Le jour suivant, le train descendit sur Innsbruck, où il s'emplit de contrebandiers italiens, qui, en l'absence des autorités constituées, nous apportèrent le salut de la patrie et distribuèrent à la ronde généreusement du chocolat, de l'eau-de-vie et du tabac.

En grimpant vers la frontière italienne, le train, plus fatigué que nous, se coupa en deux comme une corde trop tendue : il y eut plusieurs blessés, et ce fut notre ultime aventure. En pleine nuit nous passâmes le Brenner, que nous avions traversé en partant pour l'exil vingt mois auparavant. Les moins éprouvés de mes camarades le franchirent dans une allégresse tumultueuse, Leonardo et moi dans un silence rempli de souvenirs. Nous étions partis six cent cinquante, nous revenions trois. Que n'avions-nous perdu pendant ces vingt mois ? Qu'allions-nous retrouver chez nous ? Quelle partie de nous-mêmes avait été usée, consumée ? Retournions-nous plus riches ou plus pauvres, plus forts ou plus vains ? Nous n'en savions rien, mais nous savions qu'au seuil de notre maison, pour notre bien ou pour notre malheur, nous attendait une épreuve et nous nous la représentions avec crainte. Nous sentions couler dans nos veines, mêlé à notre sang exténué, le poison d'Auschwitz. Où allions-nous puiser la force de recommencer à vivre, d'abattre les barrières, les haies que l'absence développe spontanément autour de chaque maison déserte, de chaque terrier vide ? Bientôt, dès demain, il nous faudrait combattre des ennemis encore inconnus, à l'intérieur et à l'extérieur de nous-mêmes ; avec quelles armes, quelle énergie, quelle volonté ? Nous nous sentions vieux de plusieurs siècles, écrasés par une année de souvenirs sanglants, épuisés et sans défense. Les mois, que nous venions de passer à vagabonder aux confins de la civilisation nous apparaissaient maintenant, en dépit de leur rudesse, comme une trêve, une parenthèse de disponibilité infinie, un don providentiel du destin, mais destiné à rester unique.

Ce sont ces pensées, qui nous tinrent éveillés durant notre première nuit en Italie, tandis que le train descendait lentement à travers la vallée de l'Adige déserte et obscure. Le 17 octobre, nous fûmes accueillis au camp de Pescantina, près de Vérone, où nous nous séparâmes, chacun allant vers son propre destin. Il n'y eut de train pour Turin que le lendemain au soir. Dans le tourbillon confus de milliers d'émigrés et de rapatriés, nous aperçûmes Pista, qui avait déjà trouvé sa voie : il portait le brassard jaune et blanc des Œuvres d'assistance pontificales, et collaborait allègrement à la vie du camp. Et voici que s'avance vers nous, plus haut que la foule d'une bonne tête, une silhouette, un visage connus, le Maure de Vérone. Il venait nous dire au revoir, à Leonardo et à moi. Il était le premier de nous tous à être de retour chez lui : son village, Avesa, se trouvait à quelques kilomètres. Et il nous donna sa bénédiction, le vieux blasphémateur : il leva deux doigts énormes et noueux et nous bénit avec le geste auguste des pontifes, en nous souhaitant un bon retour et tout le bonheur possible. Ses souhaits furent les bienvenus. Nous en avions besoin.

J'arrivai à Turin le 19 octobre, après trente-cinq jours de voyage : la maison était toujours debout, toute ma famille, vivante, personne ne m'attendait. J'étais enflé, barbu, mes vêtements déchirés, et j'eus du mal à me faire reconnaître. Je retrouvai la vitalité de mes amis, la chaleur d'un repas assuré, la solidité du travail quotidien, la joie libératrice de raconter. Je retrouvai un lit large et propre, que le soir, avec un instant de terreur, je sentis céder mollement sous mon poids. Mais je mis des mois à perdre l'habitude de marcher le regard au sol comme pour chercher quelque chose à manger ou à vite empocher pour l'échanger contre du pain, et j'ai toujours la visite, à des intervalles plus ou moins rapprochés, d'un rêve qui m'épouvante.

C'est un rêve à l'intérieur d'un autre rêve, et si ses détails varient, son fond est toujours le même. Je suis à table avec ma famille, ou avec des amis, au travail ou dans une campagne verte ; dans un climat paisible et détendu, apparemment dépourvu de tension et de peine ; et pourtant, j'éprouve une angoisse ténue et profonde, la sensation précise d'une menace qui pèse sur moi. De fait, au fur et à mesure que se déroule le rêve, peu à peu ou brutalement, et chaque fois d'une façon différente, tout s'écroule, tout se défait autour de moi, décor et gens, et mon angoisse se fait plus intense et plus précise. Puis c'est le chaos ; je suis au centre d'un néant grisâtre et trouble, et soudain je sais ce que tout cela signifie, et je sais aussi que je l'ai toujours su : je suis à nouveau dans le Camp et rien n'était vrai que le Camp. Le reste, la famille, la nature en fleur, le foyer, n'était qu'une brève vacance, une illusion des sens, un rêve. Le rêve intérieur, le rêve de paix, est fini, et dans le rêve extérieur, qui se poursuit et me glace, j'entends résonner une voix que je connais bien. Elle ne prononce qu'un mot, un seul, sans rien d'autoritaire, un mot bref et bas ; l'ordre qui accompagnait l'aube à Auschwitz, un mot étranger, attendu et redouté : debout, « *Wstawać* ».

Turin, décembre 1961 — novembre 1962.

TABLE

Dans la collection
Les Cahiers Rouges

(dernières parutions)

Jacques Audiberti	187	*L'Opéra du monde*
François Augiéras	216	*L'apprenti sorcier*
François Augiéras	257	*Domme ou l'essai d'occupation*
François Augiéras	234	*Un voyage au mont Athos*
Marcel Aymé	240	*Vogue la galère*
Charles Baudelaire	172	*Lettres inédites aux siens*
Béatrix Beck	92	*La décharge*
Béatrix Beck	93	*Josée dite Nancy*
Jurek Becker	253	*Jakob le menteur*
Julien Benda	247	*La tradition de l'existentialisme*
Julien Benda	127	*La trahison des clercs*
Emmanuel Berl	236	*La France irréelle*
Emmanuel Berl	166	*Méditation sur un amour défunt*
Tristan Bernard	196	*Mots croisés*
Princesse Bibesco	115	*Catherine-Paris*
Princesse Bibesco	262	*Le confesseur et les poètes*
Charles Bukowski	164	*Au sud de nulle part*
Charles Bukowski	204	*Factotum*
Charles Bukowski	108	*L'amour est un chien de l'enfer t.1*
Charles Bukowski	121	*L'amour est un chien de l'enfer t.2*
Charles Bukowski	153	*Souvenirs d'un pas grand-chose*
Charles Bukowski	188	*Women*
Anthony Burgess	191	*Pianistes*
Michel Butor	199	*Le génie du lieu*
Henri Calet	161	*Contre l'oubli*
Henri Calet	169	*Le croquant indiscret*
Hans Carossa	278	*Journal de guerre*
Blaise Cendrars	120	*Rhum*
Jacques Chardonne	101	*Les Varais*
Bruce Chatwin	171	*Les jumeaux de Black Hill*
Bruce Chatwin	251	*Utz*
Emile Clermont	207	*Amour promis*
Jean Cocteau	88	*La corrida du 1er Mai*
Jean Cocteau	116	*Les Enfants terribles*
Jean Cocteau	114	*Lettre aux Américains*
Jean Cocteau	173	*La machine infernale*

Imprimé en France par la Société Nouvelle Firmin-Didot
Première édition, dépôt légal : janvier 1988
Nouveau tirage, dépôt légal : avril 1999
N° d'édition : 11130 - N° d'impression : 46700
ISBN : 2-246-13882-5
ISSN : 0756-7170